11-035 职业技能鉴定指导

职业标准·试题库

电 机 检 修

（第二版）

电力行业职业技能鉴定指导中心 编

电力工程 电气运行与检修专业

中国电力出版社
CHINA ELECTRIC POWER PRESS

内 容 提 要

本《指导书》是按照劳动和社会保障部制定国家职业标准的要求编写的，其内容主要由职业概况、职业技能培训、职业技能鉴定和鉴定试题库四部分组成，分别对技术等级、工作环境和职业能力特征进行了定性描述；对培训期限、教师、场地设备及培训计划大纲进行了指导性规定。本《指导书》自 1999 年出版后，对行业内职业技能培训和鉴定工作起到了积极的作用，本书在原《指导书》的基础上进行了修编，补充了内容，修正了错误。

鉴定试题库根据《中华人民共和国国家职业标准》和针对本职业（工种）的工作特点，选编了具有典型性、代表性的理论知识（含技能笔试）试题和技能操作试题，还编制有试卷样例和组卷方案。

《指导书》是职业技能培训和技能鉴定考核命题的依据，可供劳动人事管理人员、职业技能培训及考评人员使用，亦可供电力（水电）类职业技术学校和企业职工学习参考。

图书在版编目（CIP）数据

电机检修：11-035 / 电力行业职业技能鉴定指导中心编. —2 版. 北京：中国电力出版社，2010.5（2024.8 重印）
（职业技能鉴定指导书）
ISBN 978-7-5083-5891-8

Ⅰ. 电…　Ⅱ. 电…　Ⅲ. 电机-检修-职业技能鉴定-教材
Ⅳ. TM307

中国版本图书馆 CIP 数据核字（2009）第 085961 号

中国电力出版社出版、发行
（北京市东城区北京站西街 19 号　100005　http://www.cepp.sgcc.com.cn）
北京天泽润科贸有限公司印刷
各地新华书店经售

*

2002 年 1 月第一版
2010 年 5 月第二版　2024 年 8 月北京第二十次印刷
850 毫米×1168 毫米　32 开本　11.5 印张　293 千字
印数 55001—55500 册　定价 32.00 元

电力职业技能鉴定题库建设工作委员会

主　任：徐玉华

副主任：方国元　　王新新　　史瑞家　　杨俊平

　　　　　陈乃灼　　江炳思　　李治明　　李燕明

　　　　　程加新

办公室：石宝胜　　徐纯毅

委　员：（以姓氏笔画为序）

马建军　　马振华　　马海福　　王　玉

王中奥　　王向阳　　王应永　　丘佛田

李　杰　　李生权　　李宝英　　刘树林

吕光全　　许佐龙　　朱兴林　　陈国宏

季　安　　吴剑鸣　　杨　威　　杨文林

杨好忠　　杨耀福　　张　平　　张龙钦

张彩芳　　金昌榕　　南昌毅　　倪　春

高　琦　　高应云　　奚　珣　　徐　林

谌家良　　章国顺　　董双武　　焦银凯

景　敏　　路俊海　　熊国强

第一版编审人员

编写人员：陈德兰　潘慈证　徐晓莉

审定人员：李多永　沙太东　徐永久

第二版编审人员

编写人员（修订人员）：

　　　　　甘志均　王俊君　梁宝山

审定人员：王景彩　张秋斌

说　明

为适应开展电力职业技能培训和实施技能鉴定工作的需要，按照劳动和社会保障部关于制定国家职业标准，加强职业培训教材建设和技能鉴定试题库建设的要求，电力行业职业技能鉴定指导中心统一组织编写了电力职业技能鉴定指导书（以下简称《指导书》）。

《指导书》以电力行业特有工种目录各自成册，于1999年陆续出版发行。

《指导书》的出版是一项系统工程，对行业内开展技能培训和鉴定工作起到了积极作用。由于当时历史条件和编写力量所限，《指导书》中的内容已不能适应目前培训和鉴定工作的新要求，因此，电力行业职业技能鉴定指导中心决定对《指导书》进行全面修编，在各网省电力（电网）公司、发电集团和水电工程单位的大力支持下，补充内容，修正错误，使之体现时代特色和要求。

《指导书》主要由"职业概况"、"职业技能培训"、"职业技能鉴定"和"鉴定试题库"四部分内容组成。其中，"职业概况"包括职业名称、职业定义、职业道德、文化程度、职业等级、职业环境条件、职业能力特征等内容；"职业技能培训"包括对不同等级的培训期限要求，对培训指导教师的经历、任职条件、资格要求，对培训场地设备条件的要求和培训计划大纲、培训重点、难点以及对学习单元的设计等；"职业技能鉴定"的依据是《中华人民共和国国家职业标准》，其具体内容不再在本书中重复；鉴定试题库是根据《中华人民共和国国家职业标准》所规定的范围和内容，以实际技能操作为主线，按照选择题、判断题、简答题、计算题、绘图题和论述题六种题型进行选题，并以难易程度组合排列，同时汇集了大量电力生产建设过程中具有普遍代表性和典型性的实际操作试题，构成了各工种的技能鉴定试题库。试题库的深度、广度涵盖了本职业技能鉴定的全部内容。题库之后还附有试卷样例和组卷方案，为实施鉴定命题提供依据。

《指导书》力图实现以下几项功能：劳动人事管理人员可根据《指导书》进行职业介绍，就业咨询服务；培训教学人员可按照《指导书》中的培训大纲组织教学；学员和职工可根据《指导书》要求，制订自学计划，确立发展目标，走自学成才之路。《指导书》对加强职工队伍培养，提高队伍素质，保证职业技能鉴定质量将起到重要作用。

本次修编的《指导书》仍会有不足之处，敬请各使用单位和有关人员及时提出宝贵意见。

电力行业职业技能鉴定指导中心

2008 年 6 月

目　录

说明

1 职业概况 ······························ 1

1.1 职业名称 ····························· 1
1.2 职业定义 ····························· 1
1.3 职业道德 ····························· 1
1.4 文化程度 ····························· 1
1.5 职业等级 ····························· 1
1.6 职业环境条件 ························· 1
1.7 职业能力特征 ························· 1

2 职业技能培训 ···················· 3

2.1 培训期限 ····························· 3
2.2 培训教师资格 ························· 3
2.3 培训场地设备 ························· 3
2.4 培训项目 ····························· 3
2.5 培训大纲 ····························· 4

3 职业技能鉴定 ···················· 13

3.1 鉴定要求 ···························· 13
3.2 考评人员 ···························· 13

4 鉴定试题库 ······················ 15

4.1 理论知识（含技能笔试）试题 ·········· 17
4.1.1 选择题 ···························· 17

4.1.2　判断题 ·· 74

4.1.3　简答题 ··· 106

4.1.4　计算题 ··· 150

4.1.5　绘图题 ··· 191

4.1.6　论述题 ··· 224

4.2　技能操作试题 ·· 274

4.2.1　单项操作 ·· 274

4.2.2　多项操作 ·· 301

4.2.3　综合操作 ·· 320

5　试卷样例 ··· 346

6　组卷方案 ··· 358

1 ▼ 职业概况

1.1 职业名称

电机检修（11—035）。

1.2 职业定义

从事发电机、调相机和交、直流电动机维护、检修的人员。

1.3 职业道德

热爱本职工作，刻苦钻研技术，遵守纪律，爱护工具、设备，安全文明生产，艰苦朴素，团结协作，尊师爱徒。

1.4 文化程度

中等职业技术学校毕（结）业。

1.5 职业等级

本职业按照国家职业资格的规定，设为初级（五级）、中级（四级）、高级（三级）、技师（二级）、高级技师（一级）共五个技术等级。

1.6 职业环境条件

室内作业。

1.7 职业能力特征

本职业应具有分析、判断发电机、电动机运行异常情况，及时正确处理故障的能力；有正确领会和应用专业技术文件的能力，能用精练的语言进行联系、交流工作，并具备专业必备的计算能力以及机械识绘图能力。

2 职业技能培训

2.1 培训期限

2.1.1 初级工：累计不少于 500 标准学时；

2.1.2 中级工：在取得初级职业资格的基础上累计不少于 400 标准学时；

2.1.3 高级工：在取得中级职业资格的基础上累计不少于 400 标准学时；

2.1.4 技师：在取得高级职业资格的基础上累计不少于 500 标准学时；

2.1.5 高级技师：在取得技师职业资格的基础上累计不少于 350 标准学时。

2.2 培训教师资格

2.2.1 具有中级以上专业技术职称的工程技术人员和技师可担任初、中级工培训教师；

2.2.2 具有高级专业技术职称的工程技术人员和高级技师可担任高级工、技师和高级技师的培训教师。

2.3 培训场地设备

2.3.1 具备本职业（工种）基础知识培训的教室和教学设备；

2.3.2 具有基本技能训练的实习场所及实际操作训练设备；

2.3.3 本厂生产现场实际设备。

2.4 培训项目

2.4.1 培训目的：通过培训达到《职业鉴定技能规范》对本职

业的知识和技能要求。

2.4.2 培训方式：以自学和脱产相结合的方式，进行基础知识讲课和技能训练。

2.4.3 培训重点：

（1）交、直流电路基础知识。

（2）机械制图基本知识、电机绕组展开图以及电动机控制电路图的识绘知识。

（3）发电机、异步电动机、直流电动机基本结构与工作原理。

（4）发电机、异步电动机、直流电动机的运行、维护与检修知识。

（5）旋转电机继电保护与自动装置基本知识。

（6）旋转电机有关高压试验项目与方法。

（7）金工、焊接、搬运技能训练。

2.5 培训大纲

本职业技能培训大纲，以模块组合（MES）——模块（MU）——学习单元（LE）的结构模式进行编写；电机检修工培训大纲（见表1）；职业技能模块及单元对照选择见表2；学习单元名称见表3。

表1   **电机检修工培训大纲**

模块序号及名称	单元序号及名称	学习目标	学习内容	学习方式	参考学时
MU1 电力职业工人道德	LE1 电机检修工的职业道德	通过本单元学习后，使学员能够更好地掌握电机检修工的职业道德规范，自觉遵守职业道德与行为规范准则	1. 热爱本职工作 2. 刻苦钻研技术 3. 遵守劳动纪律，安全文明生产 4. 爱护工具、设备 5. 团结协作 6. 严守岗位职责，尊师爱徒	自学	5

模块序号及名称	单元序号及名称	学习目标	学习内容	学习方式	参考学时
MU2 安全生产与生产管理	LE2 安全的基础知识	通过本单元的学习，掌握安全用电基本知识以及电机检修工作的安全防护知识，做好检修工作中的安全措施，掌握消防基本知识	1. 安全用电基本知识以及触电紧急救护 2. 电机检修工作的安全防护知识，检修工作中的安全措施布置 3. 常用安全器材的使用与保养 4. 消防基本知识以及消防器材的使用与保养	讲课与自学	10
	LE3 安全规程的规定	通过本单元的学习，加深对《电业安全工作规程》、《电业生产事故调查规程》等规程相关内容的认识	1.《电业安全工作规程》的相关内容 2.《电业生产事故调查规程》的相关内容	讲课与自学	10
	LE4 生产管理	通过本单元的学习，了解质量管理与班组生产管理的基本知识，能够正确记录或填写工作票以及设备缺陷、检修记录及有关台账与事故分析报告	1. 检修工作中的质量管理内容、制度与方法 2. 班组管理内容、制度与方法以及各种表账的填写与应用	讲课与自学	10
MU3 专业基础理论	LE5 电工基础理论	通过本单元学习，牢固掌握常用电工基本理论，能够较好地掌握所学理论，进行一般电路的分析与计算。并初步掌握电子技术基础，了解常用电子元器件以及常用电子线路基本知识	1. 直流电路基本定律与计算方法 2. 单相、三相交流电路基本定律与计算 3. 常用电子元器件以及常用模拟电路基础、常用数字电路基础	讲课与自学	10

模块序号及名称	单元序号及名称	学习目标	学习内容	学习方式	参考学时
MU3 专业基础理论	LE6 常用电工仪器仪表	通过本单元学习,掌握常用电工仪器仪表的类型、工作原理、测量接线、正确使用方法以及保养的基本知识	1. 常用电工仪器、仪表的类型与作用 2. 常用电工仪器、仪表的基本结构与工作原理 3. 常用电气测量接线以及电工仪器仪表的使用与保养	讲课与自学	5
	LE7 机械制图	通过本单元学习,掌握机械制图的基本知识,掌握机械制图的国家标准与制图技能技巧,掌握投影作图、机械零件的表达方法以及设备结构与装配图的表达等	1. 机械制图的基本知识以及国家标准 2. 投影作图 3. 机械零件的表达方法、常用标准件和常用件的表达 4. 结合电机检修实际的零件图、设备结构图及装配图的识绘	讲课与自学	10
MU4 基本工艺	LE8 钳工工艺	通过本单元的学习,使学员能够更好地掌握钳工基本工艺,满足电机检修工作对钳工工艺的基本要求	1. 钳工工具、量具以及工装设备的使用方法与保养 2. 进行测量、锯削、錾削、锉削、攻丝、套丝、划线、修配等钳工基本工艺技能的学习与训练 3. 按图纸进行工件的加工与组装	讲课与自学	20
	LE9 焊接工艺	通过本单元的学习,掌握电焊与气焊设备的使用以及焊接方法与工艺	1. 电焊设备工作原理、常用焊接设备的基本结构与焊条的一般知识 2. 焊接的安全操作规程、电焊的起弧以及手工电弧焊操作方法与常见焊接缺陷 3. 气焊与气割的工作原理以及气焊与气割的设备与工具 4. 气焊与气割的方法与工艺以及安全操作规程	讲课与自学	10

模块序号及名称	单元序号及名称	学习目标	学习内容	学习方式	参考学时
MU4 基本工艺	LE10 起重与搬运	通过本单元的学习，掌握常用搬运与起重设备的正确使用方法，并掌握搬运与起吊各型电机的正确方法	1. 起吊工具设备的使用 2. 起吊的常用方法以及相关安全措施 3. 搬运设备的正确使用 4. 各型电机及电气设备的搬运方法及相关安全措施	讲课与自学	5
	LE11 电工工艺	通过本单元的学习，掌握导线的连接与布置，低压电器的安装工艺技能以及常用电工材料的选用知识	1. 常用电工工具与常用检修工具的使用与保养，进行导线连接 2. 小截面电缆头的制作 3. 低压电器的安装与检修等电工基本工艺训练 4. 常用电工材料，包括导电材料、绝缘材料、磁性材料等的性能、类型、规格以及技术参数、识别及选用、保存与使用基本知识	讲课与自学	20
MU5 交、直流绕组	LE12 直流绕组	通过本单元学习，掌握直流绕组的基本知识以及绕组连接规律，并掌握绕组基本参数的计算	1. 直流绕组的特点、类型与应用范围以及节距、极距、极对数、虚槽数、实槽数等的概念，各量相互关系与计算 2. 识绘直流单叠、单波绕组展开图	讲课与自学	10
	LE13 交流绕组	通过本单元学习，使学员掌握交流绕组的基本知识以及各种绕组的连接规律，并掌握绕组基本参数的计算	1. 三相交流绕组的特点、类型与应用范围、节距、极距、每极每相槽数、槽距电角度等参数概念与相互关系 2. 三相单层同心式绕组、链式绕组、交叉式绕组的连接规律与展开图 3. 三相双层叠绕组、波绕组以及连接规律与展开图	讲课与自学	15

模块序号及名称	单元序号及名称	学习目标	学习内容	学习方式	参考学时
MU6 发电机检修	LE14 同步发电机的基本知识	通过本单元学习，掌握同步发电机基本结构与工作原理，并了解发电机的基本运行特性以及基本操作	1. 同步发电机基本工作原理、主要技术参数、冷却方式以及励磁方式，转速、极对数与频率的关系以及额定参数的计算 2. 同步发电机的运行特性及基本操作	讲课与自学	15
	LE15 发电机的检修	通过本单元学习，掌握各型发电机大、小修项目、周期与验收标准，掌握发电机故障类型与特点，以及检查与处理方法	1. 发电机常见故障类型与现象以及产生原因及处理方法 2. 同步发电机的大修和小修项目以及验收标准、拆卸与组装的准备工作、操作步骤与方法以及工艺标准 3. 各型发电机定子铁心的检查、定子铁心及绕组各种常见故障的处理与检修及相应验收标准 4. 各型发电机转子的一般性检修，护环、中心环、风扇的拆装与检修，转子绕组的检查、试验与常见故障与检修及相应验收标准 5. 空冷发电机冷、热风室和风道的检查及修理，空冷器检修，水内冷发电机水系统检修 6. 发电机的铁损干燥法、直流电源加热法、热水加热法的原理、步骤以及干燥时的安全措施等	结合实际讲课	30

模块序号及名称	单元序号及名称	学习目标	学习内容	学习方式	参考学时
MU6 发电机检修	LE16 同步发电机试验	通过本单元的学习,掌握发电机绝缘预防性试验与特性试验项目与方法	1. 氢冷发电机整体密封试验以及漏氢检查与处理方法,一昼夜漏气量计算以及合格判断 2. 水内冷发电机定子水路的冲洗、水压试验及漏水处理,转子水路的冲洗、水压试验以及绝缘引水管的更换 3. 同步发电机的绝缘预防性试验、轴电压的测量及其接线与数据判断、定转子气隙的测定与计算以及调整 4. 同步发电机特性试验	讲课与自学	10
MU7 异步电动机检修	LE17 异步电动机的运行与维护	通过学习使学员掌握异步电动机基本知识以及电动机的运行特性与起动、调速方法	1. 异步电动机基本工作原理、各型电动机基本结构与参数,转速、同步转速、转差率的计算与额定参数的计算 2. 异步电动机转矩特性与机械特性以及起动与调速方法 3. 异步电动机的日常巡视与维护	讲课与自学	10
	LE18 异步电动机的检修	通过本单元的学习,掌握异步电动机的拆卸与组装、常见故障、检查与试验及处理方法,绕组的重绕,并掌握交流电机的控制电路图的识读及安装	1. 异步电动机常见故障及其处理方法 2. 异步电动机检修工艺、质量标准及验收项目 3. 异步电动机的拆卸、组装以及平衡校验的步骤、方法及注意事项 4. 定、转子绕组及铁心故障的查找方法及处理 5. 绕组重绕的计算方法以及线圈制作与嵌线要点	结合实际讲课	20

模块序号及名称	单元序号及名称	学习目标	学习内容	学习方式	参考学时
MU7 异步电动机检修	LE18 异步电动机的检修	通过本单元的学习,掌握异步电动机的拆卸与组装、常见故障、检查与试验及处理方法,绕组的重绕,并掌握交流电机的控制电路图的识读及安装	6. 异步电动机有关试验项目、标准及试验方法,绝缘电阻的计算与判定 7. 异步电动机的干燥方法及操作步骤与注意事项、应用范围 8. 交流电动机的控制电路及接线	结合实际讲课	20
MU8 直流电机检修	LE19 直流电机的运行与维护	通过本单元的学习,掌握直流电机基本知识以及运行特性与维护,直流电动机的起动、调速方法	1. 直流电机基本工作原理、基本结构与换向基本知识以及额定参数的计算 2. 直流发电机运行特性及日常巡视与维护 3. 直流电动机转矩特性与机械特性以及起动与调速方法,直流电动机的日常巡视与维护	讲课与自学	10
	LE20 直流电机的检修	通过本单元的学习,掌握直流电机的拆卸与组装、常见故障、检查与试验及处理方法,掌握直流电动机的控制电路	1. 直流发电机常见故障与处理方法以及检修工艺、质量标准及验收项目 2. 直流电动机常见故障及其处理方法与直流电动机检修工艺、质量标准及验收项目 3. 直流电机的拆卸、组装以及平衡校验的步骤、方法及注意事项 4. 直流电机绕组故障的查找方法与处理,线圈的重绕计算与制作及其工艺规范 5. 直流电机有关试验项目、标准及试验方法,电刷位置的确定 6. 直流电动机的控制电路图的识读与接线	结合实际讲课	20

模块序号及名称	单元序号及名称	学习目标	学习内容	学习方式	参考学时
MU9 相关知识	LE21 发电厂一次系统	通过本单元的学习，掌握发电厂一次系统主要设备、主接线与厂用电接线以及一次系统运行知识	1. 发电厂主要电气设备 2. 电气主接线 3. 厂用电接线 4. 电气运行基本知识	讲课与自学	10
	LE22 高电压技术基础	通过本单元学习，了解发电机防雷基本知识以及电气绝缘预防性试验基础知识	1. 发电厂电气设备防雷基本知识，旋转电机防雷保护的配置 2. 高压试验基础知识及绝缘预防性试验方法	讲课与自学	10
	LE23 二次回路基础	通过本单元的学习，了解二次回路基本知识，了解继电保护基本知识以及旋转电机继电保护知识，了解发电机自动励磁调节装置	1. 二次回路基本知识 2. 继电保护与自动装置基本知识 3. 旋转电机继电保护的配置与作用 4. 自动励磁调节装置	讲课与自学	10

表2　　　　职业技能模块及学习单元对照选择表

模块	MU1	MU2	MU3	MU4	MU5	MU6	MU7	MU8	MU9
内容	电力职业工人道德	安全生产与生产管理	专业基础理论	基本工艺	交、直流绕组	发电机检修	异步电动机检修	直流电机检修	相关知识
参考学时	5	30	25	55	25	55	30	30	30
适用等级	初级中级高级技师高级技师	初级中级高级技师高级技师	初级中级	初级中级	初级高级	初级中级高级技师	初级中级高级技师	初级中级高级技师	中级高级技师

模块		MU1	MU2	MU3	MU4	MU5	MU6	MU7	MU8	MU9
学习单元LE序号选择	初	1	2，3	5，6，7	8，9，10，11	12，13	14，15，16	17，18	19，20	
	中	1	2，3	5，6，7	8，9，10，11	12，13	14，15，16	17，18	19，20	21，22，23
	高	1	2，3，4			12，13	15，16	17，18	19，20	21，22，23
	技师	1	2，3，4			12，13	15，16	18	20	21，22，23

表3　　　　　　　　学习单元名称表

单元序号	单元名称	单元序号	单元名称	单元序号	单元名称	单元序号	单元名称
LE1	电机检修工的职业道德	LE7	机械制图	LE13	交流绕组	LE19	直流电机的运行与维护
LE2	安全的基础知识	LE8	钳工工艺	LE14	同步发电机的基本知识	LE20	直流电机的检修
LE3	安全规程的规定	LE9	焊接工艺	LE15	发电机的检修	LE21	发电厂一次系统
LE4	生产管理	LE10	起重与搬运	LE16	同步发电机试验	LE22	高电压技术基础
LE5	电工基础理论	LE11	电工工艺	LE17	异步电动机的运行与维护	LE23	二次回路基础
LE6	常用电工仪器仪表	LE12	直流绕组	LE18	异步电动机的检修		

3 职业技能鉴定

3.1 鉴定要求

鉴定内容和考核双向细目表按照本职业（工种）《中华人民共和国职业技能鉴定规范·电力行业》执行。

3.2 考评人员

考评人员是在规定的工种（职业）、等级和类别范围内，依据国家职业技能鉴定规范和国家职业技能鉴定试题库电力行业分库试题，对职业技能鉴定对象进行考核、评审工作的人员。

考评人员分考评员和高级考评员。考评员可承担初、中、高级技能等级鉴定；高级考评员可承担初、中、高级技能等级和技师、高级技师资格考评。其任职条件是：

3.2.1 考评员必须具有高级工、技师或者中级专业技术职务以上的资格，具有15年以上本工种专业工龄；高级考评员必须具有高级技师或者高级专业技术职务的资格，取得考评员资格并具有1年以上实际考评工作经历；

3.2.2 掌握必要的职业技能鉴定理论、技术和方法，熟悉职业技能鉴定的有关法律、法规和政策，有从事职业技术培训、考核的经历；

3.2.3 具有良好的职业道德，秉公办事，自觉遵守职业技能鉴定考评人员守则和有关规章制度。

PSI

鉴定试题库

4

4.1 理论知识（含技能笔试）试题

4.1.1 选择题

下列每题都有 4 个答案，其中只有一个正确答案，将正确答案填在括号内。

La5A1001 流入电路中一个节点的电流之和（**A**）流出该节点的电流之和。

（A）等于；（B）小于；（C）大于；（D）近似等于。

La5A1002 纯阻性电路，电压的相位比电流的相位（**D**）。

（A）超前 90°；（B）滞后 90°；（C）相差 120°；（D）同相。

La5A1003 纯感性电路，电压的相位比电流的相位（**A**）。

（A）超前 90°；（B）滞后 90°；（C）相差 120°；（D）同相。

La5A1004 电感线圈在直流回路中相当于（**B**）。

（A）阻抗；（B）短接；（C）开路；（D）电抗。

La5A1005 电容器在直流回路中相当于（**C**）。

（A）阻抗；（B）短接；（C）开路；（D）电抗。

La5A1006 在正弦交流电的一个周期内,随着时间变化而改变的是(**A**)。

(A)瞬时值;(B)最大值;(C)有效值;(D)频率。

La5A1007 在交流电路中,频率 f 和周期 T 的关系式是(**D**)。

(A)$T=2\pi f$;(B)$T=2\pi/\omega t$;(C)$T=f$;(D)$T=1/f$。

La5A1008 金属导体的电阻与(**C**)无关。

(A)导体的几何尺寸;(B)材料的种类;(C)外加电压;(D)温度。

La5A1009 下述金属的电导率由大到小依次排列顺序是(**C**)。

(A)银、铜、铁、铝;(B)银、铝、铜、铁;(C)银、铜、铝、铁;(D)铁、铝、铜、银。

La5A2010 在计算交流电流的热效应时,应该用它的(**B**)。

(A)平均值;(B)有效值;(C)最大值;(D)瞬时值。

La5A2011 电流表扩大量程,应(**D**)。

(A)串联电容;(B)串联电感;(C)串联电阻;(D)并联电阻。

La5A2012 电压表扩大量程,应(**C**)。

(A)串联电容;(B)串联电感;(C)串联电阻;(D)并联电阻。

La5A2013 电压表 A 内阻为 2000Ω,电压表 B 内阻为

1000Ω，量程都是 **15V**，当它们串联在 **15V** 的电源上时，电压表 **B** 的读数是（**C**）。

（A）15V；（B）10V；（C）5V；（D）1V。

La5A2014　当交流电流通过一导体时，产生的电磁感应将迫使电流趋向于由导体表面经过，这一现象被称为"（**C**）"。

（A）电磁感应；（B）洛伦兹力；（C）集肤效应；（D）涡流。

La5A2015　若正弦交流电压的有效值是 **220V**，则它的最大值是（**B**）。

（A）380V；（B）311V；（C）440V；（D）110V。

La5A2016　将一根电阻值等于 *R* 的电阻线对折起来，双股使用时它的电阻等于（**C**）。

（A）2*R*；（B）*R*/2；（C）*R*/4；（D）*R*。

La5A2017　日光灯整流器又称限流器，其作用是（**C**）。

（A）交流变直流；（B）控制电流；（C）起动产生高电压，起动后限流；（D）交流变直流，起动后限流。

La5A3018　如图 **A-1** 所示为一电桥电路，若检流计 **G** 电流为零，则各电阻满足：（**D**）。

（A）$R_1 + R_2 = R_2 + R_3$；（B）$R_1 \times R_2 = R_2 \times R_3$；（C）$R_1 \times R_2 = R_3 \times R_4$；（D）$R_1 \times R_4 = R_2 \times R_3$。

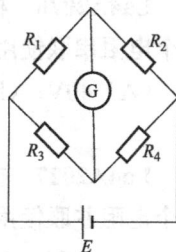

图 A-1

La4A1019　一个标有"**220V，100W**"的灯泡，接于 **110V** 的电源上，灯泡的实际功率是（**C**）。

（A）100W；（B）50W；（C）25W；（D）10W。

La4A1020 视在功率的单位是（**B**）。
（A）W；（B）VA；（C）var；（D）Ω。

La4A1021 无功功率的单位是（**C**）。
（A）W；（B）VA；（C）var；（D）Ω。

La4A1022 有功功率的单位是（**A**）。
（A）W；（B）VA；（C）var；（D）Ω。

La4A1023 电能的单位是（**C**）。
（A）W；（B）VA；（C）kW·h；（D）Ω。

La4A1024 电导的单位是（**D**）。
（A）欧姆；（B）楞次；（C）焦耳；（D）西门子。

La4A2025 1马力等于（**B**）kW。
（A）0.643；（B）0.736；（C）0.864；（D）0.01。

La4A2026 标有"100Ω，4W"和标有"100Ω，25W"的两个电阻串联使用时，允许加的最高电压是（**A**）。
（A）40V；（B）70V；（C）140V；（D）220V。

La4A2027 标有"100Ω，4W"和标有"100Ω，25W"的两个电阻并联使用时，允许通过的最大电流是（**B**）。
（A）0.7A；（B）0.4A；（C）1A；（D）5A。

La4A2028 纯容性电路，电压的相位比电流的相位（**B**）。
（A）超前90°；（B）滞后90°；（C）120°；（D）同相。

La4A2029 在计算交流电流的冲击效应时，应该用它的（C）。

（A）平均值；（B）有效值；（C）最大值；（D）瞬时值。

La4A2030 若将一段电阻值为 R 的导体均匀拉长至原来的 2 倍，则其电阻大小将为（D）。

（A）14R；（B）12R；（C）2R；（D）4R。

La4A2031 一度电可供"220V，40W"的灯泡正常发光的时间是（B）。

（A）20h；（B）25h；（C）45h；（D）50h。

La4A2032 标有"12V，6W"的灯泡，接于 12V 电路中，通过灯泡的实际电流是（C）。

（A）2A；（B）1A；（C）0.5A；（D）0.25A。

La4A2033 一般导线电阻的大小与其两端所加电压大小（D）。

（A）成正比；（B）成反比；（C）呈非线性关系；（D）无关。

La4A2034 将 0.1H 的电感线圈接在工频 220V 交流电源上，则通过线圈的电流为（C）。

（A）2200A；（B）404A；（C）7A；（D）1A。

La4A4035 如图 A-2 所示，闭合铁心中磁通量一定时，其励磁电流的大小（A）。

（A）与铁心的磁阻成

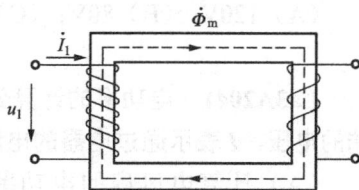

图 A-2

正比；（B）与铁心的磁阻成反比；（C）与铁心材料无关；（D）不变。

La3A2036 关于电流的认识，正确的说法是（B）。

（A）只有正电荷运动才能形成电流；（B）电流是由于带电质子运动形成的；（C）自由电子总是从高电位流向低电位；（D）正电荷总是从低电位流向高电位。

La3A2037 下面说法正确的是（C）。

（A）电压没有方向性；（B）电压和电动势是同一概念；（C）电位是标量，没有方向性，但它的值可为正、负或零；（D）电压即是电位。

La3A2038 硅管比锗管受温变影响（B）。

（A）较大；（B）较小；（C）相同；（D）不一定。

La3A2039 有一内阻为 0.15Ω 的电流表，最大量程是 1A，现给它并联一个 0.05Ω 的小电阻，则这个电流表的量程可扩大为（B）。

（A）3A；（B）4A；（C）6A；（D）9A。

La3A2040 电压表 A 内阻为 20 000Ω，电压表 B 内阻为 4000Ω，量程都是 150V，当它们串联在 120V 的电源上时，电压表 B 的读数是（D）。

（A）120V；（B）80V；（C）40V；（D）20V。

La3A2041 电功率的计算公式 $P=UI$，式中 U 表示电器两端的电压，I 表示通过电器的电流强度。此公式适用于（B）。

（A）计算电风扇的电功率；（B）计算电灯泡电功率；（C）计算电容器电功率；（D）计算电动机功率。

La5A1042 电压为 110V 的电源给负载供电，导线上总电阻为 1Ω，通过的电流为 10A，则线路的末端电压是：（**B**）。

（A）110V；（B）100V；（C）55V；（D）10V。

La2A2043 半导体二极管具有（**A**）。

（A）单向导通性；（B）反向导通性；（C）不导电性；（D）完全导通性。

La2A2044 为了保证三极管处于放大状态，则电源极性应（**C**）。

（A）发射极正偏，集电极正偏；（B）发射极反偏，集电极反偏；（C）发射极正偏，集电极反偏；（D）发射极反偏，集电极正偏。

La2A2045 计算机系统通常包括（**C**）等部分。

（A）硬件及外设；（B）中央处理器、硬盘以及显示器；（C）硬件系统与软件系统；（D）中央处理器、硬软盘、显示器以及键盘与鼠标。

La2A2046 以下均属于计算机外设的设备是（**A**）组。

（A）打印机、鼠标、扫描仪；（B）键盘、鼠标、扫描仪；（C）软盘、打印机、鼠标、扫描仪；（D）内存、软盘、打印机、鼠标、扫描仪。

La2A3047 晶闸管既具有单向导通的整流作用，又具有（**B**）。

（A）放大作用；（B）可控的开关作用；（C）滤波作用；（D）饱和作用。

La2A3048 三相对称的交流电源采用星形连接时，线电压

$\dot{U}_{AB}$ 在相位上（A）相电压 $\dot{U}_{A}$。

（A）滞后 30°于；（B）超前 30°于；（C）等于；（D）超前 90°。

La2A3049 *RLC* 串联交流电路中，什么时候电路总电阻等于 *R*（C）。

（A）频率最高时；（B）频率最低时；（C）电路串联谐振（$X_L = X_C$）时；（D）电感或电容损坏时。

La1A3050 一台同步发电机，发出的有功功率为 **40MW**，无功功率为 **30MW**，其发出的视在功率为（C）。

（A）10MW；（B）35MW；（C）50MW；（D）70MW。

La1A3051 在以下四种同步发电机的冷却方式中，简便、安全、成本低但冷却效能较差，摩擦损耗较大的是（A）。

（A）空气冷却；（B）氢内冷；（C）氢外冷；（D）水内冷。

La1A3052 水轮发电机转子磁极一般有（C）。

（A）很薄的两面涂有绝缘漆的硅钢片叠成；（B）铸铁制成；（C）1～1.5mm 厚的钢板叠成；（D）1～1.5mm 厚的铜板叠成。

La1A3053 同步发电机的转子结构是采用隐极式还是凸极式主要取决于（C）。

（A）电压高低；（B）容量大小；（C）原动机转速；（D）励磁方式。

Lb5A1054 同步发电机电枢电动势的频率与发电机的极对数（A）。

（A）成正比；（B）成反比；（C）的平方成正比；（D）的平方成反比。

Lb5A1055 直流电机的励磁方法分为（D）两大类。

（A）自励、复励；（B）自励、并励；（C）并励、串励；（D）他励、自励。

Lb5A1056 绕线式异步电动机的转子绕组（C）。

（A）经直流电源闭合；（B）为鼠笼式闭合绕组；（C）可经电刷与滑环外接起动电阻或调速电阻；（D）是开路的。

Lb5A1057 鼠笼式异步电动机的转子绕组（A）。

（A）是一个闭合的多相对称绕组；（B）是一个闭合的单相绕组；（C）经滑环与电刷外接调速电阻而闭合；（D）经滑环与电刷外接起动电阻而闭合。

Lb5A1058 异步电动机工作时，其转差率的范围为（A）。

（A）$0<s\leq1$；（B）$1<s<\infty$；（C）$-\infty<s<0$；（D）$-\infty<s\leq0$。

Lb5A1059 直流电机换向极绕组应与电枢绕组（A），且绕组应装在换向极铁心上。

（A）串联；（B）并联；（C）混联；（D）不连接。

Lb5A1060 为了保证频率合格，水轮发电机因转速慢，故转子极对数比汽轮发电机极对数（B）。

（A）少；（B）多；（C）相等；（D）不一定。

Lb5A1061 直流电机的电枢绕组（C）。

（A）与交流电机定子绕组相同；（B）与交流电机转子绕组相同；（C）是一闭合绕组；（D）经电刷后闭合。

Lb5A1062 同步发电机是利用（C）原理制造的。

（A）基尔霍夫定律；（B）欧姆定律；（C）电磁感应定律；（D）电磁力定律。

Lb5A1063 异步电动机转子速度（B）定子磁场的速度。

（A）相等；（B）低于；（C）高于；（D）有时高于，有时低于。

Lb5A1064 直流电动机转子由（C）组成。

（A）转子铁心、转子绕组两大部分；（B）转子铁心、励磁绕组两大部分；（C）电枢铁心、电枢绕组、换向器三大部分；（D）两个独立绕组、一个闭合铁心两大部分。

Lb5A1065 对三视图之间的投影关系，规律叙述不正确的是（D）。

（A）主俯视图长对正；（B）主左视图高平齐；（C）俯左视图宽相等；（D）主俯视图高平齐。

Lb5A2066 直流电机为了消除环火而加装了补偿绕组，正确的安装方法是补偿绕组应与（C）。

（A）励磁绕组串联；（B）励磁绕组并联；（C）电枢绕组串联；（D）电枢绕组并联。

Lb5A2067 双速三相交流鼠笼式异步电动机常用的改变转速的方法是（B）。

（A）改变电压；（B）改变极对数；（C）将定子绕组由三角形连接改为星形连接；（D）将定子绕组由星形连接改为三角形连接。

Lb5A2068 运行中的 380V 交流电机绝缘电阻应大于（D）MΩ方可使用。

（A）3；（B）2；（C）1；（D）0.5。

Lb5A2069 新汽轮发电机组或水轮发电机组自投产之日起，其主设备一般应在投产后的（**A**）年左右进行第一次大修。

（A）1；（B）3；（C）5；（D）10。

Lb5A2070 修复电动机时,若无原有的绝缘材料,则（**C**）。

（A）无法维修；（B）选用比原有等级低的绝缘材料代替；（C）选等于或高于原绝缘等级的绝缘材料；（D）任意选用绝缘材料。

Lb5A2071 并励直流发电机要自激建压必须满足三个条件,其中励磁回路电阻应（**C**）。

（A）越小越好；（B）越大越好；（C）小于对应于一定转速的临界值；（D）大于对应于一定转速的临界值。

Lb5A2072 当异步电动机的负载超重时，其起动转矩将（**D**）。

（A）愈大；（B）愈小；（C）变化；（D）与负载轻重无关。

Lb5A2073 电流互感器二次回路不允许接（**D**）。

（A）测量仪表；（B）继电器；（C）短接线；（D）熔断器。

Lb5A2074 电压互感器严禁（**B**）。

（A）开路运行；（B）短路运行；（C）带感性负荷运行；（D）带容性负荷运行。

Lb5A2075 绕线式异步电动机转子回路串入适当大小的起动电阻,（**B**）。

（A）既可以减小起动电流，又可以减小起动力矩；（B）既可以减小起动电流，又可以增大起动力矩；（C）既可以增大起动电流，又可以减小起动力矩；（D）既可以增大起动电流，又可以增大起动力矩。

Lb5A2076 转动着的发电机若未加励磁，（**D**）。

（A）可认为其不带电；（B）确认励磁电流为零时，可认其不带电；（C）确认励磁未加，可认为其未带电；（D）也应认为有电压。

Lb5A2077 理论上说，异步电机（**A**）。

（A）既能作电动机，又可作发电机；（B）只能作电动机；（C）只能作发电机；（D）只能作调相机。

Lb5A2078 理论上说，直流电机（**A**）。

（A）既能作电动机，又可作发电机；（B）只能作电动机；（C）只能作发电机；（D）只能作调相机。

Lb5A2079 Y 系列异步电动机常采用 B 级绝缘材料，B 级绝缘材料的耐热极限温度是（**D**）℃。

（A）95；（B）105；（C）120；（D）130。

Lb5A2080 异步电动机常采用 E 级绝缘材料，E 级绝缘材料的耐热极限温度是（**C**）℃。

（A）95；（B）105；（C）120；（D）130。

Lb5A2081 若环境温度 30℃下起动电动机，运行后测得电动机绕组温度为 100℃，则电动机的温升是（**B**）。

（A）100℃；（B）70℃；（C）30℃；（D）未知数。

Lb5A2082 直流电机定子装设换向极是为了（**D**）。

（A）增加气隙磁场；（B）减小气隙磁场；（C）将交流电变换成直流电；（D）改善换向。

Lb5A2083 直流电机单叠绕组的合成节距 y 满足（**D**）。

（A）$y = y_1 + y_2$；（B）$y = \dfrac{Z}{2p} \mp \varepsilon$；（C）$y = \dfrac{y_1 + y_2}{2}$；

（D）$y = y_K = 1$。

Lb5A2084 三对极的异步电动机转速（**A**）。

（A）小于 1000r/min；（B）大于 1000r/min；（C）等于 1000r/min；（D）1000～1500r/min。

Lb5A2085 电机铁心常采用硅钢片叠装而成，是为了（**C**）。

（A）便于运输；（B）节省材料；（C）减少铁心损耗；（D）增加机械强度。

Lb5A2086 同步发电机转子采用整钢锭而不采用硅钢片叠装制成，是因为（**A**）。

（A）转子铁心与气隙磁场无相对运动；（B）转子铁心与气隙磁场有相对运动；（C）转子铁心导电性能好，无电阻；（D）转子铁心绝缘性能好，无损耗。

Lb5A3087 装有 SF_6 设备的配电装置室和 SF_6 气体实验室，必须装设强力排风装置。风口应设置在室内的（**C**）。

（A）顶部；（B）中部；（C）底部；（D）任意地方。

Lb5A3088 三相异步电动机与发电机的电枢磁场都是（**A**）。

（A）旋转磁场；（B）脉振磁场；（C）波动磁场；（D）恒

定磁场。

Lb5A3089 三相异步电机转子转速 n_2 与定子旋转磁场转速 n_1 的相对速度是（**C**）。

（A）n_1；（B）n_1+n_2；（C）n_1-n_2；（D）n_2。

Lb4A1090 三相交流电动机绕组末端连接成一点，始端引出，这种连接称为（**C**）连接。

（A）三角形；（B）圆形；（C）星形；（D）双层。

Lb4A1091 交流电动机定子绕组一个线圈两个边所跨的距离称为（**D**）。

（A）节距；（B）长距；（C）短距；（D）极距。

Lb4A2092 当直流电动机采用改变电枢回路电阻调速时，若负载转矩不变，调速电阻越大，工作转速（**A**）。

（A）越低；（B）越高；（C）不变；（D）有出现"飞车"现象的可能。

Lb4A1093 标有"12V，6W"的灯泡，接于 12V 电路中，通过灯泡的实际电流是（**C**）。

（A）2A；（B）1A；（C）0.5A；（D）0.25A。

Lb4A1094 采用双层绕组的直流电机绕组元件数目和换向片的数目（**D**）。

（A）无关；（B）多一倍；（C）少一倍；（D）相等。

Lb4A1095 当某发电机在槽数 Z、极距 τ、节距 y_1、槽距电角度 α 以及每极每相槽数 q 等绕组参数不变的前提下，分别采用双层叠绕组与双层波绕组，其电枢绕组感应电动势（**A**）。

（A）不变；（B）叠绕组较大；（C）波绕组较大；（D）不能确定。

Lb4A1096 发电机定子三相绕组在空间布置上，其各相绕组轴线相差（**D**）。

（A）120°机械角度；（B）120°；（C）120°任意角度；（D）120°电角度。

Lb4A1097 油浸纸绝缘电力电缆，按其线芯金属护套的结构可分为（**A**）。

（A）统包和分相铅包；（B）铅包和带钢甲；（C）钢甲和钢甲带麻皮；（D）统包和钢甲带麻皮。

Lb4A1098 在额定电压下，开关能可靠切断的最大电流叫做（**B**）。

（A）额定开断容量；（B）额定开断电流；（C）极限开断电流；（D）最大负荷电流。

Lb4A1099 电流互感器严禁（**A**）。

（A）开路运行；（B）短路运行；（C）带感性负荷运行；（D）带容性负荷运行。

Lb4A1100 只能够断开过负荷电流和短路电流的开关电器是（**D**）。

（A）断路器；（B）隔离开关；（C）负荷开关；（D）熔断器。

Lb4A1101 仅能够接通或断开正常工作电流的开关电器是（**C**）。

（A）断路器；（B）隔离开关；（C）负荷开关；（D）熔断器。

Lb4A1102 直流电动机起动时，由于（**D**），故而起动电流与起动转矩均很大。

（A）转差率最大；（B）负载最少；（C）负载最重；（D）反电势尚未建立。

Lb4A1103 异步电动机起动时，虽然转差率最大，但因此时（**A**），故起动电流大而起动转矩却不大。

（A）转子回路功率因数最低；（B）负载最少；（C）负载最重；（D）反电动势尚未建立。

Lb4A2104 并励直流发电机励磁电流所建立的磁场（**A**）。

（A）与剩磁方向应一致；（B）与剩磁方向应相反；（C）是交变的；（D）与剩磁方向无关。

Lb4A2105 深槽型异步电动机起动时由于（**D**），所以转子电流主要从转子导体上部经过。

（A）涡流作用；（B）电磁感应；（C）存在电磁力作用；（D）集肤效应。

Lb4A2106 在铝母线的超声波搪锡工艺中，超声波的作用是（**A**）。

（A）破坏铝表面氧化层，促使锡铝结合；（B）防止铝表面的氧化；（C）防止铝表面受到腐蚀；（D）保护锡铝结合处不损坏。

Lb4A2107 并列于无穷大电网的同步发电机，既向电网输出有功功率，同时又向系统吸收感性无功功率，这时发电机的励磁电流处于（**B**）。

（A）过励状态；（B）欠励状态；（C）正常励磁状态；（D）失磁运行状态。

Lb4A2108 为保证电力系统的安全运行，常将系统的（**A**）接地，这叫做工作接地。

（A）中性点；（B）零点；（C）设备外壳；（D）防雷设备。

Lb4A2109 300MW 汽轮发电机组标准项目检修停用日数，大修为（**C**）天。

（A）18；（B）25；（C）50～55；（D）90。

Lb4A2110 下列绝缘预防性试验中，属于破坏性试验项目的是（**B**）。

（A）介质损失试验；（B）直流耐压试验；（C）泄漏电流试验；（D）绝缘电阻试验。

Lb4A2111 若交流绕组的节距为 $y_1 = \dfrac{4}{5}\tau$，则可完全消除电枢电动势中的（**B**）次谐波。

（A）3 次；（B）5 次；（C）7 次；（D）3 次及奇数倍。

Lb4A2112 直流电动机起动时起动电流很大，是因为刚起动时（**D**）。

（A）负荷太轻；（B）转子与定子磁场相对速度最大；（C）转子与定子磁场相对速度最小；（D）反电势尚未建立。

Lb4A2113 下列调速方法中，使直流电动机机械特性明显变化的是（**A**）。

（A）改变电枢回路电阻；（B）改变励磁回路电阻；（C）改变端电压；（D）改变励磁回路电流。

Lb4A2114 鼠笼式异步电动机的启动方法中可以频繁起动的是（**A**）。

（A）用自耦补偿器启动；（B）星形—三角形换接启动；（C）延边三角形起动；（D）转子绕组串联起动电阻启动。

Lb4A3115 在接隔离开关时，应缓慢而谨慎，特别是当刀片刚离开静触头时若发生电弧，应立即（**B**）。

（A）拉下隔离开关；（B）合上隔离开关；（C）保持不动；（D）立即跳开断路器。

Lb4A3116 Yyn 连接的三相变压器组（**B**）担负一相与中性点间的单相负载运行。

（A）能；（B）不能；（C）只要该相电流不超过额定值即可；（D）不一定。

La4A3117 当直流电动机刚进入能耗制动状态时，电动机将因惯性继续旋转，此时电机实际处于（**B**）运行状态。

（A）直流电动机；（B）直流发电机；（C）交流电动机；（D）交流发电机。

Lb4A4118 当中性点不接地系统某一线路发生单相接地时，（**A**）。

（A）仍可在一定时间内继续运行；（B）仍可长期继续运行；（C）继电保护装置将延时数秒之后，将故障线路切除；（D）继电保护将迅速动作以切除故障线路。

Lb4A2119 大容量的异步电动机（**D**）直接起动。

（A）可以无条件的采用；（B）完全不能采用；（C）鼠笼式可以直接起动，绕线式不能；（D）在电动机的额定容量不超过电源变压器额定容量的 20%～30% 的条件下，可以。

Lb4A2120 起动时可在绕线式异步电动机转子回路中串

入电阻是（**C**）。

（A）为了调整电动机的速度；（B）为了减少运行电流；（C）为了改善电动机的起动性能；（D）为了减小起动电流和起动转矩。

Lb4A2121　异步电动机机械特性是反映（**B**）。

（A）转矩与定子电流的关系曲线；（B）转速与转矩的关系曲线；（C）转速与端电压的关系曲线；（D）定子电压与电流的关系曲线。

Lb4A2122　当端电压下降时，异步电动机的最大电磁转矩将（**A**）。

（A）下降；（B）上升；（C）不变；（D）与电压大小成反比。

Lb4A2123　绕线式电动机当负载力矩不变，而增大其转子回路电阻时，转速将（**A**）。

（A）下降；（B）上升；（C）不变；（D）与转子回路电阻成正比。

Lb4A2124　水轮发电机从理论上讲，（**C**）长期运行。

（A）也可以作无励磁；（B）也可以作非全相；（C）也可以作电动机；（D）失磁后仍能。

Lb4A2125　三相异步电动机与发电机的电枢磁场都是（**A**）。

（A）旋转磁场；（B）脉振磁场；（C）波动磁场；（D）恒定磁场。

Lb4A3126　异步电动机中鼠笼式转子的槽数，在设计上为了防止与定子谐波磁势作用而产生振动力矩，造成电机振动和产生噪声，一般不采用（A）。

（A）奇数槽；（B）偶数槽；（C）短矩；（D）整矩。

Lb4A3127 当三相交流电机线圈节距为 $y=\dfrac{1}{5}\tau$ 时，感应电动势中的（A）次谐波被完全消除。

（A）5；（B）6；（C）7；（D）3。

Lb4A3128 三相异步电动机空载试验的时间应（D），可测量铁心是否过热或发热不均匀，并检查轴承的温升是否正常。

（A）不超过 1min；（B）不超过 30min；（C）不少于 30min；（D）不少于 1h。

Lb4A3129 绕线式异步电动机转子电路串联频敏电阻起动时，转子转速越低，频敏电阻的等效阻值（A）。

（A）越大；（B）越小；（C）不变；（D）不一定。

Lb4A3130 起动多台异步电动机时，可以（C）。

（A）一起起动；（B）由小容量到大容量逐台起动；（C）由大容量到小容量逐台起动；（D）无顺序地依次将各台电动机起动。

Lb4A4131 同步发电机（C）运行时，稳定性下降，故不宜进相深度过大。

（A）正常励磁；（B）过励磁；（C）欠励磁；（D）空载。

Lb4A4132 对于未装设自动励磁调节装置的汽轮发电机，其稳定运行功率角的范围为（A）。

（A）$0°\leqslant\delta<90°$；（B）$\delta\geqslant90°$；（C）$\delta\leqslant0°$；（D）180°

$\geqslant \delta \geqslant 90°$。

Lb3A2133 恢复线路送电的操作顺序是（B）。

（A）合电源侧隔离开关—合断路器—合线路侧隔离开关；（B）合电源侧隔离开关—合线路侧隔离开关—合断路器；（C）合线路侧隔离开关—合电源侧隔离开关—合断路器；（D）合断路器—合线路侧隔离开关—合电源侧隔离开关。

Lb3A2134 感性负载的电枢反应将使发电机气隙合成磁场（A）。

（A）减小；（B）增大；（C）不变；（D）发生畸变。

Lb3A2135 三相鼠笼式电动机铭牌上标明额定电压为380V/220V，Y，d 接法，今接到 380V 电源上，可选用的降压起动方式是（C）。

（A）可采用星—三角降压起动；（B）可采用转子回路串适当电阻的方法起动；（C）可采用自耦变压器降压起动；（D）可采用转子回路串入频敏电阻的起动。

Lb3A2136 对于并列运行的发电机组，分配负荷按（C）原则分配时，全网最经济。

（A）单机容量；（B）微增率；（C）等微增率；（D）效率。

Lb3A2137 采用双层绕组的直流电机绕组元件数与换向片的数相比（D）。

（A）多一倍；（B）少一倍；（C）少一片；（D）相等。

Lb3A2138 为改善直流电机的换向性能，换向极绕组应（A）。

（A）与电枢绕组串联，并且极性正确；（B）与电枢绕组并联，并且极性正确；（C）与补偿绕组并联，并且极性正确；（D）与励磁绕组串联，并且极性正确。

Lb3A2139 绕线式异步电动机转子绕组为（A）。

（A）三相对称绕组；（B）单相绕组；（C）对称多相绕组，其相数等于槽数除以极对数；（D）鼠笼式绕组。

Lb3A2140 有一台星形连接 **380V** 三相异步电动机，现将绕组改接成三角形接线，则该电机可接到电压为（**A**）的交流电源上运行。

（A）220V；（B）380V；（C）600V；（D）120V。

Lb3A2141 通常，异步电动机额定转差率的范围是 $s_N=$（**A**）。

（A）0.02～0.06；（B）0～1；（C）12；（D）–1～0。

Lb3A2142 绕线式异步电动机的最大电磁转矩与转子回路电阻的大小（**D**）。

（A）平方成正比；（B）成正比；（C）成反比；（D）无关。

Lb3A2143 绕线式电动机转子回路串联电阻（**A**），起动转矩较大。

（A）适当；（B）越大；（C）越小；（D）随着转速增加而增加。

Lb3A2144 硬磁材料的磁滞曲线的形状（**C**）。

（A）为不闭合的曲线；（B）与硬磁材料相同；（C）宽厚；（D）狭长且陡。

Lb3A2145 硅钢片是在铁中加入约 **0.5%～4.5%** 的硅的

铁硅合金。一般用于发电机、电动机的硅钢片含硅量较用于变压器制造的硅钢片的含硅量（**D**）。

（A）一样多；（B）不一定；（C）多；（D）少。

Lb3A2146 某同步发电额定运行的正常励磁电流为100A，若调节励磁电流大于 100A 时，发电机处于（**A**）运行状态。

（A）过励；（B）欠励；（C）失磁；（D）调相。

Lb3A2147 当调节同步发电机励磁电流等于正常励磁电流时，发电机向系统输送（**D**）。

（A）感性无功功率；（B）容性无功功率；（C）无功功率为零；（D）既有有功功功率又有无功功率。

Lb3A2148 异步电动机的最大电磁转矩与端电压的大小（**A**）。

（A）平方成正比；（B）成正比；（C）成反比；（D）无关。

Lb3A3149 三相异步电动机在运行中断相，则（**C**）。

（A）必将停止转动；（B）负载转矩不变，转速不变；（C）负载转矩不变，转速下降；（D）适当减少负载转矩，可维持转速不变。

Lb3A3150 并列于无穷大电网的同步发电机，既向电网输出有功功率，同时又向系统输出感性无功功率，这时发电机的励磁电流处于（**A**）。

（A）过励状态；（B）欠励状态；（C）正常励磁状态；（D）空载状态。

Lb3A3151 深槽鼠笼型交流异步电动机的起动性能比普

通鼠笼式异步电动机好得多，它是利用（C）原理来改善起动性能的。

（A）磁滞效应；（B）电动力效应；（C）集肤效应；（D）电磁感应。

Lb3A3152 轻载运行的并励直流电动机运行中励磁回路开路时，将（C）。

（A）停转；（B）速度有所下降；（C）速度上升，甚至出现"飞车"现象；（D）无变化。

Lb3A3153 在测试发电机定子相间及相对地的绝缘电阻前要进行充分的放电，即预放电，预放电时间一般需经历约（B）**min**。

（A）1～3；（B）5～10；（C）12～15；（D）15～30。

Lb2A2154 编制电力企业各类计划和安排生产任务的依据是（D）。

（A）发电量；（B）供电量；（C）用电量；（D）需电量。

Lb2A2155 通常情况下，发电机处于（C）运行状态。
（A）空载；（B）过载；（C）滞相；（D）进相。

Lb2A2156 异步电动机的转子磁场的转速（C）定子磁场的转速。

（A）低于；（B）高于；（C）等于；（D）接近。

Lb2A2157 鼠笼式异步电动机的转子绕组的相数（D）。

（A）与定子绕组相数相同；（B）小于定子绕组相数；（C）是变化的；（D）等于转子槽数除以极数。

Lb2A2158 鼠笼式电动机不能采用（D）的调速方法调速。

（A）改变极数；（B）改变频率；（C）改变端电压；（D）改变转子回路电阻。

Lb2A2159 下面（A）不是直流电机的励磁方式。

（A）半导体励磁；（B）复励；（C）他励；（D）自励。

Lb2A2160 大容量汽轮发电机转子，均采用（A）通风方式。

（A）斜流式气隙；（B）辐射形；（C）压力式；（D）对流式。

Lb2A3161 对于未投入自动励磁调节装置的隐极发电机而言，静稳定的范围是（A）。

（A）$0°<\delta<90°$；（B）$90°<\delta<180°$；（C）$-90°<\delta<0°$；（D）$-90°\leqslant\delta\leqslant90°$。

Lb2A3162 电网调度应遵循的原则是（C）。

（A）统一调度，统一管理；（B）统一管理，分级调度；（C）统一调度，分级管理；（D）分级调度，分网管理。

Lb2A3163 对继电保护的基本要求包括可靠性、选择性、灵敏性和速动性。其中，当电力系统发生故障时，只跳开离故障点最近的断路器，使停电范围最小，是指继电保护的（B）。

（A）可靠性；（B）选择性；（C）灵敏性；（D）速动性。

Lb2A3164 同步发电机的纵差保护是反应（D）。

（A）转子一点接地；（B）转子两点接地；（C）定子绕组匝间短路；（D）定子绕组及引出线相间故障。

Lb2A3165 同步发电机横差保护是反应（**C**）。

（A）转子一点接地；（B）转子两点接地；（C）定子绕组匝间短路；（D）定子绕组及引出线相间故障。

Lb2A3166 运行不足 20 年的发电机定子绕组局部更换定子绕组并修好后，应进行交流耐压试验，其试验电压应为（**C**）倍额定电压。

（A）1；（B）1.15～1.3；（C）1.5；（D）2.0。

Lb2A3167 发电机转子绕组绝缘电阻在室温下不应低于（**A**）MΩ。

（A）0.5；（B）0.2；（C）5；（D）2000。

Lb2A3168 直流发电机补偿绕组的作用是（**C**）。

（A）增加气隙磁场；（B）抵消电枢反应，保持端电压不变；（C）抵消极面下的电枢反应，消除电位差火花，防止产生环火；（D）补偿电枢反应去磁作用影响，保持励磁电流不变。

Lb2A4169 发电机静态稳定运行的判据是（**A**）。

（A）$\dfrac{\mathrm{d}P_\mathrm{m}}{\mathrm{d}\delta}<0$；（B）$\dfrac{\mathrm{d}P_\mathrm{m}}{\mathrm{d}\delta}=0$；（C）$\dfrac{\mathrm{d}P_\mathrm{m}}{\mathrm{d}\delta}\geqslant0$；（D）$\dfrac{\mathrm{d}P_\mathrm{m}}{\mathrm{d}\delta}\geqslant1$。

Lb2A4170 发电机发生电腐蚀将产生出（**C**）气体。

（A）二氧化碳；（B）一氧化碳；（C）臭氧及氮的化合物；（D）氢。

Lb2A5171 对于并列运行的发电机组，分配负荷按（**C**）原则分配时，全网最经济。

（A）单机容量；（B）微增率；（C）等微增率；（D）效率。

Lb1A5172 不适宜于大型同步发电机采用的励磁方式为（**A**）。

（A）直流励磁机励磁；（B）无刷励磁；（C）交流励磁机加整流装置；（D）另外的交流电源经整流提供直流。

Lb1A5173 同步发电机的自动调节励磁装置是通过调节励磁电流维持发电机的（**B**）在给定水平。

（A）频率；（B）输出电压；（C）输出电流；（D）输出有功。

Lb1A5174 同步发电机在转速保持为额定转速,励磁电流和负载功率因数为常数的条件下，发电机的端电压和负载电流的关系称为发电机的（**C**）。

（A）空载特性；（B）短路特性；（C）外特性；（D）调整特性。

Lb1A5175 两个电阻器件的额定功率不同,但额定电压相同，当它们并联在一个电压上时，则功率大的电阻器（**C**）。

（A）发热量相等；（B）发热量不等；（C）发热量较大；（D）发热量较小。

Lb1A5176 有一个内阻可以忽略不计的直流电源,给串联的电阻 R_A、R_B 送电，当 90Ω 的电阻 R_A 短路后，电路中的电流是以前的 4 倍，则电阻 R_B 的电阻值是（**A**）Ω。

（A）30；（B）60；（C）180；（D）260。

Lb1A5177 发电机与电网的并列过程中,如发电机电压与系统电压有相位差，会产生冲击电流，当发电机电压与系统电压的相位差为（**D**）时冲击电流达最大。

（A）45°；（B）60°；（C）90°；（D）180°。

Lc5A1178 检修发电机、同期调相机、高压电动机时，应（A）工作票。

（A）填用第一种；（B）填用第二种；（C）由工作是否停电来决定填用哪种；（D）不填写。

Lc5A1179 检查高压电动机和起动装置的继电器和仪表需将高压设备停电的，应（A）工作票。

（A）填用第一种；（B）填用第二种；（C）由工作是否停电来决定填用哪种；（D）不填写。

Lc5A1180 低压配电盘、配电箱和电源干线上的工作，应（B）工作票。

（A）填用第一种；（B）填用第二种；（C）由工作是否停电来决定填用哪种；（D）不填写。

Lc5A1181 根据《电业安全工作规程》规定：（A）在转动的高压电动机及其附属装置回路上进行工作。

（A）禁止；（B）可以；（C）负载轻时允许；（D）转速低时允许。

Lc5A1182 （A）是生产力中最活跃的因素，也是影响产品质量最重要的因素。

（A）人；（B）管理；（C）设备；（D）材料。

Lc5A1183 为了减少计划外停机检修，在不影响电网调度和事故备用的前提下，电厂应利用（B）时间，经电网调度批准后，不停机进行设备消缺及维护工作。

（A）负荷高峰；（B）负荷低谷；（C）周末时间；（D）夏季。

Lc4A1184 国产 25 号变压器油其凝固点为（**D**）。

（A）25℃；（B）±25℃；（C）25℃±5%；（D）–25℃。

Lc4A1185 用人单位必须按有关部门制定的标准发放劳动防护（**B**）。

（A）经费；（B）用品用具；（C）代用品；（D）现金。

Lc4A2186 工作如不能按计划期限完成，必须由（**B**）办理工作延期手续。

（A）工作票签发人；（B）工作负责人；（C）值长；（D）总工程师。

Lc4A2187 编制电力企业计划的基本方法是（**C**）。

（A）投入产出法；（B）预测调查法；（C）综合平衡法；（D）分析比较法。

Lc3A4188 反映工程项目实际造价和投资效果的是（**D**）。

（A）标底；（B）统计概算；（C）施工图预算；（D）竣工决算。

Lc3A4189 设备改造是为了消除设备的（**C**）。

（A）损耗；（B）无形损耗；（C）有形损耗；（D）故障。

Lc2A3190 现代化质量管理的核心是（**B**）。

（A）全面质量管理；（B）质量保证；（C）质量控制；（D）质量检验。

Lc2A4191 电力企业生产管理实际上是对（**D**）。

（A）发电厂管理；（B）供电管理；（C）用电管理；（D）电网管理。

Lc2A4192 "产品质量是制造出来的，而不是检查出来的"，体现了（**B**）思想。

（A）一切为用户服务；（B）一切以预防为主；（C）一切用数据说话；（D）一切按 PDCA 办事。

Lc2A4193 联系企业生产和社会需求的纽带是（**D**）。

（A）产品销售；（B）企业生产；（C）用户意见；（D）售后服务。

Jd5A2194 万用电表的表头经检修后，一般将出现灵敏度下降的现象，这是由于磁感应强度减小的缘故。为了减小这种影响，在取出线圈以前，（**A**）同时还应减小检修次数。

（A）应用软铁将磁钢短路；（B）应用钢线将线圈短接；（C）应用金属外罩作磁屏蔽；（D）应将磁钢放入水中。

Jd5A2195 气焊时火焰可分为焰心、内焰和外焰三部分，且（**B**）。

（A）焰心温度最高；（B）内焰温度最高；（C）外焰温度最高；（D）三部分温度相同。

Jd5A2196 氧乙炔焊由于氧与乙炔混合比例不同，可产生三种性质不同的火焰，即中性焰、碳化焰、氧化焰，其中中性焰适合于焊接（**A**）。

（A）一般低碳钢、不锈钢、紫铜和铝合金；（B）高碳钢；（C）黄铜；（D）铸铁。

Jd5A2197 氧乙炔焊由于氧与乙炔混合比例不同，可产生三种性质不同的火焰：中性焰、碳化焰、氧化焰，其中碳化焰适合于焊接（**B**）。

（A）一般低碳钢、不锈钢；（B）高碳钢、铸铁；（C）黄铜；（D）紫铜和铝合金。

Jd4A1198 每 25mm 长度内有 22 个齿为（**B**）锯条。
（A）粗齿；（B）中齿；（C）细齿；（D）微齿。

Jd4A2199 使用游标卡尺，卡尺的两个脚合并时，游标上的零线与主尺上的零线应（**C**）。
（A）负一格；（B）正一格；（C）对准；（D）相差一格。

Je5A1200 电动机轴承新安装时，油脂应占轴承内容积的（**D**）即可。
（A）$\frac{1}{8}$；（B）$\frac{1}{6}$；（C）$\frac{1}{4}$；（D）$\frac{1}{3}\sim\frac{2}{3}$。

Je5A1201 电机绕组线圈的两个边所跨的距离称为（**B**）。
（A）极距；（B）节距；（C）槽距；（D）换向节距。

Je5A1202 电机用的云母带，为（**B**）绝缘材料。
（A）A 级；（B）B 级；（C）C 级；（D）E 级。

Je5A11203 三相异步电动机合上电源后发现转向相反，这是因为（**D**）。
（A）电源一相断开；（B）电源电压过低；（C）定子绕组接地引起的；（D）定子绕组与电源相连接时相序错误。

Je5A1204 起动时在绕线式异步电动机转子回路中，串入电阻是（**C**）。
（A）为了调整电动机的速度；（B）为了减小运行电流；（C）为了改善电动机的起动性能；（D）为了减小起动电流和起动转矩。

Je5A1205 自粘性硅橡胶三角带是一种新型绝缘材料，在抢修高压电机定子绕组时，其工艺简便，大大缩短了抢修时间。但这种材料的缺点是（**C**）。

（A）干燥时间较长；（B）干燥温度高；（C）机械强度低；（D）电气性能差。

Je5A1206 直流电机电刷装置，电刷组的数目等于（**D**）的数目。

（A）换向磁极；（B）电枢绕组并联支路数；（C）补偿绕组的并联支路数；（D）主磁极。

Je5A1207 直流电机电刷下的正常火花，一般规定在额定负载时不应大于（**A**）级。

（A）$1\frac{1}{2}$；（B）2；（C）3；（D）4。

Je5A1208 若交流绕组的节距为 $y_1 = \frac{4}{5}\tau$，则可完全消除电枢电动势中（**B**）谐波。

（A）3 次；（B）5 次；（C）7 次；（D）3 次及奇数倍。

Je5A1209 直流电机的换向器的固定方法，对大型换向器的套筒 V 型环换向片组合而成一整体时，一般采用（**A**）固定。

（A）螺栓；（B）铆钉；（C）定位销；（D）焊接。

Je5A2210 经检查发现直流发电机中的剩磁消失，使得它不能建立电压，现将 6～12V 直流电源加在并激绕组上约数秒钟，如仍无效，可将（**A**），重新磁化。

（A）极性交换；（B）直流电源电压升至额定电压；（C）发电机转速提高；（D）更换并激绕组。

Je5A2211 测量轴电压的工作应使用专用电刷，且电刷上应装有（**C**）mm 以上的绝缘柄。

（A）100；（B）200；（C）300；（D）400。

Je5A2212 未处理过的棉、丝、白布等有机材料，其耐热能力为（**A**）℃。

（A）90；（B）105；（C）120；（D）135。

Je5A2213 高压交流电动机定子的三相绕组，直流电阻误差不应大于（**A**）%。

（A）2；（B）5；（C）10；（D）15。

Je5A2214 大容量的异步电动机（**D**）。

（A）可以无条件的采取直接起动；（B）完全不能采取直接起动；（C）鼠笼式可以直接起动，绕线式不能直接起动；（D）在电动机的额定容量不超过电源变压器额定容量的20%～30%的条件下，可直接起动。

Je5A2215 水内冷机组的定子线棒也都采用篮形半匝式线棒，一般由（**A**）组成。

（A）若干股空铜管和扁铜线；（B）股线全是空心铜管；（C）股线全是扁铜线；（D）若干股空铜管、扁铜线与钢芯铝绞线。

Je5A2216 近年来焊接技术发展了，发电机线棒端头的焊接，特别是多股扁铜线绕组多采用（**C**）。

（A）锡焊；（B）铝焊；（C）银焊和磷铜焊；（D）任意选择。

Je5A2217 直流电机换向器产生火花有电气、机械和（**B**）

原因。

（A）摩擦；（B）化学；（C）物理；（D）人为原因。

Je5A2218 1000V 或以上电压的交流电动机，在接近运行温度时定子绕组绝缘电阻值一般不低于（A）MΩ/kV。

（A）1；（B）0.5；（C）0.2；（D）0.02。

Je5A2219 起动电动机时自动开关立即分断的原因是：过电流脱扣器瞬动整定值（C）。

（A）太大；（B）适中；（C）太小；（D）无关。

Je5A2220 在交流电动机线路中，选择熔断器熔体的额定电流，对单台交流电动机线路上熔体的额定电流，应等于电动机额定电流的（A）倍。

（A）1.5～2.5；（B）3；（C）4；（D）5。

Je5A2221 直流电机暂时过负荷、起动及变换方向时可允许（A）级火花发出。

（A）2；（B）$1\frac{1}{2}$；（C）1；（D）3。

Je5A2222 异步电动机产生不正常的振动和异常的声音，主要有（A）两方面的原因。

（A）机械和电磁；（B）热力和动力；（C）应力和反作用力；（D）摩擦和机械。

Je5A3223 3.6kV 交流电动机的定子绕组端部各部位的最小对地绝缘距离，对于 A 级连续绝缘一般为（C）mm。

（A）20；（B）30；（C）40；（D）60。

Je5A3224　3.6kV 交流电机的定子绕组端部各部位的最小对地绝缘距离，对于 E 级连续绝缘一般为（**A**）mm。

（A）15；（B）10；（C）8；（D）2。

Je5A3225　交流电动机鼠笼转子的笼条焊接，一般采用（**B**）焊接。

（A）铝合金；（B）银焊和磷铜；（C）锡焊；（D）电接触。

Je5A3226　直流电机甲种均压线用于定子磁极数（**B**）的电机，以改善电机磁场的不对称。

（A）等于 1 对极；（B）多于两对极；（C）少于两对极；（D）等于两对极。

Je5A3227　重绕电机绕组时，槽衬厚度应根据电压等级和导线的槽满率来决定，电压在 3kV 时，槽衬厚度为（**C**）mm。

（A）1.75～2；（B）1.4～1.6；（C）1～1.2；（D）0.5～0.8。

Je5A3228　当三相异步电动机负载减少时，其功率因数（**C**）。

（A）不变；（B）增高；（C）降低；（D）与负载多少成反比。

Je5A3229　在交流电动机定子绕组拆卸时，为了便于取出绕组，可在待拆绕组中通以电流，注意电流量最大不超过该电动机额定电流的（**C**）倍，使绕组发热软化。

（A）1；（B）2；（C）3；（D）5。

Je5A3230　三相交流电动机初次起动时响声很大，起动电流很大，且三相电流相差很大，产生原因：（**A**）。

（A）有一相的始端和末端接反；（B）鼠笼转子断条；

（C）定子绕组匝间短路；（D）电源极性错误。

Je5A3231 新绕交流电动机定子绕组在浸漆前预烘干燥时，对于 A 级绝缘温度应控制在（**B**）℃以下。

（A）90±5；（B）110±5；（C）130±5；（D）150±5。

Je4A1232 同电源的交流电动机，磁极对数多的电动机，其转速（**D**）。

（A）恒定；（B）波动；（C）高；（D）低。

Je4A1233 三相星形绕组的交流电动机，它的线电流与相电流（**D**）。

（A）差3倍；（B）差2倍；（C）不相等；（D）相等。

Je4A1234 深槽式异步电动机和双笼式异步电动机其起动性能与普通鼠笼型异步电动机的起动性能相比，（**A**）。

（A）前者比后者好；（B）前者比后者差；（C）两者相同；（D）由负载情况决定。

Je4A1235 直流电机电刷装置电刷组的数目等于（**D**）的数目。

（A）换向磁极；（B）电枢绕组的并联支路数；（C）补偿绕组的并联支路数；（D）主磁极。

Je4A2236 交流电机电枢旋转磁势的旋转方向决定交变电流的（**A**）。

（A）幅值；（B）大小；（C）初相位；（D）相序。

Je4A2237 发电机绕组最高温度与发电机（**C**）的差值称为发电机温升。

（A）绕组最低温度；（B）绕组平均温度；（C）入口风温；（D）出口风温。

Je4A2238 下列项目中，属于汽轮发电机大修特殊项目的是（**B**）。

（A）更换定子全部绕组；（B）铁心局部修理；（C）绕组端部喷漆；（D）铁心解体重装。

Je4A2239 在交流电动机线路中，选择熔断器熔体的额定电流，对单台交流电动机线路上熔体的额定电流，应等于电动机额定电流的（**A**）倍。

（A）1.5～2.5；（B）3；（C）4；（D）5。

Je4A2240 容性负载的电枢反应将使发电机气隙合成磁场（**B**）。

（A）减小；（B）增大；（C）不变；（D）发生畸变。

Je4A2241 对要求高的直流电机，可每个换向片都放置均压线，均压线的导线截面积为电枢导线截面积的（**B**）。

（A）$\frac{1}{4}\sim\frac{1}{5}$；（B）$\frac{1}{2}\sim\frac{1}{3}$；（C）$1\sim1\frac{1}{2}$；（D）$1\frac{1}{2}\sim2\frac{1}{2}$。

Je4A2242 由于直流电机电刷压力没有在工艺要求范围内，因而引发在运行中电刷下火花过大，一般要求电刷压力为（**D**）kPa。

（A）0.05～0.15；（B）0.15～0.25；（C）0.2～0.25；（D）1.5～2.5。

Je4A2243 当三相异步电动机负载减少时，其功率因数（**C**）。

（A）不变；（B）增高；（C）降低；（D）与负载多少成反比。

Je4A2244 高压交流电动机定子的三相绕组，直流电阻误差不应大于（A）。

（A）2%；（B）5%；（C）10%；（D）15%。

Je4A2245 感性负载的电枢反应将使发电机气隙合成磁场（A）。

（A）减小；（B）增大；（C）不变；（D）发生畸变。

Je4A2246 同步发电机直轴电抗 x_d 的大小与磁路状况有关，有 $x_{d(饱和)}$ 与 $x_{d(未饱和)}$ 之分，且（B）。

（A）$x_{d(饱和)} > x_{d(未饱和)}$；（B）$x_{d(饱和)} < x_{d(未饱和)}$；（C）$x_{d(饱和)} = x_{d(未饱和)}$；（D）$x_{d(饱和)} \approx x_{d(未饱和)}$。

Je4A2247 以下措施中不属于大型发电机定子绕组防晕措施的是（D）。

（A）定子线棒表面涂覆不同电阻率的半导体漆；（B）加强定子线棒在槽中的固定，防止定子槽楔在运行中松动；（C）定子线棒内层同心包绕金属箔或半导体薄层，即内屏蔽层；（D）定子绕组采用分数绕组。

Je4A2248 自粘性硅橡胶三角带是一种新型绝缘材料，在抢修高压电机定子绕组时，其工艺简便，大大缩短了抢修时间。但这种材料的缺点是（C）。

（A）干燥时间较长；（B）干燥温度高；（C）机械强度低；（D）电气性能差。

Je4A2249 贯流式水轮发电机的型号符号是（D）。

（A）QF；（B）SF；（C）SFW；（D）SFWG。

Je4A2250 以下项目中不属于汽轮发电机大修标准项目的是（C）。

（A）抽转子；（B）电气绝缘预防性试验；（C）更换测温元件；（D）铁心解体重装。

Je4A3251 当同步发电机运行时，因故汽轮机主汽门关闭，则（D）。

（A）电机将停止转动；（B）将继续输出有功和无功功率；（C）将向系统输送少量有功功率与无功功率；（D）将从系统吸收少量有功功率，可继续向系统输送无功功率。

Je4A3252 某同步发电机额定运行的正常励磁电流为100A，若调节励磁电流大于 100A 时，发电机处于（A）运行状态。

（A）过励；（B）欠励；（C）失磁；（D）调相。

Je4A3253 在交流电动机定子绕组拆卸时，为了便于取出绕组，可在待拆绕组中通以电流，注意电流量最大不超过该电动机额定电流的（C）倍，使绕组发热软化。

（A）1；（B）2；（C）3；（D）5。

Je4A3254 电机的滑动轴瓦下半部一般（A）。

（A）不开油道以便运转时在油压作用下使轴略微浮起；（B）应开有油道防止运转时油压作用浮起轴来；（C）不开油道转轴也不浮起，直接与轴瓦接触；（D）开油道以便运转时在油压作用下使轴略微浮起。

Je4A3255 电动机滚动轴承热套方法是将洗净的轴承放

入油槽内，使轴承悬于油中，油槽逐步加温，一般以每小时（C）℃的速度升温为宜。

（A）300；（B）200；（C）100；（D）50。

Je4A3256　在套电动机轴承时，不允许用铁锤在轴承周围敲打，可采用特制的钢管套，钢套一端镶一个（B）后，再打套装轴承。

（A）不锈钢圈；（B）铜圈；（C）木圈；（D）胶圈。

Je4A3257　1000V 或以上电压的交流电动机，在接近运行温度时绝缘电阻值，定子绕组一般不低于每千伏（A）MΩ。

（A）1；（B）0.5；（C）0.2；（D）0.02。

Je4A3258　互感电动势的大小与互感磁通的变化率（C）。

（A）相等；（B）相反；（C）成正比；（D）成反比。

Je4A4259　多台电动机的公用熔丝的额定电流，是按（B）。

（A）其中一台容量最大电动机额定电流的 3 倍；（B）3 倍功率最大一台电动机的额定电流，加上其他同时工作的电动机额定电流之和来确定；（C）多台电动机的额定电流的总和来确定；（D）多台电动机的起动电流的总和来确定。

Je4A4260　在查找发电机转子绕组接地故障不稳定接地点时，可用不大于 200V 的交流电压加在绕组和本体之间，但加压时应串限流电阻使短路电流不超过（A）A。

（A）10～15；（B）50～65；（C）90～95；（D）95～105。

Je4A4261　异步电动机的最大电磁转矩与端电压的大小（A）。

（A）平方成正比；（B）成正比；（C）成反比；（D）无关。

Je4A4262 为消除汽轮发电机大轴对地静电电压的措施是（**A**）。

（A）大轴上安装接地炭刷；（B）加强大轴绝缘；（C）轴承座牢固接地；（D）加强轴承座绝缘。

Je3A1263 增大绕线式异步电动机转子回路电阻值，起动电流将（**C**）。

（A）不变；（B）增大；（C）减小；（D）无关。

Je3A2264 发电机解体检修后，按规程规定测量定子绕组绝缘电阻应尽量不小于交接时的（**B**）。（换算到相同条件）

（A）1/2；（B）1/3～1/5；（C）1/6；（D）1/10。

Je3A2265 测量 500～1000V 交流电动机应选用（**B**）V 的绝缘电阻表。

（A）2500；（B）1000；（C）500；（D）5000。

Je3A2266 在电动机绕线时没有铜导线，改用铝导线时，如要保持电阻值不变，则其（**A**）。

（A）槽满率较高，不易下线；（B）槽满率较低，容易下线；（C）槽满率不变，下线正常；（D）槽满率不变，不易下线。

Je3A2267 对电动机绕组进行浸漆处理的目的是（**A**）。

（A）加强绝缘强度、改善电动机的散热能力以及提高绕组机械强度；（B）加强绝缘强度、改善电动机的散热能力以及提高绕组的导电性能；（C）加强绝缘强度、提高绕组机械强度，但不利于散热；（D）改善电动机的散热能力以及提高绕组机械强度，并增加美观。

Je3A3268 绕线式异步电动机的最大电磁转矩与转子回

路电阻的大小（**D**）。

（A）平方成正比；（B）成正比；（C）成反比；（D）无关。

Je3A3269 在拆除电动机组绕组时，一般都是利用加热后使绝缘软化，将绕组从槽中拆出，为了不致损伤铁心绝缘，一般加热温度不宜超过（**A**）℃。

（A）180；（B）120；（C）100；（D）80。

Je3A3270 对三相异步电动机的绕组进行改接，（**D**），电机即可运转。

（A）把三相绕组串联后，可直接用在单相电源上；（B）把三相绕组并联后，可直接用在单相电源上；（C）三相绕组均串入相同大小的电容器，并联后接在单相电源上；（D）把电机其中两相绕组串联起来，再与已串入适当电容器的另一相并联后，接在单相电源上。

Je3A3271 大型汽轮发电机定子绕组端部的紧固很重要，因为当绕组端部受力时，最容易损坏的部件是线棒的（**A**）。

（A）出槽口处；（B）焊接接头部分；（C）线圈换位部分；（D）直槽部分。

Je3A3272 发电机在干燥过程中，应定时记录绝缘电阻、铁心温度、绕组温度和排出空气温度的数值，并绘制定子温度和（**C**）的变化曲线。

（A）干燥电压；（B）干燥电流；（C）绝缘电阻；（D）直流电阻。

Je3A3273 在氢冷汽轮发电机停机后，测试定子绕组的绝缘电阻或做高压试验时，应保持氢气纯度不得小于（**B**）或置换成空气后进行。

（A）90%；（B）96%；（C）93%；（D）85%。

Je3A3274 计算机系统通常包括（C）等部分。

（A）硬件及外设；（B）中央处理器、硬盘以及显示器；（C）硬件系统与软件系统；（D）中央处理器、硬软盘、显示器以及键盘与鼠标。

Je3A3275 以下均属于计算机外设的设备是（A）组。

（A）打印机、鼠标、扫描仪；（B）键盘、鼠标、扫描仪；（C）软盘、打印机、鼠标、扫描仪；（D）内存、软盘、打印机、鼠标、扫描仪。

Je3A3276 直流电动机起动时，由于（D），故而起动电流与起动转矩均很大。

（A）转差率最大；（B）负载最少；（C）负载最大；（D）反电动势尚未建立。

Je3A3277 发电机线棒多采用银焊或磷铜焊，其允许的工作温度高，熔点大于（C）℃。

（A）200；（B）500；（C）700；（D）1000。

Je3A3278 发电机组装时进行气隙的测量，应在（D）。

（A）定子、转子间每隔一个槽测量一次；（B）励端上、下、左、右四点进行测量；（C）汽端上、下、左、右四点进行测量；（D）汽、励端上、下、左、右四点进行测量。

Je3A3279 抽发电机转子过程中，若需要变更钢线绳位置时，（C）。

（A）允许短路时间将转子直接放在定子铁心上；（B）允许短路时间用护环做支撑；（C）不准将转子直接放在定子铁心上，

严禁用护环作支撑面或使护环受力；（D）允许将转子直接放在定子铁心上且利用护环做支撑。

Je3A3280　装复发电机滑环刷架时，应接触紧密，用（**D**）mm 塞尺检查各处均不能塞入。

（A）1；（B）0.5；（C）0.1；（D）0.05。

Je3A3281　下列原因中不是引起电动机转动速度低于额定转速的是（**C**）。

（A）外部电路一相断线；（B）鼠笼式转子断条；（C）绕线式电动机转子回路电阻过小；（D）三角形连接的绕组错接为了星形连接。

Je3A3282　电压为 1kV 及以上电动机的绝缘电阻在接近运行温度时，定子绕组绝缘电阻（**B**）。

（A）每千伏不应高于 $1M\Omega$；（B）每千伏不应低于 $1M\Omega$；（C）每千伏不应高于 $0.5M\Omega$；（D）每千伏不应低于 $0.5M\Omega$。

Je3A3283　对于 125kW 及以上的滑动轴承的电动机转子轴向向一侧窜动应不超过（**B**）mm。

（A）4；（B）2；（C）1；（D）0.5。

Je3A4284　为了解决由于集肤效应使发电机线棒铜损增大的影响，在制作线棒时一般采用（**C**）。

（A）较少根数的大截面导线制作；（B）多根小截面并且相互绝缘的铜线绕制；（C）多根小截面并且相互绝缘的铜导线进行换位制作的措施；（D）钢芯铝绞线。

Je3A4285　电动机进行绕线模芯的计算时，对线圈直线部分伸出铁心的长度，一般取（**B**）mm。

（A）8～10；（B）14～30；（C）35～40；（D）45～55。

Je3A4286 水内冷发电机定子绝缘引水管在更换前，单个绝缘引水管要单独进行（**C**）。

（A）0.5MPa 的压力，保持 30min 的压力试验；（B）1MPa 的压力，保持 30min 的压力试验；（C）2MPa 的压力，保持 30min 的压力试验；（D）10MPa 的压力，保持 30min 的压力试验。

Je2A2287 测试同步发电机转子绕组和励磁机绕组的绝缘电阻，使用（**B**）V 的绝缘电阻表。

（A）250；（B）500～1000；（C）1000～2500；（D）2500～5000。

Je2A2288 发电机定子膛内照明灯必须是（**C**）。

（A）36V 以下，无保护罩，带开关；（B）36V 以下，且有保护罩，带开关；（C）36V 以下，且有保护罩，不带开关；（D）220V 以下，且有保护罩，带开关。

Je2A2289 异步电动机起动时，虽然转差率最大，但因此时（**A**），故起动电流大而起动转矩却不大。

（A）转子回路功率因数最低；（B）负载最少；（C）负载最重；（D）反电动势尚未建立。

Je2A2290 水内冷发电机在上下线棒间埋设有电阻测温元件，用作（**D**）。

（A）监测线棒绝缘；（B）监视定子线棒断水；（C）测量定子线棒电阻；（D）监视定子线棒断水，还可确定断水线棒。

Je2A3291 新绕交流电动机定子绕组在浸漆前预烘干燥时，对于 B 级绝缘温度应控制在（**A**）℃以下。

（A）120±5；（B）140±5；（C）160±5；（D）180±5。

Je2A3292 汽轮发电机转子护环的作用是防止转子绕组在离心力的作用下，不致沿（**B**）。

（A）轴向移动；（B）径向移动；（C）轴向径向移动；（D）切向移动。

Je2A3293 发电机线棒的主绝缘材料主要是（**D**）。

（A）环氧树脂；（B）沥青和玻璃丝带；（C）高密度纸板；（D）云母和云母制品。

Je2A3294 重绕电机绕组时，槽衬厚度应根据电压等级和导线的槽满率来决定，电压在 **3kV** 时，槽衬厚度为（**C**）**mm**。

（A）1.75～2；（B）1.4～1.6；（C）1.0～1.2；（D）0.5～0.8。

Je2A3295 对电动机绕组进行浸漆处理的目的是（**A**）。

（A）加强绝缘强度、改善电动机的散热能力以及提高绕组机械强度；（B）加强绝缘强度、改善电动机的散热能力以及提高绕组的导电性能；（C）加强绝缘强度、提高绕组机械强度，但不利于散热；（D）改善电动机的散热能力以及提高绕组机械强度，并增加美观。

Je2A3296 大型发电机定子端部加装磁屏蔽的作用是（**D**）。

（A）增强气隙磁通；（B）避免主磁通穿过转子铁心；（C）阻止磁通进入端部铁心，尤其是垂直于硅钢片表面的磁通；（D）为了更有效地解决定子端部过热问题。

Je2A4297 大修时，在发电机定子铁心齿部、轭部、鸠尾筋等处，可能会发现一些红粉，它是因（**B**）而产生的。

（A）铁心振动；（B）铁心松动；（C）铁心绝缘损坏；（D）绝缘击穿。

Je2A4298 发电机在干燥过程中，应定时记录绝缘电阻、铁心温度、绕组温度和排出空气温度的数值，并绘制定子温度和（**C**）的变化曲线。

（A）干燥电压；（B）干燥电流；（C）绝缘电阻；（D）直流电阻。

Je1A4299 同步调相机的作用是（**B**）。

（A）发出有功电功率；（B）发出无功功率；（C）输出机械功率；（D）储存能量。

Je1A2300 同步发电机定子三相绕组采用星形连接，可消除线电动势中的（**B**）。

（A）齿谐波；（B）3 以及 3 的倍数次谐波；（C）$(6k-1)$次谐波；（D）$(6k+1)$次谐波。

Je1A3301 如果异步电机的转差率等于零，则表示（**C**）。

（A）转子转速高于定子电流建立的旋转磁场的同步转速；（B）转子转速低于定子电流建立的旋转磁场的同步转速；（C）转子转速等于定子电流建立的旋转磁场的同步转速；（D）转子转速等于零。

Je1A4302 一台异步电动机正常运行时，轴上的机械负载增大会导致（**A**）。

（A）转差率上升，电流增大；（B）转差率下降，电流减小；（C）转差率上升，电流减小；（D）转差率下降，电流增大。

Je1A4303 深槽式异步电动机的启动性能优于普通鼠笼

式异步电动机，是因为在其结构特点上利用（**D**）。

（A）磁滞效应；（B）金属电阻的热效应；（C）电动力效应；（D）集肤效应。

Je1A4304 绕线式异步电动机通常采用的调速方式为（**B**）。

（A）调节外施电压；（B）调节转子回路所串的可变电阻；（C）改变磁极对数；（D）改变电源频率。

Je1A4305 直流电机换向极绕组应与（**C**）。

（A）主极励磁绕组串联；（B）主极励磁绕组并联；（C）电枢绕组串联；（D）电枢绕组并联。

Je1A2306 直流电机的补偿绕组安装在（**A**）。

（A）主磁极的极靴槽中；（B）换向极上；（C）电枢绕组中；（D）主极和换向极之间。

Je1A4307 直流电机的补偿绕组（**A**）。

（A）与电枢绕组串联；（B）与电枢绕组并联；（C）与励磁绕组串联；（D）与励磁绕组并联。

Je1A4308 在交流电路中，电容 C_1 和 C_2 并联，且 C_1 为 C_2 的 3 倍，则 C_1 通过的电流为 C_2 通过的电流的（**B**）倍。

（A）1/3；（B）3；（C）1.5；（D）4。

Je1A4309 氢冷发电机的出线罩与机座之间的结合面是容易漏氢的部位之一，比较长久和彻底的解决办法是（**D**）。

（A）采用橡胶条密封；（B）采用橡胶板密封；（C）采用塑料密封胶密封；（D）在保证焊接质量的前提下直接焊死。

Je1A4310 二极管的最大正向电流是保证二极管不损坏的最大允许的半流电流的（**D**）值。

（A）最大；（B）最小；（C）有效；（D）平均。

Je1A4311 发电机在同一负载下运行时，在正常情况下其出入口风温的温差应该（**A**）。

（A）基本不变；（B）周期性明显变化；（C）无规律明显变化；（D）大幅度变化。

Je1A3312 同步发电机护环产生应力腐蚀的因素是（**C**）。

（A）存在拉应力；（B）存在腐蚀介质；（C）应力和腐蚀介质同时存在；（D）仅与护环材质有关。

Je1A4313 汽轮发电机大轴磁化会导致烧伤轴瓦，在以下四项措施中，与预防发电机大轴磁化没有直接关系的是（**D**）。

（A）机组的接地碳刷在运行中一定要投入运行；（B）当转子绕组发生一点接地时，应立即查明故障地点，如系稳定金属短路，应尽快停机处理；（C）经常检查励磁侧轴承绝缘和油管绝缘，使之保持良好的绝缘状态；（D）发电机滑环上的新碳刷使用时，必须按照滑环外圆尺寸进行适形磨弧。

Je1A4314 判断同步发电机励磁绕组有无匝间短路的依据之一是查发电机的（**D**）。

（A）外特性曲线；（B）负载特性曲线；（C）调整特性曲线；（D）短路特性曲线。

Je1A4315 同步发电机在运行中失磁后，定子电压表和定子电流表的反应为（**C**）。

（A）定子电压表和定子电流表的指示为零或接近于零；（B）定子电压表指示上升并晃动，定子电流表指示下降；

（C）定子电压表指示显著下降，定子电流表指示升高并晃动；

（D）定子电压表和定子电流表的指示相对于失磁前基本不变。

Je1A4316 电动机外加电压的变化，对电动机的转速（**A**）。

（A）影响小；（B）影响大；（C）无影响；（D）有影响。

Je1A3317 发电机三相电流不对称时，则没有（**C**）分量。

（A）正序；（B）负序；（C）零序；（D）高次谐波。

Je1A4318 同步发电机振荡或失步时，一般采取的措施是增加发电机的励磁电流，其目的是（**A**）。

（A）增加定转子间的磁拉力；（B）提高发电机输出电压；（C）增加输出无功；（D）调节电枢电流。

Je1A4319 当发电机发生短路故障时，将产生很大的电磁力，电枢绕组最容易受损坏的部位是（**A**）。

（A）出槽口处；（B）绕组端接部分；（C）绕组换位处；（D）槽内中间部分。

Je1A4320 同步发电机在运行中转子励磁绕组发生一点接地时，（**D**）。

（A）转子电路会出现很大电流，可能会烧坏绕组；（B）励磁电流会消失；（C）电机磁路对称性会破坏，引起机组振动；（D）对励磁回路的电流和电机的磁路无明显影响。

Je1A2321 汽轮发电机在运行中出现励磁电流增大，电压降低，机组产生振动现象，这是由于（**D**）。

（A）定子绕组单相接地；（B）转子绕组出现断路；（C）转子绕组发生一点接地；（D）转子绕组发生两点接地。

Je1A4322 一台汽轮发电机在运行中有振动现象，当励磁电流增加时，振动不立即增大，而是经过一定时间后增大，励磁电流的变化与振动呈阶梯形，励磁电流越大，阶梯形越明显，导致这种状况的原因是（**D**）。

（A）发电机气隙不均匀，磁路不平衡；（B）发电机大轴被磁化；（C）发电机转子绕组有匝间短路；（D）转子绕组受热膨胀，引起不规则的变形，从而造成转子不平衡。

Je1A4323 当发电机的转子静止或低速旋转时，转子绕组的绝缘电阻值为零或接近于零，随着转速升高，其绝缘电阻值有所升高，当达到一定转速时，绝缘电阻上升到正常数值。这类接地点多数发生在（**A**）。

（A）槽部的下层或槽底的线匝上；（B）转子线匝的端部；（C）线匝出槽口处；（D）槽楔和两侧护环下的上层线匝上。

Je1A4324 一台同步电动机采用异步启动法启动时，虽然转子主磁极励磁绕组已通入励磁电流，但转子始终不能被牵入同步转速，在以下四种因素中，与不能牵入同步无关的是（**D**）。

（A）启动电压太低；（B）磁极极性错误；（C）转子励磁绕组中存在匝间短路；（D）转子励磁绕组一点接地。

Je1A4325 在异步电动机检修重绕过程中，可采取一些措施来降低电机损耗，提高电机效率。在以下四种降低电机定子铜耗的措施中，会明显导致漏抗减小，铁耗增加，启动电流增加，功率因数降低的是（**B**）。

（A）增加裸导体截面；（B）减少每相串联线圈数；（C）以铜代铝；（D）适当缩短绕组端部长度。

Je1A4326 三相异步电动机改压的原则是（**A**）。

（A）保持导线的电流密度不变和线圈的每匝电压不变；

（B）电机功率不变；（C）并联支路不变；（D）导线截面不变。

Je1A4327 一台三相异步电动机运行时有振动现象，在电动机运行至最高转速时突然切断电源，如振动同时突然减小或消失，说明振动是由（**B**）引起的。

（A）负载原因；（B）电磁原因；（C）基础安装不良，螺丝松动；（D）转轴弯曲。

Je1A3328 规定为三角形接线的三相异步电动机，在误接成星形投入运行后，在相同负载下其（**B**）急剧增加。

（A）空载电流；（B）负荷电流；（C）三相不平衡电流；（D）铁耗。

Je1A4329 一台异步电动机启动困难，负载时转速低电流大但三相电流对称，有过热现象，最可能的原因是（**C**）。

（A）电源缺相；（B）电压过高；（C）电压过低；（D）定子绕组存在匝间短路。

Je1A4330 三相异步电动机定子绕组相间存在短路状况时，若接通额定电压的三相电源，会出现的情况是（**A**）。

（A）产生强烈火花，定子绕组被烧坏；（B）转速升不上去，电流表指针来回摆动；（C）转速升不上去，三相电流不平衡；（D）能正常旋转，但有异常噪声。

Je1A4331 如果双鼠笼异步电动机的外笼条断裂，更换导条时一般用（**C**）。

（A）铁条；（B）铝条；（C）黄铜条；（D）紫铜条。

Je1A4332 在以下四个因素中，与高压异步电动机泄漏电流过大无关的是（**D**）。

（A）电机受潮；（B）绝缘表面黏满油泥粉尘；（C）绝缘老化；（D）线圈连接线焊接质量差。

Je1A4333 在直流电机中使用的以下四种国产电刷中，换向性能最好的是（**D**）。

（A）碳石墨电刷；（B）金属石墨电刷；（C）电化石墨电刷；（D）石墨电刷。

Je1A4334 金属石墨电刷电阻系数小，允许电流密度大，适合于用在（**C**）。

（A）换向困难的高速直流电机中；（B）换向困难、带冲击性负荷的直流电机中；（C）低电压、大电流的直流电机中；（D）负载均匀的直流电机中。

Je1A4335 一台积复励直流发电机在空载情况下输出电压正常，但加负载后电压极性先正后负，最可能的原因是（**D**）。

（A）磁极铁心无剩磁；（B）励磁绕组断路；（C）励磁绕组短路；（D）串励绕组头尾接反。

Je1A4336 在以下四种因素中，与并激直流发电机不能建立电压无关的是（**C**）。

（A）发电机转向不对；（B）励磁电路断线；（C）电刷太软；（D）励磁电路电阻高。

Je1A4337 在以下四个因素中，与并励直流电动机不能启动无关的是（**B**）。

（A）电源未接通；（B）主磁极无剩磁；（C）负载过重；（D）电刷接触不良。

Je1A4338 用绝缘电阻表测量电机的绝缘电阻时，当绝缘电阻表指示稳定后，所测得的绝缘电阻为（A）。

（A）绝缘电阻表施加的直流电压与泄漏电流的比值；（B）绝缘电阻表施加的直流电压与电容电流的比值；（C）绝缘电阻表施加的直流电压与吸收电流的比值；（D）绝缘电阻表施加的直流电压与泄漏电流、电容电流和吸收电流三者之和的比值。

Je1A4339 所谓发电机的极化指数是指（B）。

（A）加压 60min 时的绝缘电阻与加压 15min 时的绝缘电阻之比；（B）加压 10min 时的绝缘电阻与加压 1min 时的绝缘电阻之比；（C）加压 60s 时的绝缘电阻与加压 15s 时的绝缘电阻之比；（D）加压 10min 时的绝缘电阻与加压 1s 时的绝缘电阻之比。

Je1A4340 在以下四种电机试验中，属电机绝缘非破坏性的预防性试验是（C）。

（A）空载试验；（B）短路试验；（C）测绝缘电阻和泄漏电流；（D）耐压试验。

Je1A4341 在以下四种电机的预防性试验中，既能有效发现绝缘缺陷，又可能使绝缘中一些弱点更加扩大的实验是（C）。

（A）测绝缘电阻；（B）介质损耗角试验；（C）工频耐压试验；（D）测量定、转子绕组直流电阻。

Je1A3342 在对发电机定子绕组进行的以下四项试验中，能有效发现绕组端部的绝缘缺陷的是（A）。

（A）直流耐压试验；（B）工频耐压试验；（C）绝缘电阻测量；（D）介质损失角正切 $\tan\delta$ 试验。

Jf5A4343 1211 灭火器（A）二氧化碳灭火器。

（A）灭火效率高于；（B）灭火效率低于；（C）灭火效率同于；（D）不适合于扑救油类火灾，适合扑救油类火灾的是。

Jf5A13344 在解脱触电者脱离低压电源时，救护人不应（**D**）。

（A）站在干燥的木板车上；（B）用木棒等挑开导线；（C）切断电源；（D）用金属杆套拉导线。

Jf5A1345 下列电压中可用作手提照明的是（**D**）。
（A）220V；（B）250V；（C）380V；（D）36V 及以下。

Jf4A1346 设备对地电压在（**B**）V 以上者为高压，对地电压 250V 及以下者为低压。
（A）220；（B）250；（C）380；（D）1000。

Jf4A2347 电力电缆的截面在（**C**）mm² 以上的线芯，必须用线鼻子或接线管连接。
（A）10；（B）25；（C）50；（D）100。

Jf3A2348 为保证电气检修工作的安全，判断设备有无带电应（**D**）。
（A）以设备已断开的信号为设备有无带电的依据；（B）以设备电压表有无指示为依据；（C）以设备指示灯为依据，绿灯表示设备未带电；（D）通过验电来确定设备有无带电。

Jf3A2349 以下绝缘安全用具中属于辅助安全用具的是（**A**）。
（A）绝缘手套；（B）验电器；（C）绝缘夹钳；（D）绝缘棒。

Jf3A2350 带电灭火时，不能选用（**C**）来灭火。

（A）1211 灭火器；（B）二氧化碳灭火器；（C）水；（D）干粉灭火器。

Jf2A2351 下列灭火器使用时需要将筒身颠倒的是（**C**）。

（A）二氧化碳；（B）1211 灭火器；（C）泡沫灭火器；（D）干粉灭火器。

Jf2A4352 火灾按燃烧和物质不同，共分为四类，不能用于第Ⅱ类火灾的灭火剂是（**A**）。

（A）水；（B）1211 灭火器；（C）泡沫灭火器；（D）干粉灭火器。

Jf1A4353 大容量的发电机采用分相封闭母线，其目的主要是防止发生（**B**）。

（A）单个接地；（B）相间短路；（C）人身触电；（D）三相短路。

Jf1A4354 电动机在运行中，从系统吸收无功功率，其作用是（**C**）。

（A）建立磁场；（B）进行电磁能量转换；（C）既建立磁场，又进行能量转换；（D）不建立磁场。

Jf1A4355 为了保证氢冷发电机的氢气不从两侧端盖与轴之间溢出，运行中要保持密封瓦的油压（**A**）氢压。

（A）大于；（B）等于；（C）小于；（D）近似于。

Jf1A4356 发电机在带负荷不平衡的条件下运行时，转子（**C**）温度最高。

（A）本体；（B）转子绕组；（C）两端的槽楔和套箍在本体上嵌装处；（D）定子绕组。

Jf1A2357 对凸极式水轮发电机承受不平衡负荷的限制，主要是由转子（**B**）决定的。

（A）发热条件；（B）振动条件；（C）磁场均匀性；（D）电流。

Jf1A3358 发电机的非同期振荡与（**B**）有关。

（A）过负荷；（B）失磁；（C）甩负荷；（D）转子一点接地。

4.1.2 判断题

判断下列描述是否正确，对的在括号内打"√"，错的在括号内打"×"。

La5B1001 三个相同的电容并联，总电容容量为一个电容的 3 倍。（√）

La5B1002 三相对称电源采用星形连接，电源线电压为相电压的 $\sqrt{3}$ 倍。（√）

La5B1003 根据基尔霍夫第二定律可知，对于任何一回路，沿着任意方向绕行一周，各电源电动势的代数和等于各电阻电压降的代数和。（√）

La5B1004 楞次定律反映了载流体在磁场中受到的电磁力作用的普遍规律。（×）

La5B1005 导线越长，电阻越大；截面越大，电阻也越大。（×）

La5B1006 正弦规律变化的交流电的三要素是：电压、电流和功率。（×）

La5B1007 频率是指 1s 内交流电变化的周期数。（√）

La5B1008 正弦交流电的有效值是最大值的 $1/\sqrt{3}$ 倍。（×）

La5B1009 电子运动的方向就是电流的方向。（×）

La5B1010 电路中两点间的电位差就是电压。（√）

La5B1011 大小或方向都不停变化的电流称交流电流。（×）

La5B1012 在整流电路中，每个二极管所承受的反向耐压指的是有效值。（×）

La5B2013 涡流是在导体内产生的自行闭合的感应电流。（√）

La5B2014 判断载流导体在磁场中的受力方向时，应当用

左手定则。（√）

La5B2015　由于线圈本身的电流变化,而在线圈内部产生的电磁感应现象叫自感。（√）

La4B1016　楞次定律反映了载流体在磁场中受电磁力作用的规律。（×）

La4B1017　电器正常工作的基本条件之一是:供电电压应等于电器额定电压。（√）

La4B1018　叠加原理对任何电路的计算都是适用的。（×）

La4B1019　频率是指 1min 内交流电变化的周期数。（×）

La4B1020　正弦交流电的有效值是最大值的 $1/\sqrt{2}$ 倍。（√）

La4B2021　通过反向电流的两平行导线是相互吸引的。（×）

La4B3022　电容和电感串联发生谐振时, 两端的电压最高、电流最大并与外施电压同相。（×）

La4B3023　线电压标么值与相电压标么值相差 $\sqrt{3}$ 倍。（×）

La3B2024　导线越长, 电阻越大, 电导也就越大。（×）

La3B2025　正弦规律变化的交流电的三要素是:有效值、频率和初相角。（×）

La2B2026　磁性材料可分为软磁材料和硬磁材料两大类。（√）

La2B2027　纯电容单相交流电路中,电压在相位上比电流超前 90°。（×）

La2B3028　在电容器串联回路中, 容量比较小的电容两端承受的电压较大, 串联等效电容比每支电容要小。（√）

La2B2029　有一只电池两极间电压为 12V, 当正极接地时, 则负极电位是 12V。（×）

La2B3030　电容器串联时, 总电容值为各并联电容值相加。（×）

La1B2031　从磁铁能吸铁不能吸铜和铝可以看出,磁力线

能够穿过铁而不能穿过铜和铝。（×）

La1B3032 当线圈电路没有闭合时，即使有变化的磁通穿过线圈，也不会在线圈中产生感应电动势。（×）

La1B2033 如果线圈中的电流从某值逐渐减小为零时，铁心中的磁感应强度肯定也为零。（×）

Lb5B1034 交流接触器和磁力接触器不能切断短路电流。（√）

Lb5B1035 通过调换任意两相电枢绕组电源线的方法，即可以改变三相鼠笼式电动机的转向。（√）

Lb5B1036 当用颜色表示相序时，A、B、C 三相依次为黄、红、绿色。（×）

Lb5B1037 当电动机绕组节距正好等于极距时，绕组被称为整距绕组。（√）

Lb5B1038 低压电动机的绝缘电阻不小于 $0.5M\Omega$。（√）

Lb5B1039 电气设备的运行状态常用红、绿色指示灯来表示，其中绿灯表示电气设备处于带电状态。（×）

Lb5B1040 在实际电路中，当交流电流过零时，是电路开断的最好时机，因为此时线路中储存的磁场能量接近于零，熄灭交流电弧比熄灭直流电弧容易。（√）

Lb5B1041 汽轮发电机通常都采用凸极式转子，水轮发电机通常采用隐极式转子。（×）

Lb5B1042 三相异步电动机的磁极对数越多，其转速越快。（×）

Lb5B1043 同步电机因其转子转速与定子磁场转速相同，而称为"同步"。（√）

Lb5B1044 三相异步电动机定子绕组按每槽中线圈的层数不同，其种类可分为两种，即单叠绕组和复叠绕组。（×）

Lb5B1045 电机的额定电压是指线电压。（√）

Lb5B1046 自励式直流电动机的三种基本类型是串励式、并励式和他励式。（×）

Lb5B1047 若某 8 极同步发电机，其转速为 3000r/min，则其电动势频率为 50Hz。（×）

Lb5B1048 型号为 QF-100-2 型的同步发电机，其中"2"表示发电机为 2 极发电机。（√）

Lb5B1049 直流电动机的电枢绕组电阻很小，所以一般不允许全压起动。（√）

Lb5B1050 低压电器是指工作于交流 50Hz 或 60Hz，额定电压 1200V 及以下，或直流额定电压 1500V 及以下电路中的电器。（√）

Lb5B1051 鼠笼式异步电动机的起动性能比绕线式好。（×）

Lb5B1052 直流电机的电刷下无火花，其等级为零级火花。（×）

Lb5B2053 不论是电压互感器还是电流互感器，其二次绕组均必须有一点接地。（√）

Lb5B2054 不论异步电动机转速如何，其定子磁场与转子磁场总是相对静止的。（√）

Lb5B2055 绕线式三相异步电动机只有适当增加转子回路电阻才能增大起动转矩，转子回路电阻过大，起动转矩反而下降。（√）

Lb5B2056 鼠笼式电动机在冷态下允许启动的次数，在正常情况下是两次，每次间隔时间不小于 5min。（√）

Lb5B2057 电动机定子槽数与转子槽数一定是相等的。（×）

Lb5B2058 为保证三相电动势对称，交流电机三相定子绕组在空间布置上，其三相轴线必须重合。（×）

Lb5B2059 异步电动机应在三相电源电压平衡的条件下工作，但一般规定三相电源电压中的任何一相电压与三相电压的平均值之差，不应超过三相电压平均值的百分数为 5%。（√）

Lb5B2060 目前电力系统通常采用的同期方式有两种，一

种是准同期，另一种是非同期并列。（×）

Lb5B2061 根据国家标准规定，3000MW 及以上系统的频率允许波动范围为±0.2Hz，而 3000MW 以下系统频率允许波动范围为±0.5Hz。（√）

Lb5B2062 电动机电角度与机械角度（几何角度）的关系是：电角度=p×机械角度。（√）

Lb5B2063 电动机槽距电角度 α 是指定子相邻两个槽所距的空间几何角度。（×）

Lb5B2064 一般绝缘材料的绝缘电阻随着温度的升高而减小，而金属导体的电阻却随着温度的升高而增大。（√）

Lb5B2065 低压电器的型号是按四级制编制，其第一和第二级字母代表电器的类别和特征，并以汉语拼音的两个字母表示。第一个表示用途、性能和特征型式，第二个表示类别。例如：CJ——交流接触器。（√）

Lb5B2066 电器的工作制可分为四种，其中一种称为不间断工作制，即电器的载流回路通以稳定电流，而且通电时间超过 8h 也不间断。（√）

Lb5B2067 三相异步电动机负载和空载下起动，其起动电流大小相等。（√）

Lb5B3068 过载能力 $K_M = 2$ 的三相异步电动机当电压下降至额定电压的 70%时，仍能够带额定负载运行，但转速将下降。（×）

Lb4B1069 汽轮发电机通常都采用凸极式转子，水轮发电机通常采用隐极式转子。（×）

Lb4B1070 额定电压是指线电压。（√）

Lb4B1071 电动机定子槽数与转子槽数一定相等的。（×）

Lb4B1072 交流电机通常采用短距绕组，以消除相电势中的高次谐波。（×）

Lb4B1073 极距是指每极每相所占的宽度，通常用槽数来表示。（×）

Lb4B1074 若绕组的节距小于极距，即 $y_1<\tau$，则称为短距绕组。（√）

Lb4B1075 若某 8 极同步发电机，其转速为 3000r/min，则其电动势频率为 50Hz。（×）

Lb4B1076 在一台鼠笼式异步电动机上，调换任意两相电源线相序，应可以使电动机反转。（√）

Lb4B1077 型号为 QF-100-2 型的同步发电机，其中"100"表示发电机额定功率为 100MW。（√）

Lb4B4078 当阻尼绕组和励磁绕组电流的非周期分量衰减完毕后，发电机短路电流周期分量的幅值也将停止衰减。（√）

Lb4B4079 当转差率 $s>1$ 时，异步电动机处于电磁制动状态。（√）

Lb4B1080 直流电机的电刷下无火花，其等级为零级火花。（×）

Lb4B1081 串励式直流电机是励磁绕组和电枢绕组串联，并励式直流电机是励磁绕组和电枢绕组并联。（√）

Lb4B1082 三相异步电动机转子只有鼠笼式一种结构形式。（×）

Lb4B1083 自励式直流电动机的三种基本类型是串励式、并励式、复励式。（√）

Lb4B2084 企业必须开展安全教育、普及安全知识、倡导安全文明、建立健全安全教育制度。（√）

Lb4B2085 双鼠笼型异步电动机的转子上有两个鼠笼，分层放置，其中外笼为运行笼。（×）

Lb4B2086 直流电机的电刷放置位置，在静态时按几何中性线放置。（√）

Lb4B2087 有一台异步电动机，如果把转子卡住不动，定子通入额定电压，其电流将与该电机额定电流相同。（×）

Lb4B2088 如果异步电动机轴上负载增加，其定子电流会减小。（×）

Lb4B2089 汽轮发电机通常滞相运行。（√）

Lb4B2090 汽轮发电机通常进相运行。（×）

Lb4B2091 在同一供电系统中，根据不同的用户要求可将一部分设备采用保护接地，而另一部分采用保护接零。（×）

Lb4B2092 交流绕组采用短距绕组有利于削弱感应电动势的高次谐波，同时在一定程度上还能增加绕组的感应电动势大小。（×）

Lb4B2093 300MW 的汽轮发电机定子槽数为 54，转子转速为 3000r/min，其每极每相槽数 $q=27$。（√）

Lb4B2094 绕线式异步电动机允许连续启动 5 次，每次间隔时间不小于 2min。（×）

Lb4B2095 不论异步电动机转速如何，其定子磁场与转子磁场总是相对静止的。（√）

Lb4B2096 如果三相异步电动机过载，超过最大转矩，电动机将停转。（×）

Lb4B2097 新工人未经培训、不懂安全操作知识便上岗操作而发生事故，应由自己负责。（×）

Lb4B2098 母线竖放时散热条件不如平放好，但抗弯强度比平放好。（×）

Lb4B2099 交流接触器和磁力接触器不能切断短路电流。（√）

Lb4B20100 在密闭容器内，不准同时进行电焊及气焊工作。（√）

Lb4B30101 交流电流过零后，电弧是否重燃决定于弧隙的介质恢复过程与电压的恢复过程，当前者小于后者时电弧将重燃。（√）

Lb4B30102 发电机解列作 8h 备用时，定子内冷水仍应维持循环。（√）

Lb4B3103 新投运的变压器投运前必须核相，大修后的变压器不必核相。（×）

Lb4B3104　内部过电压分为两种,即操作过电压和谐振过电压,其中操作过电压持续时间较长,谐振过电压持续时间较短。(×)

Lb4B3105　一台定子绕组星形连接的三相异步电动机,若在起动前时 A 相绕组断线,则电动机将不能转动,即使施以外力作用于转子也不可能转动。(×)

Lb3B2106　绕线式三相异步电动机常采用降低端电压的方法来改善起动性能。(×)

Lb3B2107　同步发电机励磁绕组的直流电源极性改变,而转子旋转方向不变时,定子三相交流电动势的相序将不变。(√)

Lb3B2108　额定电压是指相电压。(×)

Lb3B2109　三相异步电动机降压起动是为了减小起动电流,同时也增加起动转矩。(×)

Lb3B2110　电动机每相绕组在某一极面下所占的宽度叫做相带,它可以用所占的电角度和所占的槽数来表示。(√)

Lb3B2111　电动机定子槽数与转子槽数一定相等的。(×)

Lb3B3112　汽轮发电机只能滞相运行。(×)

Lb3B2113　在进行三相交流电机绕组连接时,只要保证每相绕圈数相等,就能够保证产生三相平衡的电动势。(×)

Lb3B3114　高压设备全部停电的工作系指室内高压设备全部停电(包括架空线路与电缆引入线在内),以及室外高压设备全部停电(包括架空线路与电缆引入线在内)。(×)

Lb3B3115　同步发电机的自同步是指不检查同期条件是否满足的情况下,且励磁绕组开路的状态下,将发电机并列。(×)

Lb3B3116　同步发电机调相运行时,可向系统送出少量有功功率以及无功功率。(×)

Lb3B3117　一台定子绕组星形连接的三相异步电动机,若在空载运行时 A 相绕组断线,则电动机必将停止转动。(×)

Lb3B3118　水冷汽轮发电机的转子水系统的供水总压力

等于将水甩出的离心压力与转子进水处施加压力之和。（√）

Lb3B3119 系统有功过剩时，会导致频率和电压的升高。（√）

Lb3B3120 深槽型的鼠笼式交流异步电动机的起动性能与运行性能均比普通笼型的异步电动机好。（×）

Lb3B0121 尽量采用先进的工艺和新技术、新办法，积极推广新材料、新工具，提高工作效率，缩短检修工期是检修机构的基本职责之一。（√）

Lb3B3122 在系统故障的紧急情况下，允许同步发电机采用非同期并列方法。（×）

Lb3B3123 并励直流发电机只要主磁路有剩磁，电枢绕组与励磁绕组连接正确，并保证后续磁场与剩磁同方向，就能建立工作所需的电压。（×）

Lb3B3124 直流电机几何中性线与物理中性线始终是重合的。（×）

Lb3B4125 允许同步发电机在未励磁的情况下，先由原动机将发电机转速升至额定转速附近，合上主隔离开关，再给上励磁电流，依靠自同步转矩将发电机拉入同步。（√）

Lb3B4126 在测试发电机定子相间及相对地的绝缘电阻前要进行充分的放电即预放电，如果预放电时间过短，则所测得的绝缘电阻值将偏小，吸收比将偏大。（×）

Lb3B4127 由于发电机轴电压一般只有 3～5V，故不会对发电机产生不良后果。（×）

Lb2B2128 变压器是利用基尔霍夫定律原理来实现交流电能的传递，并利用一、二次绕组的匝数不等来实现电压的改变。（×）

Lb2B2129 根据国家标准规定，大系统的频率允许波动范围为（50±0.2）Hz；而中小系统频率允许波动范围为（50±0.5）Hz。（√）

Lb2B2130 鼠笼式电动机在冷态下允许启动的次数，在正

常情况下是两次，每次间隔时间不小于 5min。（√）

Lb2B2131　某台同步发电机电动势的频率 50Hz，转速 600r/min，其极对数为 5 对，若某 8 极同步发电机，其转速为 3000r/min，则其电动势频率为 200Hz。（√）

Lb2B2132　型号为 QF-100-2 型的同步发电机，其中"100"表示额定功率为 100MW，"2"表示两对磁极即一对极。（×）

Lb2B2133　采用水—水—空冷却方式的同步发电机，其中"水—水"是指定、转子水内冷，"空"是指空气外冷（或空气表面冷却）。（√）

Lb2B2134　一般交流电动机定子槽数越多，转速就越低，反之则转速越高。（×）

Lb2B3135　当工作电源因故障被断开以后，能自动、迅速地将备用电源投入工作的自动装置是远动装置。（×）

Lb2B3136　异步电动机堵转时的电流等于额定电流。（×）

Lb2B3137　在经过同期装置按照同步发电机并列条件检查，完全符合并列条件的情况下而进行的并列操作称为自同期并列。（×）

Lb2B3138　当异步电动机稳定运行时，其转子转速比旋转磁场的转速略低，其转差率范围为 $1 \geqslant s \geqslant 0$。（×）

Lb2B3139　在变压器以及电机维修中常用各种绝缘材料，其中 A 级和 E 级绝缘材料的耐热极限温度分别为 105℃和 120℃。（×）

Lb2B3140　绝缘油老化的主要原因是受热、氧化或受潮。（√）

Lb2B3141　k_{d1} 叫做电机绕组的节距因数，它与电机每极每相槽数 q 有关。（×）

Lb2B3142　启动性能好的双鼠笼电动机，转子上笼用电阻率较大的黄铜或青铜。（√）

Lb2B3143　汽轮发电机转子表面沿着圆周车一道道沟，目的是为了增加表面散热面积。（√）

Lb2B3144 发电机转子上的中心环除使护环稳固外,还防止绕组端部径向位移。（×）

Lb2B3145 发电机转子氢内冷的励磁绕组一般是用含银的裸扁铜线绕制而成的，我国 100MW 的机组转子通风系统一般采用四进三出。（√）

Lb2B3146 汽轮发电机定子绕组换位的目的是为了节省金属材料。（×）

Lb2B3147 双鼠笼型异步电动机上笼称为运行笼,下笼称为起动笼。（×）

Lb2B3148 在实际电路中,当交流电流过零时,是电路开断的最好时机,因为此时线路中储存的磁场能量接近于零。（√）

Lb2B3149 同步发电机励磁绕组的直流电源极性改变,而转子旋转方向不变时,定子三相交流电动势的相序将不变。（√）

Lb2B3150 同步发电机调相运行时,可向系统送出少量有功功率以及无功功率。（×）

Lb2B4151 表示三相变压器的不同连接组别,一般采用时钟表示法。（√）

Lb2B4152 触电急救必须分秒必争,立即就地迅速用心肺复苏法进行抢救，并坚持不断地进行，同时及早与医疗部门联系，争取医务人员接替救治。（√）

Lb2B4153 既能反应定子电流大小，又能反应功率因数大小的励磁方式，称为复励。（×）

Lb2B4154 只能反应定子电流大小，而不能反应功率因数大小的励磁方式，称为相复励。（×）

Lb2B4155 为减少发电机附加损耗等,定子绕组将进行换位，通常换位方式有 360° 和 540° 换位。（√）

Lb2B4156 由于隔离开关无灭弧装置，故任何时候均不得用隔离开关分断或接通高压电路。（×）

Lb2B4157 定时限过电流保护的动作电流是按躲过最大负荷电流来整定的,动作时限是按阶梯形时限特性整定的。（√）

Lb2B4158 反应故障点至保护安装处阻抗，且动作的保护，称为距离保护。（√）

Lb2B5159 强行励磁是指当电力系统故障引起发电机端电压下降至 80%～85%额定电压值时，继电保护动作使励磁迅速增加至顶值的措施。（√）

Lb2B5160 通常水轮发电机强励倍数不小于 1.8，汽轮发电机强励倍数不小于 2。（√）

Lb2B5161 对分级绝缘的变压器,其接地保护动作后应先跳开中性点不接地的变压器，后跳开中性点接地的变压器。（×）

Lb2B5162 同步发电机发生突然短路后，突然短路电流约为额定电流的 10～20 倍，当其进入稳态短路后，稳态短路电流则可能小于额定电流。（√）

Lb2B5163 能在中性点不接地系统中使用的变压器是全绝缘变压器。（√）

Lb1B4164 无论是交流电机还是直流电机,其磁极的个数可以是奇数也可以是偶数。（×）

Lb1B3165 同步发电机的冷却器由许多管子组成,管子内通电机冷却介质，管子外通冷却水。（×）

Lb1B2166 将空气冷却的发电机改成氢冷后,可以提高发电机的出力。（√）

Lb1B3167 同步发电机无论采用什么励磁方式都要利用电刷和滑环将励磁电流引入转子励磁绕组。（×）

Lb1B5168 同步发电机采用旋转半导体励磁时,交流励磁机的电枢组装在转子上。（√）

Lb1B5169 如三相同步发电机励磁绕组通入电流的方向改变，转子旋转方向不变，定子绕组输出的三相交流电动势的相序会改变。（×）

Lb1B5170 同步发电机带电阻性负载时,有功电流产生的横轴电枢反应磁通与转子作用会产生阻止转子旋转的阻力矩。

（√）

Lb1B5171　增大同步发电机的励磁电流，可以增大功率极限，从而提高发电机的静态稳定。（√）

Lc5B1172　根据当前我国检修管理水平和设备的实际情况，检修工作仍要贯彻执行"预防为主，计划检修"的方针。（√）

Lc4B1173　使用电钻打眼时，工作人员必须戴干净的线手套。（×）

Lc4B1174　行灯的安全电压最高不得超过 60V。（×）

Lc4B2175　电流流过人体的途径是影响电击伤害的重要因素，如果电流从一只手进入而从另一只手或脚流出危害最大，而从一只脚到另一只脚相对危害较轻。（√）

Lc4B2176　电伤是指电流通过人体内部，造成人体内部组织破坏以致死亡的伤害。（×）

Lc4B2177　电击伤即是电伤，主要包括电弧烧伤、熔化金属渗入人体皮肤和火焰烧伤等。（×）

Lc4B2178　电击伤害的严重程度与通过人体电流的大小、持续时间、途径、频率以及人体的健康状况等因素有关。（√）

Lc3B2179　设备检修必须有计划进行，绝不允许非计划检修。（×）

Lc3B3180　《电业事故调查规程》所规定的事故包括人身伤亡事故；设备异常运行、少发、停发事故；电能质量降低事故；经济损失事故；其他事故等五大类。（√）

Lc3B3181　电弧烧伤、熔化金属渗入人体皮肤和火焰烧伤属于电击伤。（×）

Lc3B3182　交流接触器接于相同的直流电源电压会很快烧坏。（√）

Lc3B3183　在同一供电系统中，根据不同的用户要求，可将一部分设备采用保护接地，而另一部分采用保护接零。（×）

Lc3B3184　电流从一只手进入而从另一只手或脚流出危

害与从一只脚到另一只脚相对危害相同。（×）

Lc3B3185　若某装机容量为 10 000MW 的电力网,频率偏差超出（50±0.2）Hz,延续时间为 50min,则应定为一类障碍。（√）

Lc1B3186　同步发电机输出的有功功率增大时,要保持功率因数为 1,必须相应的减少励磁电流。（×）

Lc1B3187　汽轮发电机的三相稳态短路时的短路电流肯定比额定电流大。（×）

Lc1B3188　发电机在有阻尼绕组和无阻尼绕组两种情况下发生突然短路时前者的短路电流更大。（√）

Lc1B3189　在同步发电机中,发电机端电压随负载波动的幅度与同步电抗的大小无关。（×）

Lc1B3190　同步调相机正常运行时,其功率因数接近于零。（√）

Lc1B3191　当交流旋转电机定子电流三相不对称时,三相合成旋转磁动势波幅的轨迹是一个椭圆。（√）

Lc1B5192　无论是整数槽绕组,还是分数绕组,有多少对磁极就有多少个重合的槽电动势星形。（×）

Lc1B5193　鼠笼式异步电动机运行时,其转子绕组的极对数会自动的与定子绕组极对数保持相等。（√）

Lc1B3194　异步电动机正常运行时定转子流过的电流频率不同。（√）

Lc1B3195　异步电动机运行时,转子绕组的铜耗与转差率 s 成正比。（√）

Lc1B3196　异步电动机的转矩与外施电压的平方成正比。（√）

Jd5B1197　使用电流表时,应将其串联在电路中,使用电压表时,应将其并联在电路中。（√）

Jd5B1198　锯割时,推力由右手（后手）控制,压力由左手（前手）控制,左右手配合扶正锯弓。（×）

Jd5B3199 用氩弧焊焊接直流机换向器升高片过程中，应考虑风的影响，即使很小的微风都会影响焊接质量，希望风速在 0.5m/s 以下。因此，在焊接时不允许抽风和开动电扇，并要做好风的遮蔽。（√）

Jd5B3200 用氧气焊进行铜铝焊接较为简便，所以就用普通氧气焊设备即可，适用于维修电机。（√）

Jd5B3201 平面划线时，一般应选择两个划线基准，即确定两条相互平行的线为基准，就可以将平面上的其他步、线的位置确定下来。（×）

Jd4B1202 钳工台虎钳的规格是用开口长度来表示的。（√）

Jd4B1203 锉刀的粗细等级、号数越小越细，号数越大越粗。（×）

Jd4B1204 使用倒链起吊电机，允许多人拉链。（×）

Jd4B1205 万用电表的表头经检修后，一般将出现灵敏度下降的现象，这是由于磁感应强度减小的缘故。为了减小这种影响，在取出线圈以前，应用软铁将磁钢短路，同时还应减小检修次数。（√）

Jd4B2206 起重用的钢丝绳，磨损部分超过 40%，即要报废，磨损部分在 40% 以下，还可以降低使用。（√）

Jd4B2207 仪表变流器二次回路允许短路，仪表变压器二次回路不允许开路。（×）

Jd3B2208 在不知顶升重物重量的情况下，为省力可以加长千斤顶压把。（×）

Jd3B3209 链条葫芦应定期加润滑油，但严防油渗进摩擦片内部而失去自锁作用。（√）

Jd2B4210 由于交流绕组采用整距布置时的电枢电动势比采用短距布置时大，故同步电机通常均采用整距绕组。（×）

Jd2B3211 熔断器所用的熔体材料基本上可分为低熔点的和高熔点的两种，前者有铅、锌、锑铅合金以及锡铅合金等，

后者有铜和铜钨合金。（×）

Jd2B3212 熔断器在高熔点熔体的局部段上焊上低熔点材料锡，这是一种充分利用熔点材料和低熔点材料的优点，是克服它们缺点的技术措施。（√）

Jd2B3213 安装配电屏的金属构架及屏面设备的金属外壳应良好接地，其接地电阻不应大于 10Ω。（×）

Jd2B3214 在交流电路中测量电流往往用电流互感器来扩大量程，扩大的倍数可用变流比表示。若电流互感器一次绕组匝数为 N_1，二次绕组匝数为 N_2，则变流比 $k = \dfrac{N_2}{N_1}$。（√）

Jd2B3215 如果误用数字万用表交流电压档去测量直流电压，或误用直流电压档去测量交流电压，将显示无信号。（×）

Jd1B3216 异步电动机启动时，定子三相电流建立的旋转磁场的转数与转子一样，也是从零逐渐上升的。（×）

Jd1B2217 在调节绕线式异步电动机的转子回路电阻时，随转子回路电阻增大，其转矩特性曲线上的转矩最大值减小。（×）

Jd1B2218 异步电动机的过载系数是表征电动机长期过载能力的依据。（×）

Jd1B3219 绕线式异步电动机运行时如负载转矩不变转子回路电阻增加，其转数会随之上升。（×）

Jd1B3220 绕线式异步电动机启动时，在转子回路串频敏电阻，可避免转矩突然变化产生的机械冲击，使电动机平稳启动。（√）

Jd1B3221 在双鼠笼异步电动机的上、下两笼中，启动笼的导体截面相对较大，且导体材料电阻系数较小。（×）

Jd1B4222 锉刀的粗细等级、号数越小越细，号数越大越粗。（×）

Jd1B4223 由于直流电机外加直流电压，所以在运行时其电枢绕组中流过的电流是直流电流。（×）

Jd1B3224 发电机的纵差保护用于反映发电机定子绕组及其引出线的相间短路。（√）

Jd1B5225 同步电机运行时，如励磁绕组发生两点接地，由此对电路和磁路的影响程度与两接地点的距离大小无关。（×）

Jd1B3226 同步发电机转子励磁绕组存在匝间短路时，其交流总阻抗相对于正常情况会上升。（×）

Jd1B2227 发电机内部出现严重故障时，发电机保护在作用于跳开发电机出口断路器的同时，还必须作用于灭磁开关，断开发电机的励磁回路。（√）

Jd1B1228 如排除电磁和负载原因，只要电动机转子达到了静平衡，电动机在运行时就不会出现振动。（×）

Jd1B4229 在修理异步电动机时，如对转子进行车削，会引起空载电流增大。（√）

Jd1B3230 氢冷发电机大修前后氢气和空气的置换过程中之所以要有一种中间隔离气体，主要是为了避免氢气和氧气的混合。（√）

Jd1B2231 发电机在同一负载下运行时，它的出入口风的温差越大，说明冷却效率越高。（×）

Jd1B2232 发电机大轴是否被磁化对其机械性能无影响，所以发电机大轴被磁化后对发电机运行无不利影响。（×）

Jd1B1233 同步发电机失磁时，无功功率表的指示应在零位。（×）

Jd1B3234 如电网电压过低而又要维持并联运行的发电机出力不变，则发电机定子绕组温度会升高。（√）

Jd1B1235 发电机所在的电力系统发生短路故障时，采取快速强行励磁的方法尽快地提高发电机的励磁电动势，可提高发电机的动态稳定。（√）

Jd1B2236 同一台发电机在有阻尼绕组和无阻尼绕组两种情况下发生突然短路时，后者的短路电流更大。（×）

Jd1B5237 同步发电机三相绕组作星形连接，发生单相接地时，接地点越靠近中性点，其接地电流越大。（×）

Jd1B1238 在判断三相异步电动机三相绕组的极性时，将B、C两相绕组各串联一只微安表，分别形成闭和回路，在 A 相绕组两端借助电池和开关通入一脉冲电流，如 B、C 相所串微安表指针向正方向偏转，则接微安表正端和接电池正极的绕组端头为同极性端。（√）

Jd1B5239 直流电动机运行时，如电刷压力过小，会造成电刷跳动和接触电压降不稳定。（√）

Je5B1240 当三相对称绕组通入不对称电流时，三相合成磁势只存在正序旋转磁势，而无负序旋转磁势。（×）

Je5B1241 电刷在刷握内不应有间隙，否则会使电刷在刷握内振动。（×）

Je5B2242 直流电机整流片间的云母，应和整流片成一平面，否则运转时会损伤电刷。（×）

Je5B1243 在一台鼠笼式异步电动机上，调换任意两相电源线相序应可以使电动机反转。（√）

Je5B1244 交流电机常用的绕组形式，可分为单叠绕组和复叠绕组两大类。（√）

Je5B1245 三相交流电动机定子绕组是三相对称绕组，每相绕组匝数相等，每相轴线间隔180°。（×）

Je5B1246 电动机操作控制盘上的红灯亮，说明电动机停止运行，绿灯亮说明电动机正在运行。（×）

Je5B1247 无论多么小容量的电动机都不能直接用胶盖刀闸来操作电动机的起动和停止。（×）

Je5B1248 倒顺开关可以直接控制小容量电动机的全压起动和停止。（√）

Je5B1249 同步发电机定子绕组一般都接成星形接线。（√）

Jf5B1250 当发现有人触电时，首先应设法尽快将触电人

脱离电源。（√）

Je5B1251 电气用的相位色中黄色代表 A 相，绿色代表 B 相，红色代表 C 相。（√）

Je5B1252 由于电动机容量偏低，起动中时间过长，会缩短电动机寿命，甚至烧毁。（√）

Je5B1253 交流电动机下线后可用压线板压实导线。当槽满率较高，定子较大时，可用榔头敲压线板，使导线压实。（×）

Je5B1254 电动机定子绕组清理和检查，先去掉定子上的灰尘，擦去污垢，若定子绕组积留油垢，先用干布擦去，再用干布沾少量汽油擦净。同时仔细检查绕组绝缘是否出现老化痕迹或有无脱落，若有应补修、刷漆。（√）

Je5B1255 直流电机的绕组是电磁能量与机械能量转换的主要部件。（√）

Je5B1256 发电机常用的冷却介质除空气外，还有氟利昂、水和油。（×）

Je5B2257 直流电机的电刷放置位置，在静态时按几何中性线放置。（√）

Je5B2258 电源频率过低，交流电动机本身温度反而会降低。（×）

Je5B2259 控制电动机用的交流接触器，不允许和自动开关串联使用。（×）

Je5B2260 在修理电动机铁心故障时，需对铁心冲片涂绝缘漆。常用的硅钢片绝缘漆的品种有：油性漆、醇酸漆、环氧酚醛、有机硅漆和聚酯胺酰胺漆。（√）

Je5B2261 RM10 系列熔断器特点是用了钢纸管做熔管，它在电弧作用下会局部分解，发生气体加速和加强灭弧。（×）

Je5B2262 星—三角降压起动方式，能降低对电网的冲击，对定子绕组在正常运行时作星形和三角形接法的笼型异步电动机都适用。（×）

Je5B2263 自耦减压起动器产品出厂时自耦变压器一般

是接到 65%的抽头上，若使用发现起动困难，可改接在 80%的抽头上。（√）

Je5B2264 中小型电动机的滚动轴承，清洗后润滑油不要加得过满，一般 1500r/min 以下电机装轴承空间的 12 为宜，3000r/min 的电机装 2/3 为宜。（×）

Je5B2265 在装拆电机时，往往由于过重的敲打，使端盖产生裂纹，小的裂纹不必修理，有条件可用焊接法修补裂纹。（√）

Je5B2266 如无绝缘电阻表可用 220V 灯泡串接检查电动机接地故障，即电路中灯、绕组、外壳的直接串联，然后根据灯亮的程度可判明绕组绝缘已损坏或已直接接地。（×）

Je5B2267 根据国际电工协会（IEC）颁布的国际标准，电机外壳的防护型或防护标志的表示由字母 IP 及四位数组成。（×）

Je5B2268 三相交流电机当定子绕组引出线字母顺序与电源电压的相序顺序相同时，从电动机轴伸端看应按逆时针方向旋转。（×）

Je5B3269 额定电压下不慎将一台异步电动机的转子卡住不能转动，此时定子电流将低于该电动机起动电流。（×）

Je5B3270 三相交流电动机绕组因制造质量问题造成过载烧坏，在修理前一定要仔细检查气隙配合情况、铁心质量，并采取相应的措施，例如适当增加匝数，而导线截面不减少，采用耐温较高的聚酯薄膜等。（√）

Je5B3271 电动机绕组重绕改压时，须使电机的绝缘在改后得保证安全运行，绕组的电流密度尽可能保持原数，每线匝所承受的电压维持不变。（√）

Je5B3272 异步电动机定子绕组重绕时，在拆除损坏的电动机绕组前，除记录铭牌外，对定子绕组应记录的数据有：总槽数、节距和一个绕组的匝数、并联支路数、绕组端部伸出铁心的长度等。（√）

Je5B3273 氢冷发电机的检漏方法有：① 肥皂水检漏；② 微氢测定仪检漏两种。（×）

Je5B3274 水内冷和氢内冷发电机转子绕组的线圈是串联电路，而流体通路一般是若干支路并联的。（√）

Je5B3275 一台 6kV 的高压电动机受潮，干燥前绝缘电阻为 2MΩ，干燥 1h 后，绝缘电阻下降到 1MΩ，这是因为干燥方法不当。（×）

Je5B3276 熔断器熔丝额定电流是按最大一台异步电动机额定电流的 1.5～2.5 倍来计算的。（×）

Je5B4277 受潮严重的电机则需干燥，烘干过程中，约每隔 1h 用绝缘电阻表测量绝缘电阻一次，开始时绝缘电阻下降，然后上升。如果 3h 后绝缘电阻值趋于稳定，且在 5MΩ以上，可确定电机绝缘已烘干。（√）

Je4B1278 交流电机常用的绕组形式，可分为单层绕组和双层绕组两大类。（√）

Je4B1279 交流电机定子绕组是三相对称绕组，每相绕组匝数相等，每相轴线间隔 180°。（×）

Je4B1280 为保证同一相绕组不同的极相组间电动势相加，双层叠绕组极相组间串联时，其连接规律应是："首—首相连，尾—尾相连"。（√）

Je4B1281 一般来说水轮发电机转子磁极数比汽轮发电机转子磁极数多。（√）

Je4B1282 不论同步发电机的转子是哪种型式，其主磁场分布均非完全正弦。（√）

Je4B1283 同步发电机定子绕组一般都接成星形接线。（√）

Je4B2284 直流电机整流片间的云母，应和整流片成一平面，否则运转时会损伤电刷。（×）

Je4B2285 电刷在刷握内不应有间隙，否则会使电刷在刷握内振动。（×）

Je4B2286 励磁机换向器表面镀铬的主要目的，是改善换向性能。（×）

Je4B2287 三相异步电动机负载起动电流和空载起动电流幅值一样大。（√）

Je4B2288 因为电动机起动电流很大，所以要限制连续起动间隔时间和次数。（√）

Je4B2289 交流电动机定子与转子铁心各点的气隙与平均值之差不应大于平均值的±20%。（×）

Je4B2290 对低压电动机熔丝的选择，一般不低于 5 倍以上的额定电流。（×）

Je4B2291 云母带为 A 级绝缘材料，耐热能力不超过120℃。（×）

Je4B2292 电动机用动力电缆拐弯时，电缆弯曲半径应大于电缆外径的 5 倍。（×）

Je4B2293 电动机用的熔断器熔管内除了熔丝外还要填满沥青。（×）

Je4B2294 控制电动机用的交流接触器，不允许和自动开关串联使用。（×）

Je4B2295 操作电动机用的交流直流接触器触头是用银合金做的。（√）

Je4B2296 交流绕组采用短距布置或分散布置都是为了增大电枢电动势。（×）

Je4B2297 倒顺开关可以直接控制小容量电动机的全压起动和停止。（√）

Je4B2298 在绕线式异步电动机转子回路中接入电阻，可使电动机在很宽的范围内进行调速，这种调速使电动机转子的转速随转子回路中的电阻的增大而增高。（×）

Je4B2299 鼠笼式电动机在冷态下允许起动的次数，在正常情况下是 5 次。（×）

Je4B2300 发电机调整有功功率是调整发电机转子回路

的励磁电流。（×）

Je4B2301 发电机线棒股线之间的绝缘称股间绝缘，现在均采用电缆纸包来绝缘的。（×）

Je4B3302 滚动轴承的电动机，运行中轴承护盖温度不应超过 105℃。（×）

Je4B3303 滑动轴承的交流电动机，回油温度不应超过 95℃。（×）

Je4B3304 电源频率过低，交流电动机本身温度反而会降低。（×）

Je4B3305 当三相电动机绕组不知道首尾时，可将其中一相接电池和刀闸，另两相连接起来用万用表的毫安档测量，当合上刀闸时，万用表指针摆动，如果是首尾相连时，则表针摆动的幅度大。（√）

Je4B3306 异步电动机用短路电流法干燥时，是在定子内通入三相交流电，所用电压约为额定电压的 8%～10%；使定子电流约为额定电流的 60%～70%。（√）

Je4B3307 发电机定子绕组通常采用星形连接，是为了消除 3 次及奇数倍谐波。（√）

Je4B3308 发电机铁心硅钢片松动，一般可在铁心缝隙中塞进金属铝块用木槌轻轻打紧。（×）

Je4B3309 在检修发电机中，应用 2500V 绝缘电阻表分别测量励磁机和发电机轴承座的对地绝缘电阻，要求不低于 0.5MΩ。（×）

Je4B3310 向发电机转子绕组通入直流电流，利用铜损所产生的热量加热干燥转子绕组。通入转子的电流开始时应为发电机转子额定电流。（×）

Je4B3311 发电机定子铁损干燥法，是现场干燥发电机最常用的一种加热方法，转子可不抽出，连同转子一起干燥。（×）

Je4B3312 水冷发电机定子水路的反冲洗，是指用压缩空气从定子的总进水管法兰通入，吹净剩水，再通入清洁水冲洗

并吹净。（×）

Je4B3313 水冷发电机定子水路正冲洗，是指从定子总出水管法兰通入凝结水和压缩空气冲洗。（×）

Je4B3314 水冷发电机定子水路的正冲洗或反冲洗的冲洗标准，就是直到出水中无黄色杂质为止，无其他标准。（√）

Je4B3315 氢冷发电机在运行中，一昼夜总漏气量不超过发电机系统容积的 10%～15%为合格，或按设计规定执行。（√）

Je4B3316 发电机的轴承座绝缘垫中，需要夹一层铁垫，目的是为了保护绝缘垫的强度。（×）

Je4B3317 现代大型高压发电机采用涂半导体漆来防止定子线棒电晕。涂半导体漆时，应将几种不同电阻率的半导体漆沿线棒端部至槽口，分段均匀地涂敷。（√）

Je4B4318 异步电动机的定子与转子之间的空气间隙愈大，电动机的功率因数应愈低，而同步电机的气隙大，不影响它的功率因数。（√）

Je4B4319 如果是更换发电机下层绝缘损坏的线棒，则必须先取出一个节距的上层线棒后，方能将故障的线棒取出更换。（√）

Je4B4320 水冷发电机转子系统的供水总压力，等于将水甩出的离心压力与转进水处的外施水压之和。（√）

Je4B4321 氢冷发电机总体的密封试验压力和时间按设计规定执行。一般密封试验压力按发电机运行氢压进行。试验持续时间为 10～24h。（√）

Je3B3322 200MW 汽轮发电机组标准项目检修，小修停用时间为 14 天。（√）

Je3B3323 在很多场合下，可在电刷的滑出边上看到一些火花，特征为呈点状火花、白色或蓝中带白的颜色。这种火花很危险，会很快破坏整流子的正常运行，并烧坏整流子。（×）

Je3B3324 在多数电刷下发生直径在 1mm 的球状火花或滴状黄色火花时，电刷的接触面上沿转动方向覆盖有无光泽的

黑带，这种火花对整流子不会损坏。（×）

Je3B3325　经检查发现由于电动机负载过重，使得直流电动机不能起动，现用提高电源电压的方法使电机起动。（×）

Je3B3326　对水冷发电机定子反冲洗后，应进行流量测定，测定流量的结果应大于冲洗前的流量。（√）

Je3B3327　为减少发电机附加损耗等，定子绕组将进行换位，通常换位方式有 360° 和 540° 换位。（√）

Je3B4328　交流电动机功率越大，它的铁心截面越大；铁心截面积小，功率也越小，因此无铭牌的电动机需重新更换绕组时，必须计算出它的功率大小。（√）

Je3B4329　汽轮发电机标准化大修时，应更换端部定子线棒。（×）

Je3B4330　异步电动机空载起动困难，声音不均匀，说明转子笼条断裂，而且有总数 1/7 以上的数量断裂。（√）

Je3B4331　异步电机绕组在接线后，应检查绕组是否有接错或嵌反，经检查无误后，再用电桥测量三相绕组的直流电阻，其标准是各相相互差别不超过最小值的 5%。（×）

Je3B4332　发电机定子端部线棒之间，当同相相邻的两线棒电流同方向时，其间存在的相互作用力使它们相互压挤靠拢，当异相相邻的线棒流过的电流方向相反时，则互相推开。（√）

Je3B4333　氢气和二氧化碳气管线安装完后是否严密，在 300kPa 压力下管道内压降在 1h 内不超过 0.7kPa 就可以认为是严密的。（√）

Je3B4334　发电机转子护环瓦块绝缘，一般有两层，在拆装时注意不错装上下层即可，不一定非要按原位安装，因各瓦块基本大小一样，不会影响转子平衡。（×）

Je3B5335　维护整流子时，对整流子的开槽工作要特别仔细，最好是开 U 型槽，深度一般为整流子云母片的厚度，而且要将截片边缘处的棱角去掉。（√）

Je3B5336　异步电动机的空载起动时间比原来增长了，但

空载运行时，电磁声仍比较正常，空载电流亦无明显变化。当带负载后，电流波动，判断是转子鼠笼条有少量的断裂。（√）

Je3B5337 发电机转子的悬挂式护环使用的弹性键，一般为开口键。在压键前先找出键口位置，方法是可用敲打经手感振动程度找出键口处。（√）

Je2B3338 由于电动机容量偏低，起动中起动时间过长，会缩短电动机寿命甚至烧毁，这与电动机起动转矩无关。（×）

Je2B3339 绕组采用三角形连接的三相交流电动机在运行中或在起动时发生断相（如发生一相电源或一相绕组断线）时，电动机均能转动。（×）

Je2B3340 绕组采用星形连接的三相交流电动机在运行中或在起动时发生断相（如发生一相电源或一相绕组断线）时，电动机均能转动。（×）

Je2B3341 电动机Ⅰ型热继电器其整定电流以电动机的额定电流为基准，即等于电动机的额定电流。（√）

Je2B3342 电动机Ⅰ型热继电器，其整定电流以电动机的额定电流为基准，即等于电动机的额定电流。热继电器在整定电流下应不动作，当过载某一百分数电流时，就动作。（×）

Je2B3343 热继电器的连接导线的材料和尺寸与热元件运行性能无关。（×）

Je2B3344 温度继电器和热继电器一样，主要是用于保护电动机使之不因过载而烧坏，但它又异于热继电器。（√）

Je2B3345 星—三角降压起动方式，能降低对电网的冲击，对定子绕组在正常运行时作三角形接法的笼型异步电动机适用。（√）

Je2B3346 为了减小电动机直接起动电流，鼠笼式异步电动机可采用转子回路串起动电阻的方法起动。（×）

Je2B3347 自耦减压起动器产品出厂时自耦变压器一般是接到65%的插头上，若使用时发现起动困难，可改接在50%的插头上。（×）

Je2B3348 制造厂根据机座号将电机容量分类如下：0.1kW 以下称微电机；1～9 号为小型电机；11～15 号为中型电机；15 号以上者为大型电机，不统一编号。（√）

Je2B3349 电机下线后线的焊接，如用炭精钳加热，其炭精应用铜石墨电刷。（×）

Je2B3350 电机下线后线的焊接，如用炭精钳加热，其炭精应用电阻较大的硬质电刷。（×）

Je2B3351 汽轮发电机的轴承绝缘垫，一般在绝缘垫之中夹一层垫铁，其目的是为了方便在发电机运行中测量轴承绝缘电阻。（√）

Je2B3352 直流电机电枢端部用钢丝绑扎工艺，可在扎钢丝机或车床上进行。但绑扎钢丝前，电枢应先预热，预热的温度为 110～120℃，时间为 5～6h。（×）

Je2B3353 直流电机电枢端部正式绑扎钢丝，这时先松开预扎的钢丝，再进行正式绑机钢丝，每间隔 200～300mm 放置一个扣片，在始端和末端各放一个扣片。（×）

Je2B3354 测试同步发电机定子绕组的绝缘电阻，一般使用 500V 的绝缘电阻表。（×）

Je2B3355 星形系列大型异步电动机的功率为 400～2500kW，额定电压为 6000V，同步转速为 375～1000r/min，绝缘等级有 E 与 B 两种。（√）

Je2B3356 系统频率的变化对发电厂本身也有影响，当系统频率降低时，异步电动机和变压器的励磁电流也大大下降，引起系统无功负荷的减少，结果引起系统电压下降。（×）

Je2B3357 由于发电机轴电压一般只有 3～5V，故不会对发电机产生不良后果。（×）

Jd2B3358 在测试发电机定子相间及相对地的绝缘电阻前要进行充分的放电即预放电，如果预放电时间过短，则所测得的绝缘电阻值将偏小，吸收比将偏大。（×）

Je2B4359 水内冷发电机定子线棒间测温元件的指示值

为正常值的 1.8～5 倍时，说明这个槽内的线棒断水。（√）

Je2B4360 用频敏变阻器起动球磨机，在停机一段时间后重新起动显得困难时，可将电动机点动数次，就能正常起动。（√）

Je2B4361 经检查汽轮发电机转子护环瓦形绝缘块装配与拆卸前记录相符后，可用铜线扎上两道，铜线间再包几圈玻璃丝带，即可装复护环。在套护环过程中，把护环碰上铜扎线和玻璃丝的部分剪掉，再继续套装工作。（×）

Je2B4362 修理电机绕组时，用单根导线代替多根导线应考虑在费用上是否经济，工艺上是否可行。（×）

Je2B4363 在修理电机的过程中，遇到缺乏电机原有规格的导线时，可用其他规格导线代替，但应保持槽满率，气隙磁通密度原有值外,还必须遵守改后的电机绝缘等级不允许降低，电流密度要基本保持不变。（√）

Je2B4364 氢冷汽轮发电机的密封孔在氢侧的间隙较小，是为了减少氢侧回油量，加强冷却带有中间回油浮动环式密封孔，增大中间回间隙，则为了减少氢污染。（×）

Je2B4365 大型氢冷却汽轮发电机的端盖和机座间以及下端盖间结合面的密封，近年来使用的密封胶有聚硫橡胶、609 密封胶两种。（√）

Je2B4366 水内冷汽轮发电机的定子水路堵塞时，会引起绝缘过热，上下线棒间埋没的电阻测温元件，除可正常监视定子线棒断水外，还可确定断水线棒。（√）

Je2B4367 氢压 400kPa 以下汽轮发电机，机座与端盖之间及端盖上下两半合缝面之间沟槽内用密封胶材料密封。检修时仔细检查合绝面应清洁，无严重损伤，密封材料若老化变质应更新。（√）

Je2B4368 汽轮发电机的转子绕组在运行中受到机械力，热应力及过电压的作用，其首尾各 1 匝要加强匝间绝缘。（×）

Je2B4369 汽轮发电机定子绕组绝缘在高电位下易产生

电腐蚀；用环氧粉云母绝缘较沥青云母绝缘易产生电腐蚀；水轮发电机较空冷、氢冷电机易产生电腐蚀。（√）

Je2B4370 发电机转子磁化后，要进行退磁处理，一般退磁方法有两种：直流和交流退磁法。（√）

Je2B4371 对于 50～200MW 汽轮发电机组感应轴电动势一般可达 50～100V，它可以把轴承的润滑油膜击穿。（×）

Je2B4372 用实心股线组成发电机定子的线棒，其换位节距最好不小于股线宽度的 5 倍。（√）

Je2B4373 用空心股线组成水内冷发电机定子的线棒，其换位节距最好不小于股线宽度的 7 倍。（√）

Je2B4374 汽轮发电机转子护环拆装时的加热温度，一般控制在 250～280℃。（√）

Je2B4375 汽轮发电机风扇座环拆装时的加热温度，一般控制在 150～200℃。（√）

Je2B4376 在交流电动机线路中，选择熔断器熔体的额定电流，对多台交流电动机线路上总熔体的额定电流，等于线路中功率最大一台电动机额定电流的 1.5～2.5 倍，再加上其他电动机额定电流的总和。（√）

Je2B4377 交流电动机功率越大，它的铁心截面越大，铁心截面积小，功率也越小，因此无铭牌的电动机需重新更换绕组时，必须计算出它的功率大小。（√）

Je4B4378 交流电机的多相绕组，只要通过多相电流就能产生旋转磁势，若电流不对称，则将产生非圆形旋转磁势。（√）

Je2B4379 并联于无穷大系统的同步发电机端电压基本上不受电枢反应的影响。（√）

Je2B4380 当异步电动机起动时，因为起动电流大，故起动力矩大。（×）

Je2B5381 在电机从开始转动至额定转速的升速过程中，当达到某一转速（临界转速）时震动出现异常。临界转速与转

子的长度、直径轴承的类型有关，汽轮发电机一般有 3 个以上临界转速值。（×）

Je2B5382 为了减少大型汽轮发电机定子铁心端部漏磁通引起的损失和发热，一般在结构上采取以下措施：在铁心压板表面设置铜墙铁铜屏蔽板，在铁心端的齿上开槽，采用非磁性材料的压板和阶梯式的端部铁心等。（√）

Je2B5383 发电机定子线棒在运行中产生电晕现象，主要在三个部位处发生：线棒内部电晕、线棒端部电晕和引线电晕。（×）

Je2B5384 采用连续式或包带复合式绝缘结构的绕组，由于端部较长，防晕层外的电场强度较低，端部绝缘厚度可较槽部绝缘厚度减弱 20%～30%。（√）

Je2B5385 汽轮发电机的定子绕组对地绝缘厚度可由计算求得，一般对于汽轮发电机，定子绕组对地绝缘厚度取上限。（√）

Je2B5386 检修汽轮发电机转子绕组，在包扎绝缘时，其首尾各 2～3 匝要加强匝间绝缘，整个绕组对地绝缘的耐电强度必须保证达到承受相当于额定励磁电压 10 倍以上的耐压试验。（√）

Je2B5387 低压电器励磁绕组在工作电压改变时的电压绕组换算。如直流电压绕组按励磁磁势不变的原则换算。设原绕组工作电压为 U_1，导线直径为 d_1，若工作电压变为 U_2，则新绕组导线的直径为 $d_2 = d_1\sqrt{\dfrac{U_2}{U_1}}$。（×）

Je2B5388 发电机定子绝缘通常在工作电压及工作温度下，绝缘的介质损失角 $\tan\delta$ 很少且较稳定，同时具有较高的起始游离电压，其绝缘寿命可达到 50～60 年以上。（×）

Je2B5389 汽轮发电机的转子绕组在运行中受到机械力，热应力及过电压的作用，其对地绝缘除了应具有高机械强度外，

其耐电强度必须保证达到承受相当于额定励磁电压 6 倍以上的耐压试验。（×）

Je1B5390 当电机绕组绝缘受潮。局部损伤老化时，其介质损失会增加。（√）

Je1B5391 电动机的绕组绝缘表面粘附的油泥和粉尘会使泄漏电流增大。（√）

Je1B5392 在交流旋转电机中，电刷弹簧压力过大或过小都会引起集电环温度过高。（√）

Je1B5393 如电网电压过高会使并列运行的发电机定子铁心温度升高。（√）

Je1B5394 如果水内冷汽轮发电机在运行中发生漏水，其后果是轻则绝缘受潮，绕组温度升高，重则造成短路。（√）

Je1B5395 发电机转子回路发生一点接地故障时，其励磁绕组的电压降低。（×）

Je1B5396 汽轮发电机检修抽转子时，为避免损伤转子和绕组，应检查并调整转子大齿，使之处于水平左右位置。（√）

Je1B5397 汽轮发电机定子线棒的焊接方法主要有锡焊和银焊，锡焊的可靠性不如银焊。（√）

Je1B5398 如运行中的同步发电机转子励磁绕组发生一点接地，肯定会引起机体强烈振动，并产生电弧烧坏励磁绕组。（×）

Je1B5399 对发电机历次测得的绝缘电阻值都应换算到同一温度才可进行比较。（√）

Je1B5400 在电压等级相同情况下，断开交流电路比断开直流电路更容易。（√）

Je1B5401 电动机中使用的热继电器是用来保护电动机使之免受长期过载危害的电器。（√）

Je1B5402 磁力启动器可兼作电动机的失压和过载保护，但不能做短路保护。（√）

Je1B5403 防雷装置中的避雷针安装高度越高，其保护半径越大。（√）

Je1B5404 发电机转子回路两点接地保护投入后，应将横差保护退出运行。（×）

Jf5B1405 进入发电机定子膛内的工作人员，必须穿绝缘胶底鞋，穿不带纽扣的专用工作服。（×）

Jf5B1406 经常了解、检查设备和系统状况，及时消除设备缺陷是检修机构的基本职责之一。（√）

Jf5B1407 普通型安全帽使用期限一般为10年以上。（×）

Jf5B2408 当变压器内部着火时应立即断开各侧电源，并用干式灭火器灭火，迅速打开事故放油阀放油。（√）

Jf5B1409 日光灯主要由日光灯管、起辉器、镇流器、电容器、灯座等部分组成。（√）

Jf5B1410 触电急救必须分秒必争，发现有人触电应及早通知医疗部门，并保护好现场，除医生外的任何人不得对伤者进行处理。（×）

Je5B2411 电动机及起动装置的外壳均应接地。（√）

Jf5B2412 高压设备发生接地时，未穿绝缘靴者，室内不得接近故障点范围4m以内，室外不得接近故障点范围8m以内，以防止跨步电压的伤害。（√）

Jf5B3413 制作环氧树脂电缆头和调配环氧树脂工作过程中，应采取有效的防毒和防火措施。（√）

Jf3B2414 对带电设备着火时，应使用干式灭火器、一氧化碳灭火器等灭火，不得使用泡沫灭火器灭火。对注油设备应用泡沫灭火器或干燥的沙子等灭火。（×）

Jf2B3415 《设备事故报告》或《设备一类障碍报告》应由事故发生部门的专业技术人员填写，经事故单位的领导和安监工程师审核上报。（√）

Jf2B3416 1211灭火器是利用筒内的氮气压力将1211灭火剂喷出进行灭火的，被用于扑救易燃、可燃的液体、电气设备及精密仪表的初起火灾，也能对固体物质表面的火灾进行扑救，尤其适用气体于扑救计算机、贵重物资及仓库等处的初起火灾。（√）

4.1.3 简答题

Lb5C1001 三相异步电动机的转子有哪些类型?

答: 三相异步电动机的转子可分为鼠笼式和绕线式两种类型。

Lb5C1002 什么是单层绕组和双层绕组?

答: 单层绕组是在每个槽中只放置一个线圈边,由于一个线圈有两个边,故电机的总线圈数即为总槽数的一半;双层绕组是在每个槽中放置两个线圈边,中间隔有层间绝缘,每个线圈的两个边,一个在某槽上层,另一个则在其他槽的下层,故双层绕组的总线圈数等于总槽数。

Lb5C1003 发电机转子护环的作用是什么?

答: 发电机在高速旋转时,转子端部受到很大的离心力的作用,护环就是用来固定绕组端部的位置,使转子运转时端部绕组不致移动的。

Lb5C1004 同步发电机的励磁方式主要有哪几种?

答: 基本上有三种,即直流励磁机励磁、静止半导体励磁和旋转半导体励磁。

Lb5C1005 引起绝缘材料老化的主要原因有哪些?

答: 引起绝缘材料老化的主要原因包括热、电、光、氧化等。

Lb5C1006 简述直流电机的基本结构。

答: 直流电机包括定子和转子两大部分。定子包括主磁极、换向极、机座与端盖以及电刷装置等四大部分组成;转子由电枢铁心、电枢绕组、换向器（整流子）等三大部分组成。

Lb5C1007　简述直流电动机的调速方法有哪些？

答：改变电枢电压调速，改变电枢回路电阻调速，改变励磁电流调速等。

Lb5C1008　如何改变直流电动机的转向？

答：或对调电枢绕组两端，或对调励磁绕组两端，只可改变其一，如两个都改变，则转向不变。

Lb5C1009　异步电动机起动方法可分为哪两大类？

答：直接起动与降压起动。

Lb5C1010　简述同步电机的"同步"是什么意思？

答：同步是指电枢绕组流过电枢电流后，将在气隙中形成一旋转磁场，而该磁场的旋转方向及旋转速度均与转子转向、转速相同，故因二者同步而得名。

Lb5C1011　过去 100MW 及以下的同步发电机通常采用哪种励磁方式？

答：直流励磁机励磁。

Lb5C1012　何谓异步电动机的额定电压？

答：额定电压是指电动机在额定工作状况下工作时，定子线端输入的电压即定子线电压。

Lb5C1013　何谓异步电动机的额定电流？

答：额定电流是指电动机在额定工作状况下运行时，定子线端输入的电流即定子线电流。如果铭牌上有两个电流数据，则表示定子绕组在两种不同接法时的输入电流。

Lb5C2014 并励直流发电机自励建压的条件是什么？

答：并励直流发电机自励建压的条件是：

（1）主磁极有剩磁。

（2）电枢绕组与励磁绕组连接正确，保证励磁绕组所建立的磁场与剩磁方向一致。

（3）励磁回路电阻小于对应于一定转速的临界电阻。

Lb5C2015 某异步电动机额定电压为 220V/380V，额定电流为 14.7A/8.49A，接法为△/Y，说明异步电动机应该怎样连接？

答：这表明对不同的电源电压，应采用不同的接线方法。若电源电压为 220V 时，电动机则应接成三角形；若电源电压为 380V 时，则应采用星形接法。

Lb5C2016 简述异步电动机工作原理。

答：当电枢（定子）绕组通入三相对称交流电流时，便产生了旋转磁场，闭合的转子绕组与旋转磁场存在相对运动，切割电枢磁场而感应电动势产生电流，转子电流的有功分量与电枢磁场相互作用形成电磁转矩，推动转子沿旋转磁场相同的方向转动。

Lb5C2017 在制作同步发电机定子绕组时，除应注意节省材料，减少绕组铜耗并便于检修且散热良好，绝缘强度和机械强度可靠外，还必须保证什么？

答：还必须保证各相绕组的电动势对称，电阻、电抗平衡，即三相绕组结构完全相同，在空间上各相轴线互差 120° 电角度；绕组合成电动势、磁势较大。

Lb5C2018 星形连接的三相异步电动机其中一相断线会怎样？

答：起动前断线，电动机将不能起动，运行中断线，电动机虽然仍能转动，但电机转速下降，其他两相定子电流增大，易烧毁电动机绕组。

Lb5C2019 直流电动机反接制动时为什么电枢电流会增大？应如何处理？

答：因为反接制动时电源电压 U 反向，与反电动势 E_a 的方向一致，则此时电枢电流为 $I_a = \dfrac{U + E_a}{R_a}$ ，导致电枢电流过大，因此反接制动时，必须在制动回路里串入适当大小的附加电阻以限制电枢电流的大小。

Lb5C2020 简述同步发电机的工作原理。

答：同步发电机是根据电磁感应原理设计的。它通过转子磁场和定子绕组间的相对运动，将机械能转变为电能。当转子绕组通入直流电后产生恒定不变的磁场，转子在原动机的带动下旋转时，转子磁场和定子导体就有了相对运动，即定子三相对称绕组切割磁力线，便在定子三相绕组产生了感应，产生三相对称电动势。随着转子连续匀速转动，在定子绕组上就感应出一个周期不断变化的交流电动势，这就是同步发电机的工作原理。

Lb5C2021 励磁机的作用是什么？

答：当直流发电机作同步发电机励磁电源时，叫做励磁机。它的作用是向同步发电机的转子绕组提供直流励磁电流并调节转子电流，以实现发电机输出电压的调节。励磁机的磁场绕组一般由励磁机本身供电。调节与励磁绕组串联的磁场变阻器，可以改变励磁机输出的直流电压，以此调节同步发电机的励磁电流，从而改变同步发电机的输出电压。

Lb5C2022 直流电机产生火花的主要原因有哪些？改善换向性能的主要方法有哪些？

答：主要包括电磁、化学、机械等三方面的原因。改善换向的主要方法有：装设换向极、恰当地移动电刷、装设补偿绕组以及换向器的维护与电刷的更换。

Lb5C2023 电动机不能转动的原因主要有哪些方面？

答：电动机不能转动的原因主要有四个方面：

（1）电源方面。

（2）起动设备方面。

（3）机械故障方面。

（4）电动机本身的电气故障。

Lb5C2024 直流发电机电压不能建起的原因有哪些？

答：不能建立起的原因有：

（1）原动机未起动。

（2）与原动机相连的连轴器脱松或连轴器打滑。

（3）发电机剩磁消失。

（4）电机检修后，电刷未置于刷握内。

（5）励磁故障。

Lb5C3025 试比较异步电动机直接起动与降压起动的优缺点。

答：直接起动设备与操作均简单，但起动电流大，对电机本身以及同一电源提供的其他电气设备，将会因为大电流引起电压下降过多而影响正常工作，在起动电流以及电压下降许可的情况下，对于异步电动机尽可能采用直接起动方法。降压起动起动电流小，但起动转矩也大幅下降，故一般适用于轻、空载状态下起动，同时，降压起动还需增加设备设施的投入，也增加了操作的复杂程度。

Lb5C2026　星—三角起动方式适用于重载起动吗？

答：星—三角起动方式只适用于无载或轻载起动，不适用于重载起动。因为电动机的起动转矩 M 与加在定子绕组相电压的平方成正比，而星形接法时定子绕组每相电压是三角形直接起动时每相电压的 $\dfrac{1}{\sqrt{3}}$ 倍，故起动转矩已降低到直接起动时的 1/3，当然不能胜任重载起动。

Lb5C3027　发电机定子线棒为什么必须很好地固定在槽内？

答：因为线棒槽内部分由于转子高速运动而受到机械力作用，并且当线棒中有交流电流通过时，将受到 100Hz 电磁力作用，产生振动使导线疲劳断裂，并使绝缘相互间或与槽壁间产生摩擦，造成绝缘磨损，导致绝缘击穿事故。该电磁力的大小与电流大小的平方成正比，尤其是短路时电磁力增长数十倍。

Lb5C4028　简述直流电机换向极的作用及简单工作原理。

答：换向极的作用是改善直接电机的换向性能，消除或削弱电刷下的火花。换向极安装在主磁极的几何中性线上，换向绕组与电枢绕组串联，即流过电枢电流，并使换向极在主磁极几何中性线附近建立与电枢磁场相反方向的磁场，以抵消或削弱几何中性线附近电枢磁场的影响，维持几何中性线附近磁场强度为零，并在换向元件中感应产生与自感电动势相反方向的电势，以削弱或消除换向元件中的自感电动势，从根本上消除电刷下产生火花的电磁原因。

Lb5C4029　简述直流电机补偿绕组的作用及工作原理。

答：补偿绕组安装的直流电机主磁极极靴槽内，并与电枢绕组串联。正确地与电枢绕组连接，以保证补偿绕组所建立的磁场与主磁极下电枢磁场的方向相反，从而起到削弱或抵消极面下由于电枢反应所引起主磁场畸变而出现的电位差火花，改善电机换向性能的作用。

Lb5C4030 绕线式异步电动机起动时通常采用在转子回路中串联适当起动电阻的方法来起动，以获得较好的起动性能，如果将起动电阻改成电抗器，其效果是否一样？为什么？

答：不一样。起动时在绕线式异步电动机转子回路串入电抗与串入起动电阻虽然均能够增加起动时电动机的总阻抗，起到限制起动电流的目的，但串入电抗器之后，却不能够起到与串入起动电阻并增大转子回路功率因数一样的效果，反而大幅度地降低了转子回路的功率因数，使转子电流的有功分量大大减小，因而造成起动转矩的减小，使电动机起动困难。

Lb5C4031 为什么串励式直流电动机不能在空载下运行？

答：串励直流电动机的特性是气隙主磁通随着电枢电流的变化而变化，转速随着负载的轻重变化而变化。串励电动机在空载运行时，电枢电流等于励磁电流，而且很小，因此主磁通也很小，电枢电流很小，电枢反电动势近似于端电压。另一方面，因主磁通很小，转子转速 n 将非常快，以致造成"飞车"现象，它会使换向条件严重恶化，甚至损坏转子，所以串励直流电动机规定绝不能在空载下运行。

Lb5C4032 为什么采用分数节距？对电机有什么好处？

答：用分数节距可以缩短导线的长度、节省材料，能调节绕组的圈数，减少了连线的电感和槽内的互感，可以改善电动机的运行性能，同时削弱高次谐波的影响。

Lb4C1033 异步电动机在何种情况下发热最严重？

答：从发热情况看，当转子卡住（堵转）时最严重。因为处于堵转状态下的异步电动机,要长时间经受 5～7 倍额定电流的作用。再加上由于不能通风冷却,致使电动机急剧发热,温度迅速上升。

Lb4C1034 引起发电机定子绕组绝缘的过快老化或损坏的原因有哪些?

答: 发电机定子绕组绝缘过快老化或损坏的主要原因有:

(1)发电机的散热条件脏污造成风道堵塞,导致发电机温升过高过快,使绕组绝缘迅速恶化。

(2)冷却器进水口堵塞,造成冷却水供应不足。

(3)发电机长期过负荷运行。

(4)在烘干驱潮时,温度过高。

Lb4C1035 简述同步发电机温升过高或冒烟的主要原因有哪些?如何处理?

答: 同步发电机温升过高或冒烟的常见原因及处理方法:

(1)长期过负荷。应调整负荷全额定值。

(2)定子绕组有接地或短路故障。应检查、修复定子绕组。

(3)发电机的转动部分与固定部分相摩擦。可检查轴承有无松动及损坏,定子及转子之间有无不良装配,可进行相应修复与处理。

(4)发电机通风散热不良。清理风道及绕组上的污垢和灰尘,改善通风散热条件。

Lb4C1036 为什么对于给定同步发电机而言,其转速是定值?

答: 因为同步发电机频率、极对数与转速之间存在固定不变的关系,即 $n = \dfrac{60f}{p}$,所以对于给定发电机而言,极对数 p 一定,而频率 f 一定,故转速成为定值。

Lb4C1037 简述同步电机的"同步"是什么意思。

答：同步是指电枢绕组流过电枢电流后，将在气隙中形成一旋转磁场，而该磁场的旋转方向及旋转速度均与转子相同，故称同步。

Lb4C2038 同步发电机并入大电网运行时,欲增大其感性无功功率的输出,应调节什么？怎么调？

答：应调节励磁电流。在过励磁状态下，增大励磁电流，输出的感性无功功率将增大。

Lb4C2039 变压器的分接开关有哪两种？各有何特点？

答：有载调压分接开关和无励磁调压分接开关。前者可在变压器不停电条件下进行分接变换，而后者必须在变压器停电的情况下进行分接变换。

Lb4C2040 发电机转子常用的通风系统有哪些形式？

答：常用的通风系统形式有：转子表面冷却、气隙取气氢内冷、槽底副槽的转子径向通风、转子轴向通风。

Lb4C2041 转子护环的作用是什么？

答：发电机在高速旋转时，转子端部受到很大的离心力的作用，护环就是用来固定绕组端部的位置，使转子运转时端部绕组不致移动。

Lb4C3042 异步电动机起动时,为什么起动电流大而起动转矩不大？

答：当异步电动机起动时，由于转子绕组与电枢磁场的相对运动速度最大，所以转子绕组感应电动势与电流均最大，但此时转子回路的功率因数却很小，所以起动转矩不大。

Lb4C3043 发电机与系统解列、停机后，能否马上进行解体工作？为什么？

答：发电机与系统解列、停机后，不能马上进行解体工作。一般需盘车 72h，以等待汽缸的差胀符合规程要求时，才能拆卸发电机。

Lb4C3044 试问为了防止现代汽轮发电机转子绕组由于热胀冷缩的作用而产生永久变形或损坏，在制作时采取了什么措施？

答：因为铜线在热胀冷缩作用下会产生永久性变形，使绕组损坏，所以大型汽轮发电机的转子绕组采用热屈服极限较高的、含有少量银的铜线来绕制。

Lb4C3045 电角度与机械角度对交流电机而言，有何异同？

答：电角度用以描述电动势、电流等电量随时间变化的角度，而机械角度则是描述转子在空间转过的角度。两者的关系是：电角度=极对数 × 机械角度。

Lb4C4046 为什么直流电动机起动电流会很大？当运行中的并励直流电动机励磁回路开路时，会出现什么现象？

答：因为刚合上电源时，转子由于惯性作用来不及转动，此时转速为零，电枢绕组反电动势不能建立，故起动电流 $I_{st}=\dfrac{U}{R_a}$。R_a 为电枢绕组内阻，其值很小，故起动电流很大。当运行中的并励直流电动机励磁回路断线，则励磁电流为零，由公式 $n=\dfrac{U}{C_e\phi}-\dfrac{R_a}{C_eC_\phi\phi^2}M$ 可知，此时转子转速将迅速升高，出现"飞车"现象。

Lb4C4047　大容量的汽轮发电机定子铁心压板,采取铜屏蔽结构的作用是什么?

答:为了减少铁心端部漏磁通引起的损失和发热,结构上采取在铁心压板表面设铜屏蔽板可以抵消大部分端部轴向漏磁通。屏蔽板电阻约为铁心压板的 1/5,热传导率为其 5 倍,使其损失减少 1/2。

Lb3C2048　待并系统和运行系统准同期并列的条件是什么?

答:两系统电压大小相等,相位相同;两系统频率相同,两系统相序一致。

Lb3C3049　简述异步电动机的起动方法。

答:异步电动机主要有鼠笼式和绕线式两大类,其中鼠笼式异步电动机常用起动方法有直接起动与降压起动,降压起动又分为自耦变压器降压起动、星—三角形换接起动以及延边三角形起动等。绕线式异步电动机主要采用转子回路串入适当电阻的起动方法。

Lb3C5050　发电机非同期并列有何危害?

答:当并列条件不满足并列运行时,发电机将会出现一定的冲击电流。当电压相差大时,对大型发电机而言,除产生很大的冲击电流外,还会使系统电压严重下降,导致事故发生。当并列发电机与系统电压相位不同时,如相位相差超过±30°时,则冲击电流很大,将使定子绕组和转轴受到很大的冲击应力,使定子端部严重变形,甚至使连轴器螺栓有被剪断的可能性。

Lb3C3051　涡流对电机、变压器有什么危害?怎样减小涡流?

答：在电机、变压器内由于有涡流存在，将使铁心产生热损耗，同时使磁场减弱，造成电气设备效率降低，容量得不到充分利用。为了减少涡流，多数交流电气设备的铁心采用0.35mm 或 0.5mm 厚的涂漆硅钢片叠成，以减少涡流损耗。

Lb3C4052　大容量的汽轮发电机定子铁心压板采取铜屏蔽结构的作用是什么？

答：是为了减少铁心端部漏磁通引起的损失和发热，结构上采取在铁心压板表面装设铜屏蔽板，以抵消大部分的端部轴向漏磁通，屏蔽板电阻约为铁心压板的 1/5，热传导率为其 5倍，从而使损失减少 1/2。

Lb2C3053　在现场对汽轮发电机进行干燥的一般方法有哪些？

答：一般方法有：

（1）定子铁损干燥法。

（2）直流电源加热法。

（3）热风法。

（4）短路电流加热法。

Lb2C3054　母线涂漆的作用是什么？

答：防止母线生锈或被腐蚀；提高母线表面的辐射系数，以改善母线散热条件；区分交流母线相别以及直流母线极性；使母线装置明显，增加母线美观。

Lb2C4055　发电机定子线棒为什么必须很好地固定在槽内？

答：因为线棒槽内部分由于转子高速运动而受到机械力作用，并且当线棒中有交流电流通过时，将受到 100Hz 电磁力作用，产生振动，使导线疲劳断裂，并使绝缘相互间或与槽壁间产生摩擦，造成绝缘磨损导致绝缘击穿事故。该电磁力的大小与电流大小的平方成正比，尤其是短路时电磁力增长数十倍。线棒在槽中固定良好，对防止电腐蚀的产生也是非常有益的。

Lb2C4056 直流电动机某极下的火花明显比其他极下大，是何原因，怎样检查？

答：此时可检查电刷的距离是否不均，应保证换向器上各电刷的距离是否相等。另外，火花较大地方的主磁极或换向极发生匝间短路也是常见原因。此时，可测量换向极或对主磁极各个绕组的电压进行比较，电压明显较小的可能有匝间短路，应进行检查修理或重绕。

Lb2C4057 何谓轴电压？何谓轴电流？有何危害？怎样防止？

答：由于定子磁场的不平衡或转轴本身带磁，所以在转轴上总会感应一定的电压，称为轴电压，其数值一般不大于 5V。在轴电压作用下，轴承、机座与基础形成的回路中将会出现一个很大的电流，称为轴电流。会使轴承和汽轮机蜗母轮等的接触面产生强烈的电弧灼伤。为防止轴电流的产生，故在汽轮发电机励磁机侧轴承下加垫绝缘板。垫绝缘处一定要注意做到完全垫开，包括螺钉和油管法兰等处，均需要加装绝缘垫圈的套管。

Lb2C4058 发电机转子上为什么要装阻尼绕组？

答：因为当发电机短路或三相不平衡运行时，发电机定子中产生负序电流，它使转子表面产生涡流从而使转子发热，为此在转子上装设阻尼绕组。

Lb2C4059 什么是选择性？画图举例说明什么是有选择性动作，什么是非选择性动作？

答：如图 C-1 所示，只切除离故障点最近的断路器，使停电范围尽量减小，这称为有选择性动作。

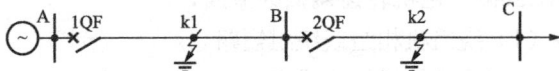

图 C-1

当 k2 短路时，由保护 2 动作断开 2QF，称为有选择性动作；若保护 1 动作，断开 1QF，则称为无选择性动作。当 k1 短路时，若保护 1 拒动或 1QF 失灵，由保护 2 动作，断开 2QF，仍称为有选择性动作。

Lc2C4060 何谓灭磁断路器？其用途如何？

答：灭磁断路器是用于接通和分断电机励磁电路的断路器，它被用于直流发电机、同步发电机和同步补偿器的励磁回路中，供发电机内部或外部发生事故以及空载时断开励磁电路之用。

Lb2C5061 简述灭磁开关基本工作原理。

答：大多数灭磁断路器是由万能式断路器派生而成的，三极断路器的两个极仍保持为常开，另一极则改为常闭。当发电机发生故障时，断路器的常开触头断开，而常闭触头则接通一放电电阻 R，使励磁绕组得以通过它而快速放电，达到"消灭"磁场的目的。灭磁断路器产品有用 DW10 系列断路器派生的 DW10M 型断路器，也有以其他原理为基础的，例如旋转电弧灭弧的灭磁断路器。

Lb1C5062 发电机大轴接地电刷有什么用途？

答：发电机大轴接地电刷具有如下三种用途：

（1）消除大轴对地的静电电压。

（2）供转子接地保护装置用。

（3）供测量转子线圈正、负极对地电压用。

Lb1C5063　电机转速偏低的原因？

答：（1）绕组极相组或绕组短路。

（2）绕组或极相组接线错误。

（3）绕组内部接线错误。

（4）转子笼条断裂或端环开焊。

（5）轴承损坏。

（6）电源电压太低。

（7）过载。

Lb1C5064　电机外壳带电原因及处理方法？

答：电机机体带电的可能性有下列几种：

（1）机身接地不良寻找接地不良的原因，采取相应的措施确保电机接地良好。

（2）接线板损坏或表面油污堆积清理或更换接线板。

（3）绕组绝缘或出线电缆绝缘损坏，修补绝缘或更换电缆及重新浸漆干燥处理。

（4）绕组受潮进行干燥处理。

Lc5C1065　《电业安全生产工作规程》第 32 条将在运行中的高压设备上工作，分为哪三类？

答：全部停电的工作、部分停电的工作、不停电工作。

Lc5C1066　《电业安全生产工作规程》将在运行中的高压设备上工作分为三类，全部停电的工作是指哪些工作？

答：全部停电的工作，系指室内高压设备全部停电（包括架空线路与电缆引入线在内），通至邻接高压室的门全部闭锁，以及室外高压设备全部停电（包括架空线路与电缆引入线在内）。

Lc5C1067 《电业安全生产工作规程》将在运行中的高压设备工作分为三类，部分停电的工作是指哪些工作？

答：部分停电的工作，系指高压设备部分停电，或室内虽全部停电，而通至邻接高压室的门并未全部闭锁。

Lc5C1068 《电业安全生产工作规程》将在运行中的高压设备工作分为三类，不停电的工作是指哪些工作？

答：不停电工作是指：

（1）工作本身不需要停电和没有偶然触及导电部分的危险。

（2）许可在带电设备外壳上或导电部分上进行的工作。

Lc5C1069 在电气设备上工作，保证安全的组织措施是什么？

答：在电气设备上工作，保证安全的组织措施为：

（1）工作票制度。

（2）工作许可制度。

（3）工作监护制度。

（4）工作间断、转移和终结制度。

Lc5C1070 在高压设备上工作，需要全部停电或部分停电者，应填写哪种工作票？

答：应填写第一种工作票。

Lc5C1071 我国安全生产的"八字"方针概括是什么？

答：方针是安全第一，预防为主。

Lc5C1072 根据《电业生产事故调查规程》规定，事故的性质按严重程度和经济损失大小，分为哪几种？

答：分为三种，即特别重大事故、重大事故、一般事故。

Lc5C2073　在二次接线回路上的工作，无需将高压设备停电者，或者在转动中的发电机、同步调相机的励磁回路或高压电动机转子回路上工作时，应填写哪种工作票？

答：应填写第二种工作票。

Lc5C2074　何谓事故调查的"三不放过"？

答：发生事故应立即进行调查分析。调查分析事故必须实事求是，尊重科学，严肃认真，要做到事故原因不清楚不放过，事故责任者和应受教育者没有受到教育不放过，没有采取防范措施不放过，即简称"三不放过"。

Lc4C1075　何谓安全检查生产中的"三不伤害"？

答："三不伤害"即不伤害自己，不伤害他人，不被他人伤害。

Lc4C1076　在高压设备上工作必须遵守哪些安全措施？

答：在高压设备上工作，必须遵守下列各项措施：

（1）填写工作票或口头、电话命令。

（2）至少应两人在一起工作。

（3）完成保证工作人员安全的组织和技术措施。

Lc4C1077　常用的固体绝缘耐热温度分为哪些等级？

答：常用的固体绝缘耐热温度分为 7 级，即 Y、A、E、B、F、H、C。

Lc4C2078　为了安全生产，电气工作人员应具备哪些条件？

答：电气工作人员应具备以下条件：

（1）经医师鉴定无妨碍工作的病症（体格检查约两年一次）。

（2）具备必要的电气知识，且按其职务和工作性质，熟悉《电业安全工作规程》（电气、线路和机械）的有关部分，并经考试合格。

（3）学会紧急救护法，首先学会触电急救法和人工呼吸法。

Lc4C2079 何谓检修人员应该达到的"三熟、三能"？

答："三熟"是指熟悉系统和设备的构造、性能；熟悉设备的装配工艺、工序和质量标准；熟悉安全施工规程。"三能"是指能掌握钳工手艺，能干与本职业密切相关的其他一两种手艺；能看懂图纸并绘制简单零部件图。

Lc4C2080 哪些工作需要填写第一种操作票？

答：以下工作需要填写第一种操作票：

（1）高压设备上工作需要全部停电或部分停电者。

（2）高压室内的二次接线和照明等到回路上工作，需要将高压设备停电或做安全措施者。

Lc4C2081 哪些工作需要填写第二种操作票？

答：以下工作需要填写第二种操作票：

（1）带电作业和在带电设备外壳上工作。

（2）控制盘和低压配电盘、配电箱、电源干线上的工作。

（3）二次接线回路上的工作，无需将高压设备停电者。

（4）转动中的发电机、同步调相机的励磁回路或高压电动机转子回路上工作。

（5）非当值值班人员用绝缘棒和电压互感器定相或用钳形电流表测量高压回路的电流。

Lc4C3082 何谓绝缘材料的8℃规则？

答：当绝缘材料使用温度超过极限温度时，绝缘材料会迅速劣化，使用寿命将大为缩短。如A级绝缘材料极限工作温度为 105℃，当超过极限工作温度 8℃时，由其寿命将缩短一半左右，这即所谓的 8℃热劣化规则。

Lc4C3083　何谓钎焊？何谓硬钎焊？何谓软钎焊？

答：钎焊是利用熔点比母材低的钎料作为中介质，加热到只熔化钎料而不熔化母材的温度，熔化后的钎材能够充分浸润母材，冷却后即形成牢固的接头，并具有良好的导电性能的连接方法。钎焊以 450℃为界线，高于 450℃即为硬钎焊，低于 450℃即为软钎焊。

Lc3C2084　在高压设备上工作必须遵守哪些安全措施？

答：在高压设备上工作，必须遵守下列各项措施：

（1）填写工作票或口头、电话命令。

（2）至少应两人在一起工作。

（3）完成保证工作人员安全的组织和技术措施。

Lb3C3085　各种电气设备对液体绝缘材料（绝缘油）的要求是什么？

答：电气性能好，闪点高，凝固点低，在氧、高温、强电场的作用下性能稳定，无毒、无腐蚀性，黏度小、流动性好。高压开关还要求其有优异的灭弧性能，电容器则要求其中相对介电系数较大。

Lc2C5086　什么是统筹图？它起什么作用？

答：统筹图是现代化的管理方法，网络计划技术也叫统筹法，统筹图就是网络图，也叫箭头图。它是用网络图的形式表达一项计划中各个工序的先后顺序和相互关系，找出关键工序和关键路线，在计划工作中，进行控制和监督，从而保证顺利完成计划任务的施工用图。

Lc2C5087 网络图一般分为几种？由哪三部分组成？画图时都以什么来表示？

答：一般分为双代号（箭线式）和单代号（结点式）两种。它是由工序、事项和路三部分组成。画图时，工序由箭头表示工序的完成，箭尾表示工序的开始，事项由圆圈表示，路是从起点开始顺箭头所指方向连续不断地到达终点的通道。

Lc1C5088 保证安全的组织措施是什么？

答：（1）工作票制度。

（2）工作许可制度。

（3）工作监护制度。

（4）工作间断、转移和终结制度。

Lc1C5089 在工作票终结验收时，应注意什么？

答：由工作负责人记录所修项目、发现的问题、试验结果和存在问题等，并与工作负责人共同检查设备状况（动过的接线、压板等），有无遗留物件，现场是否清洁等，然后在工作票上填明工作终结时间，经双方签名，终结工作票。

Lc1C5090 保证安全的技术措施是什么？

答：（1）停电。

（2）验电。

（3）装设接地线。

（4）悬挂标示牌和装设遮栏。

Jd5C1091 低压配线时常常需要进行导线与导线的连接，此时则需要进行导线的绝缘层剥切，常用的剥切方法有哪些？

答：通常采用单层剥法、分段剥法和斜削法三种。

Jd5C1092 在测量发电机绝缘电阻完毕时，为什么要在保持绝缘电阻表额定转速的条件下,先断开其火线,后断开地线?

答:是为了防止发电机对绝缘电阻表反充电,烧毁绝缘电阻表的线圈。

Jd5C2093 安装磁力启动器应注意哪些问题?

答:安装磁力启动器应注意:

(1)按正确选择连接热继电器的导线(紫铜质)的截面。

(2)安装面应与水平面垂直(允许有±5°的倾斜)。

(3)接线螺钉、安装螺钉,特别是接地螺钉都必须拧紧,保证接触良好。

(4)接线后应将进线孔封严。在运行中应定期检查启动器,最好是能够每月检查一次。

Jd5C1094 电动机嵌线时常用的划线板又称埋线板(如图 C-2 所示),它有何作用?通常采用何种材料制作?

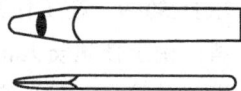

图 C-2

答:是在嵌线圈时将导线划进铁心槽,同时又将已嵌进铁心槽的导线划直理顺的工具。划线板常用楠竹、环氧树脂板、不锈钢等磨制而成。长 150~200mm,宽 10~15mm,厚 3mm,前端略成尖形,一边偏薄,表面光滑。

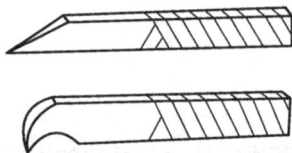

图 C-3

Jd5C1095 电动机嵌线时常用的清槽片(如图 C-3 所示)有何作用?通常采用何种材料制作?

答:是用来清除电动机定子铁心槽内残存绝缘杂物或锈斑的专用工具。一般用断钢锯条在砂轮上磨成尖头或钩状,尾部用布条或绝缘带包扎而成。

Jd5C1096 电动机嵌线时常用的压脚（如图 C-4 所示）有何作用？通常采用何种材料制作？

答：压脚是把已嵌进铁心槽的导线压紧，使其平整的专用工

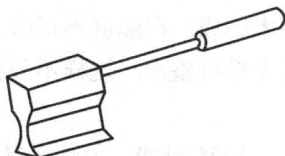

图 C-4

具。用黄铜或钢制成，其尺寸可根据铁心槽的宽度制成不同规格、形状。

图 C-5

Jd5C1097 电动机嵌线时常用的划针（如图 C-5 所示）有何作用？通常采用何种材料制作？

答：划针是在一槽导线嵌完以后，用来包卷绝缘纸的工具。有时也可用来清槽、铲除槽内残存绝缘物、漆瘤或锈斑。用不锈钢制成，尺寸一般是直线部分长 200mm，粗为 3～4mm，尖端部分略薄而尖，表面光滑。

Jd5C1098 电动机嵌线时常用的刮线刀（如图 C-6 所示）有何作用？通常采用何种材料制作？

答：刮线刀用来刮掉导线上将要焊接部分的绝缘层，它的刀片可用铅笔刀的刀片或另制。刀架用 1.5mm 左右厚的铁皮制成。将刀片用螺丝钉紧固在刀架上，如图 C-6 所示。

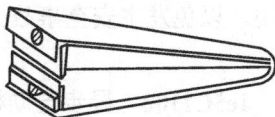

图 C-6

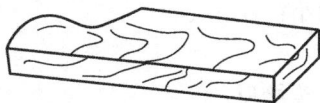

图 C-7

Jd5C1099 电动机嵌线时常用的垫打板（如图 C-7 所示）有何作用？通常采用何种材料制作？

答：垫打板是在绕组嵌线完后，进行端部整形的工具，用硬木制成。在端部整形时，把它垫在绕组端部上，再用榔头在其上敲打整形，这样不致损坏绕组绝缘。

Jd2C5100　为什么绝对禁止在发电机转子上使用电焊？

答：各种金属都有不同的疲劳极限，若在转子转轴上使用电焊，不仅会大大降低接缝处的金属疲劳极限，而且对距接缝较远处也有一定的影响。即使焊接后进行高温退火，虽然可以提高金属疲劳极限，但是疲劳极限也不能达到原来的数值的50%，因此绝对禁止在转子转轴上进行任何焊接工作。

Je5C1101　使用闸刀开关时应注意哪些问题？

答：使用闸刀开关时，应注意：

（1）将它垂直地安装在控制屏或开关板上，绝不允许漫不经心地任意搁置，这会很不安全。

（2）进线座应在上方，接线时不能把它与出线座搞反，否则在更换熔丝时将发生触电事故。

（3）更换熔丝必须在闸刀拉开后进行，并换上与原用熔丝规格相同的新熔丝，同时还要防止新熔丝遭到机械损伤。

（4）若胶盖和瓷底座损坏或胶盖失落，闸刀开关就不可再使用，以免发生安全事故。

Je5C1102　异步电动机启动时，熔丝熔断的原因一般是什么？

答：造成熔丝熔断的原因一般有：

（1）电源缺相或定子绕组一相断开；

（2）熔丝选择不合理，容量较小；

（3）负荷过重或转动部分卡住；

（4）定子绕组接线错误或首尾头接反；

（5）起动设备接线错误多。

Je5C1103　在异步电动机运行维护工作中应注意什么？

答：一般应注意以下几点：

（1）电动机周围环境应保持清洁。

（2）检查三相电源电压之差不得大于 5%，各相电流不平衡值不应超过 10%，不缺相运行。

（3）定期检查电动机温升，使它不超过最高允许值。

（4）监听轴承有无杂音、定期加油和换油。

（5）注意电动机声音、气味、振动情况等。

Je5C2104　在直流电机检修时，对定子应做哪些检查？

答：（1）检查定子绕组各线包之间的接头，有无松动断裂现象。

（2）定子的主磁极及换向磁极绕组有无油浸、过热和漆皮变色脱落现象，绕组紧固在铁心上无磨损现象。

（3）定子磁极铁心无变色、生锈，螺丝不松动。

（4）外壳、端盖、刷架无裂纹。

Je5C2105　为什么直流电机换向片之间的绝缘采用云母材料？

答：因为直流电机换向片之间的绝缘要求：

（1）能耐热、耐火花。

（2）能耐潮、吸湿性要小。

（3）能耐磨，有柔韧性和足够的机械强度。

（4）热膨胀系数要小。

（5）绝缘性能良好。

Je5C2106　异步电动机"扫膛"有何危害？

答：电动机"扫膛"会使电动机发出异常的噪声，电流增大，严重还可使电动机发热甚至烧毁电动机绝缘，损坏电动机。

Je5C2107　什么原因会造成异步电动机"扫膛"？

答：造成电动机"扫膛"的主要原因有：

（1）电动机装配时异物遗落在定子内腔。

（2）绕组绝缘损坏后的焚落物进入定子与转子间的间隙。

（3）由于机械原因造成转子"扫膛"，如轴承损坏、主轴磨损等。

Je5C2108　氢冷发电机漏氢的主要部位有哪些？

答：氢冷发电机漏氢的主要部位有以下几方面：

（1）密封瓦和密封垫。

（2）定子出线套管法兰。

（3）定子端盖结合面。

（4）定子线棒接头处。

Je5C1109　电动机不能转动的原因主要有哪些方面？

答：电动机不能转动的原因主要有四个方面：

（1）电源方面。

（2）起动设备方面。

（3）机械故障方面。

（4）电动机本身的电气故障。

Je5C2110　电动机轴承在装配前，为什么必须对轴承进行仔细地清洗？

答：清洗的目的是：

（1）洗去轴承上的防锈剂。

（2）洗去轴承中由于不慎而可能进入的脏物、杂物。因为杂物将明显地增大电机的振动和轴承噪声，加速轴承的磨损。

Je5C2111　目前国产轴承使用的防锈剂有哪几种？清洗

轴承与选用防锈剂是否有关？

答：目前国产轴承使用的防锈剂主要有三种：油剂防锈剂、水剂防锈剂和气象防锈剂。清洗时首先应搞清该轴承所用的是何种防锈剂，然后有针对性地选择清洗液进行清洗。否则，很难清洗干净。

Je5C2112　异步电动机起动困难的一般原因有哪些？

答：交流电动机起动困难的一般有以下几种：

（1）电源电压过低。

（2）三相电源严重不平衡。

（3）电机绕组接线错误。

（4）绕组间发生短路或接地故障。

（5）负载过重以及其他机械原因等。

Je5C2113　试说明直流电机电刷下 1 级、$1\frac{1}{4}$ 级火花的程度？

答："1 级"电刷下无火花；"$1\frac{1}{4}$ 级"电刷边缘仅小部分有微弱点状火花，或有非放电性红色小火花。

Je5C2114　在直流电机检修时，对定（静）子应做哪些检查？

答：应进行以下检查：

（1）检查定子绕组各线包之间的接头，有无松动断裂现象。

（2）定子的主极及换向极有无油浸、过热和漆皮变色脱落现象，绕组紧固在铁心上无磨损现象。

（3）定子磁铁应无变色、生锈，螺丝不松动。

（4）外壳、端盖、刷架应无裂纹。

Je5C3115 简述异步电动机由于冷却不良，引起轴承发热的原因及处理方法？

答：滑动轴承一般是靠轴承外壳散热，如果外壳散热筋损坏或散热条件变差都可引起轴承温度增高。有冷却水冷却的轴承，还可因冷却水温、水量的影响而过热。如果冷却水水质不干净，还可因冷却水管被堵塞而过热。因此，必须经常注意冷却、散热条件的变化，注意洁净水质和疏通或更换被堵塞的水管。

Je5C3116 直流电机的间隙应如何计算？标准为多少？

答：测量主极与转子的间隙，其最大或最小间隙与平均之差不大于平均间隙的 10%。

Je5C3117 当电动机转轴轴颈发生磨损时应怎样处理？

答：转轴是电动机向工作机械输出动力的部件，其轴颈却最容易被磨损，当轴颈磨损不太严重时，可在轴颈处镀上一层铬；若轴颈磨损较严重时，可采用热套法修复，即在轴颈处车 $2\sim3\text{mm}$，再用 45 号钢车一个合适的套筒，厚度不小于 2mm，其内孔与轴颈外圆过盈配合，将其加上后套上轴颈，最后再精车。

Je5C3118 如何选择全压起动单台电动机熔丝的额定电流？

答：全压起动单台电动机熔丝的额定电流按公式：$I_R=(1.5\sim2.5)I_N$ 计算。式中 I_R 为熔丝的额定电流，I_N 为电动机额定电流。

Je5C3119 低压电动机绕组嵌线前应注意哪些事项？

答：低压电动机绕组嵌线前应注意：嵌线前，应仔细清理检查铁心，铁心内圆表面如有突出处，应加以修整去除，尤其是对槽内应严格检查，如有突出的硅钢片必须挫平或铲平，铁心槽口如有不平或毛刺必须挫光，然后压缩空气，用洗耳球（皮老虎）或打气筒等吹去铁心表面和槽内的铁屑和其他杂物。此外，铁心表面或槽内如有油污，应用甲苯或酒精擦除干净，而且上述工作都应在嵌线区外进行。

Je5C3120　低压电动机定子绕组槽内部分嵌线应注意哪些事项？

答：低压电动机定子绕组槽内部分嵌线应注意：绕组及槽内各部分绝缘材料的规格、质感和结构尺寸必须符合要求。在嵌线过程中，铁心槽口、通风槽边缘对地绝缘最易受机械损伤，引起电压击穿；鼻端易受扭伤，造成匝间短路，所有这些，嵌线时应特别注意。

Je5C3121　低压电动机绕组定子绕组嵌线时绕组端部应注意哪些事项？

答：低压电动机绕组定子绕组嵌线时绕组端部应注意：绕组两端尺寸应符合规定，特别是两端伸长部分的长度应一致。如一端尺寸过大，则会造成绕组距挡风板或端盖等零部件的绝缘距离不够，产生爬电和飞弧现象；如另一端尺寸过小，则可能影响通风效果，使绕组温度过高，缩短绕组使用寿命。绕组端部绑扎和支撑必须牢固，端箍必须在绕组鼻端的最高处，且与铁心内圆或机座内圆同心。两端端箍到铁心压圈或机座止口平面距离应一致。

Je5C3122　低压电动机定子绕组的焊接应注意哪些事项？

答：低压电动机定子绕组的焊接应注意：绕组的接头应焊接良好，不应因焊接不良而引起过热或产生脱焊、断裂等现象。为了防止绕组损伤，在焊接时一般用湿的石棉纸或石棉绳盖住绝缘，但浸水不宜过多，以免水滴滴落在绕组上，使绕组绝缘受潮。

Je5C3123　低压电动机单层链式绕组怎样嵌线？

答：单层链式绕组嵌线方法要点如下：

（1）起把线圈（或称吊把线圈）有效边数等于 q。

（2）嵌完一个槽后，空一个槽再嵌另一相线圈的下层边。

（3）同一相线圈组之间的连接线（又称为过桥线）是上层边与上层边相连，或下层边与下层边相连。各相绕组引出线的始端（相头）或末端（相尾），在空间互相间隔 120° 电角度。

Je5C3124　小型电动机转轴弯曲后怎样处理？

答：对于小型电动机转轴弯曲后，通常在油压机或螺纹压床上进行矫正。矫正时，不必压出转子铁心。首先将转子放置在两个等高的支座上，将转子转动 360°，用百分表找出铁心或轴的凸出面，将凸出面朝上，使压力机的压杆对此凸面施加压力，在测量点用百分表检测轴的弯曲度。施加的压力使百分表指示轴已反向弯曲为止，再慢慢松去压力，记录百分表的变化值。如此反复并逐渐加大压力矫正，使轴在除去压力后，百分表指示轴已反向弯曲 0.03～0.05mm 即可。

Je5C3125　在大小修时，怎样对水冷发电机定子进行正冲洗和反冲洗？最后标准是什么？

答：正冲洗是从定子的总进水管法兰通入凝结水和压缩空气冲洗。反冲洗是用压缩空气从定子的总出水管法兰吹入，吹净剩水，再通入清洁水冲洗、吹净。须经过正、反冲洗，反复进行，直到排出的水中无黄色杂质为止，这就是最后冲洗的标准。

Je5C3126　异步电动机产生不正常的振动和异常声音，在

机械方面原因一般是什么？

答：在机械方面的原因一般有：

（1）电动机风叶损坏或螺丝松动，造成风叶与端盖碰撞，它的声音随着进击声时大时小。

（2）轴承磨损或转子偏心严重时，定转子相互摩擦，使电机产生剧烈振动和有磁振声。

（3）电动机地脚螺丝松动或基础不牢，而产生不正常的振动。

（4）轴承内缺少润滑油或滚珠损坏，使轴承室内发出异常的"嗞嗞"声或"咯咯"声响。

Je5C3127 高压电动机在大修时，一般都需进行哪些试验项目？

答：电动机在大修时按规定需要进行以下项目的试验：电动机定子绕组测量绝缘电阻和吸收比，直流电阻、直流耐压和泄漏电流、交流耐压等试验项目。

Je5C3128 引起直流电机换向器升高片与电枢绕组焊接不良的原因是什么？

答：引起焊接不良的原因是：

（1）升高片与绕组端搪锡时温度过高，以致使搪锡部分表面生成氧化层，焊接时无法焊牢。

（2）升高片槽尺寸过大，绕组里面松动，焊锡难于填满。

（3）焊接时温度过高或过低，未能将绕组与升高片焊在一起。

（4）焊锡质量不好。

（5）电机起动条件恶劣，如起动次数较频繁或重载起动。

（6）电机过载，电枢电流较大，绕组温升高，因而容易引起甩锡、开焊。

Je5C3129　如何用电阻加热器干燥大型封闭式电动机？

答：采用电阻加热器干燥法对大型封闭式电动机进行干燥，就是在风道里设置电阻加热器，将空气加热到 80～90℃来干燥电动机绕组。但干燥时电动机机壳必须保温，同时电动机上端打开一小窗口，以排出潮气。

Je5C3130　怎样监听运行中电动机滚动轴承的响声？应怎样处理？

答：监听运行中电动机滚动轴承的响声可用一把螺钉旋具，尖端抵在轴承外盖上，耳朵贴近螺钉旋具木柄，监听轴承的响声。如滚动体在内、外圈中有隐约的滚动声，而且声音单调而均匀，使人感到轻松，则说明轴承良好，电机运行正常。如果滚动体声音发哑，声调低沉则可能是润滑油脂太脏，有杂质侵入，故应更换润滑油脂，清洗轴承。

Je5C4131　如何测量 100kW 及以上异步电动机的转子与定子铁心间的气隙？其最大允许偏差值为多少？

答：对于 100kW 及以上的电动机，气隙大小及其对称性都应用塞尺检查。用塞尺检查时应对转子圆周每隔 90° 测量四点，或每隔 120° 测量三点，每次在电机轴向两端测量。空气隙的最大允许偏差值不应超过其算术平均值的 ±10%。

Je5C4132　异步电动机产生不正常的振动和异常声音，在电磁方面的原因一般是什么？

答：在电磁方面的原因一般有：

（1）在带负荷运行时，转速明显下降并发出低沉的吼声，是由于三相电流不平衡，负荷过重或是单相运行。

（2）若定子绕组发生短路故障、笼条断裂，电动机也会发出时高时低的"嗡嗡"声，机身有略微的振动等。

Je5C4133 直流发电机电压升不到额定值是什么原因？

答：原因为：

（1）负载过大。

（2）原动机未达到额定转速。

（3）发电机电枢电刷位置未在几何中性（心）线上。

（4）励磁绕组局部故障。

（5）控制系统电压负反馈、电流负反馈过大等，或者控制系统中相关元件特性有变化或损坏。

（6）发电机电枢绕组局部短路。

（7）大中型直流电机的补偿绕组 OB 与换向绕组 OH 的匝数调整不当，或补偿电阻 R_T 调整不当，均有可能产生去磁作用。电枢绕组、补偿绕组与换向绕组的连接如图 C-8 所示。

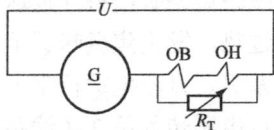

图 C-8

Je5C4134 直流电动机检修重绕记录卡上，应记录哪些数据？

答：应记录：

（1）铭牌数据。

（2）主磁极、换向极铁心尺寸。

（3）电枢铁心尺寸与槽数、槽形尺寸。

（4）主磁极、换向极、补偿绕组数据包括规格、匝数与绕组型式。

（5）电枢绕组数据包括绕组型式、换向片数、导线规格与节距等。

（6）各部位的绝缘材料。

（7）槽形和线圈尺寸（绘图标明尺寸）。

（8）修理重绕摘要以及修理者与修理时间等。

Je5C4135 怎样测量轴承温度？轴承的允许温度是多少？

答：轴承温度可用温度计法或埋置检温计法以及红外线测温仪（直接测量）等方法进行测量。测量时，应保证检温计与被测部位之间有良好的热传递，所有气隙应以导热涂料填充。轴承的允许温度为：滑动轴承（出油温度不超过 65℃时）为 80℃；滚动轴承（环境温度不超过 40℃时）为 95℃。

Je5C4136　直流电机的电枢绕组短路或断路会出现哪些现象？

答：直流电机的电枢绕组短路或断路时，将引起起动困难，即使起动了，也达不到额定转速，有时还会出现冲击式动作。在线路短路时，将导致这一支路的其他绕组电流过大，产生局部过热，发生焦臭味甚至冒烟，与绕组相连接的换向片也会发热发黑。直流电动机带上负载后，由于断路绕组从第 1 条线路经过电刷转入第 2 条线路的时候，发生强烈而急速的火花，断路绕组接连不断地旋转，换向器上的各组电刷也就一组一组地轮流发出刷火，使接通断路线圈的那两个换向片很快发黑烧坏。

Je4C1137　影响绝缘材料绝缘电阻的主要因素有哪些？

答：影响绝缘材料绝缘电阻的主要因素有温度、湿度、杂质、电场强度等。

Je4C1138　对同步发电机定子绕组制作的基本要求是什么？

答：各相绕组的电动势对称，电阻、电抗平衡，即三相绕组结构完全相同，在空间上各相轴线互差 120° 电角度；缩短连接部分，节省材料，减少绕组铜耗并便于检修；绕组散热好，绝缘强度和机械强度可靠；线圈合成电动势、磁势较大。

Je4C1139　什么叫三相异步电动机定子绕组的极距、节距？用什么符号表示？

答：极距就是每个磁极所跨的距离（槽数）。在电机绕组中，极距常用一个磁极所占的定子槽数来表示，符号是 τ。节距是指一个线圈的两个边所跨的距离，通常也用槽数表示，符号 y1。

Je4C1140 **试述直流电机换向器的故障类型、原因及处理方法。**

答：换向器的常见故障有片间短路、接地和表面灼伤。片间短路主要是由片间的 V 形沟槽中被金属屑、电刷粉、腐蚀性物质以及灰尘侵入等引起的，有时也可能是换向器片间绝缘损坏所致。若为前者，可将这些导电粉、屑清除并用云母粉加胶合剂填入。若为后者，则必须拆开换向器更换片间绝缘。换向器接地故障多由 V 形云母片尖角端在压装时绝缘受损或金属屑、污物未清除干净等原因造成的。应检查出接地点后进行清理，之后用云母粉加胶合剂填入，再用 0.25mm 厚的可塑云母板覆贴 1～2 层，最后加热压入。

Je4C1141 **造成三相异步电动机单相运行的原因有哪些？最常见的是哪一种情况？**

答：造成三相异步电动机单相运行的原因很多。例如：熔断器一相熔断；电源线一相断线；电动机绕组引出线与接线端子之间有一相松脱；闸刀开关、断路器、接触器等开关电器的一相触头损坏等。在这些原因当中以熔断器一相熔断的情况为最常见。

Je4C2142 **发电机与系统解列、停机后，能否马上进行解体工作？为什么？**

答：发电机与系统解列、停机后，不能马上进行解体工作，一般需盘车 72h，以等待汽缸的差胀符合规程要求时才能拆卸发电机。

Je4C2143　电磁起动器安装起动器之前应做好哪些工作？

答：在安装起动器之前应做好下列工作：

（1）打开外壳（如果有外壳），检查内部接线是否正确，螺钉是否全部拧紧。

（2）将接触器铁心极面上的防锈油脂擦拭干净。

（3）把热继电器（如果有的话）调整到所控制电动机的额定电流。

（4）以 500V 兆欧计检查绝缘电阻，若各部位的绝缘电阻小于 1MΩ，还应作干燥处理。

（5）清除外壳内外的灰尘及杂物。

Je4C2144　为什么不能用闸刀开关分断堵转的电动机以及全压下起动满载的电动机？

答：电动机堵转时，加在闸触刀与插座之间的电压是电源相电压，堵转电流为 6～7 倍电动机额定电流，这样的分断条件是闸刀开关难以胜任的。如强行用闸刀开关分断，电弧势必将触刀和插座烧毛，以致接触电阻增大，长期运行时温升将升高，并会缩短闸刀开关的电寿命。此外，在全压下起动满载的电动机时，其接通条件与电动机堵转时的分断条件相当，所以也非闸刀开关所容易胜任的。

Je4C2145　何为发电机组的停用日数？根据部颁《发电厂检修规程》规定：200、300MW 汽轮发电机组标准项目检修停用日数分别是多少？

答：检修停用日数是指机组与系统解列（或退出备用）到检修完毕，正式交付调度（或转入备用）的总时间（天）。200、300MW 发电机组标准项目大修停用日数分别是：45 天、50～55 天。

Je4C2146　漏油对氢冷发电机的运行有何危害？

140

答：漏油对氢冷发电机运行的危害在于以下几方面：

（1）油雾弥漫于机内，使氢气纯度降低，严重影响电机的绝缘强度。

（2）油雾进入定子及转子通风道（或通风孔）中，沉积为油垢，影响电机的散热及通风。

（3）油雾附着于定子端部绕组上，对绕组沥青云母绝缘将起溶解浸蚀作用。

（4）漏油的另一严重后果是将主油箱中含水的油带入发电机内将造成氢冷发电机内氢气湿度增高，对于大型发电机，会导致转子护环的应力腐蚀裂纹和降低定子端部绕组绝缘表面电气强度。

Je4C2147 三相交流电动机定子绕组的极性（绕组首尾的正确连接）检查试验目的是什么？

答：电动机定子三相绕组按一定规律分布在定子铁心圆周上，每相绕组均有头尾两端。若将绕组的头尾接错，则通入平衡三相电流时，不但不能产生旋转磁场，甚至还会损坏电机。为了确定每相绕组头尾的正确连接，必须进行极性检查试验。

Je4C3148 何谓交流绕组的每极每相槽数？怎样计算？

答：交流绕组的每极每相槽数是指每相绕组在每个磁极下所占的连续槽数，它用公式 $q = Z/(2mp)$ 计算。式中，Z 为电机总槽数，m 为电机相数，p 为电机的极数。

Je4C3149 简述发电机线棒热弹性绝缘（俗称黄绝缘）的结构与特点？

答：热弹性绝缘结构用环氧树脂作粘合剂，用玻璃带做补强材料。用粉云母带连续的绕包在线棒上，然后在高温下热压成型，使环氧树脂固化。它的特点具有机械性能好、电气强度高、耐热性好等优点，允许工作温度为 130℃。其缺点是耐磨性能差，抗电晕腐蚀能力差，模具的制造较复杂。

Je4C3150　对发电机冷却水的水质有何要求？

答：对发电机的冷却水水质是有严格要求的，一般用的是汽轮机的凝结水，其导电率不大于 $5\mu\Omega/cm$，通常在 $2\mu\Omega/cm$ 左右。发电机入口的水温应不大于 $50℃$，出口水温应不大于 $75℃$，以防止在发电机内汽化。水的速度不宜太低，太低会产生层流作用或产生汽泡阻碍传热；但水的速度也不宜过高，太高会产生空穴作用，加速腐蚀。一般水速为 $0.5\sim2m/s$。

Je4C3151　测量调整发电机转子电刷的内容和标准是什么？

答：检修发电机转子电刷的内容和标准：更换电刷，调整电刷在刷握内的间隙为 $0.1\sim0.2mm$，电刷压力应一致且为 $0.015\sim0.02MPa$（即为 $1.2\sim1.6kg/cm^2$）刷握下端距滑环表面的距离为 $2\sim3mm$。

Je4C3152　直流电动机转速低于额定值应从哪些方面找原因？

答：电动机转速低于额定值时可检查电刷位置是否正确、刷握的连接是否良好、电枢内连接线有无脱焊、起动电阻是否没有切除、电动机是否过载等。电刷位置对通过试移电刷进行试验，电枢故障等可通过检查电枢端电压以及输入电流进行判断。

Je4C3153　如何进行换向器表面的修理？

答：换向器表面的修理的方法如下：换向器表面若只有轻微火花灼烧的痕迹，可用 0 号砂布在旋转着的换向器上仔细研磨。若换向器已过于不平，或已形成椭圆，则应先拧紧换向器压环螺栓，用车床重新车削加工。切削速度应为 $1\sim1.5m/s$，进给量为 0.05～0.1mm/r。切削后再用金刚砂布将换向器表面磨光，用刻槽工具将云母片下刻 1～1.5mm，最后进行清理，用压缩空气吹净。

Je3C2154 修理或重缠高低压交流电机的定子绕组时，有何要求？

答：要求为：

（1）各相绕组的电动势和磁势要对称，电阻、电抗要平衡，即三相绕组结构完全相同。

（2）缩短连接部分，节省材料，减少绕组铜耗。

（3）绕组散热要好，绝缘与机械强度要可靠。

（4）绕组结构的施工工艺要好。

Je3C2155 高压交流电动机大修时，一般都需要进行哪些试验项目？

答：需要进行的试验项目为：

（1）电动机定子绕组测量绝缘电阻和吸收比。

（2）直流电阻。

（3）直流耐压和泄漏电流。

（4）交流耐压。

Je3C3156 发电机转子发生接地故障，常见的原因是什么？如何处理？

答：发生转子接地故障常见原因有：受潮、滑环下有电刷粉末或油污堆积，引线绝缘被破损，以及端部绝缘、槽口绝缘、槽部绝缘老化断裂等。若是受潮引起，则可以通入直流电流进行干燥，但开始时不宜超过 50%的额定电流。若是由于电刷粉末或油污破坏作用的影响，使发电机的主要部件逐渐老化，甚至被破坏。实际上由于设备制造和运行管理等方面的缺陷以及电力系统故障的影响，使发电机的某些部件有可能过早损坏，

143

从而引起故障。为了能够事先掌握发电机的技术特性，及早发现故障隐患，避免运行中酿成大事故，所以，必须进行电气试验。

Je2C3157　三相异步电动机电源缺相后，电动机运行情况有什么变化？缺相前后电流如何变化？

答：电源一相断开，电动机变为单相运行。电动机的起动转矩为零，因此，电动机停转后便不能重新起动。如果电动机在带负载运行时发生欠相。转速会突然下降，但电动机并不停转。由于电动机运行时线电流一般为额定电流的 80% 左右，断相后的线电流将增大至额定电流的 1.4 倍左右。如果不予以保护，欠相后电动机会因绕组过热而烧毁。

Je2C4158　若发电机气隙不合格，则应怎样进行调整？

答：当测得气隙值不超过规定时，应通过移动定子和底板的位置及高低来调整。调节定子机座与轴承的垫片厚度，即可调整上下气隙的大小。当上下气隙调整均匀后，再通过沿底板平面调节定子两端的位置来调整左右两侧的气隙，直至都合格为止。

Je2C4159　试述引起直流电机励磁绕组过热的原因及处理方法。

答：引起直流电机励磁绕组过热的原因有：

（1）电机气隙过大。由于气隙过大，造成励磁电流过大，此时应拆开电机进行气隙调整。

（2）复励发电机的串励绕组的极性接反。由于这种原因引起励磁绕组过热时，常表现为发电机接负载时电压明显降低，但调整电压后，励磁电流又明显增大，使绕组过热。此时必须重新检查串励绕组的极性，改正接线。

Je2C4160　对热继电器有哪些要求？

答：作为电动机过载保护装置的热继电器，应满足以下三项基本要求：

（1）能保证电动机不因超过极限允许过载能力而被烧毁。

（2）能最大限度地利用电动机的过载能力。

（3）能保证电动机的正常起动。

为此，从技术方面对热继电器有下列要求：

（1）应当具有既可靠又合理的保护特性，有一居于电动机允许过载特性下方的反时限保护特性，而且该特性还具有较高的准确度。

（2）应当具有一定的温度补偿，以防止因周围介质温度变化而产生误差。

（3）应当兼具自动复位和手动复位以方便操作。

（4）动作电流应当可以调节。此外，和对其他电器一样，对热继电器的寿命、触头通断能力以及热稳定性等，也有一定的要求。

Je1C4161　氢冷发电机漏氢有几种表现形式？哪种最危险？

答：按漏氢部位有两种表现形式：

（1）外漏氢：氢气泄漏到发电机周围空气中，一般距离漏点 0.25m 以外，已基本扩散，所以外漏氢引起氢气爆炸的危险性较小。

（2）内漏氢：氢气从定子套管法兰结合面泄漏到发电机封闭母线中，从密封瓦间隙进入密封油系统中；氢气通过定子绕组空芯导线、引水管等又进入冷却水中；氢气通过冷却器铜管进入循环冷却水中。内漏氢引起氢气爆炸的危险性最大，因为空气和氢气是在密闭空间内混合的，若氢含量达 4%～76%时，遇火即发生氢爆。

Je1C4162　电刷的弹簧压力对电刷的运行有什么影响？

答：制造厂家对电刷的运行压力都有明确要求，针对不同性能的电刷其压力值是不相同的。如果压力偏小，则会造成电接触不良，使电气磨损增加。如果压力偏大，则又会使机械磨损增加。因此应保持在一个合适的中间压力值。所以在检修中应定期检测电刷的压力是否在合适的范围之内。

Je1C4163 为什么发电机转子一点接地后容易发生第二点接地？

答：发电机转子一点接地后励磁回路对地电压将有所升高，在正常情况下，励磁回路对地电约为励磁电压的一半。当励磁回路的一端发生金属性接地故障时，另一端对地电压将升高为全部励磁电压值，即比正常电压值高出一倍。在这种情况下运行，当切断励磁回路中的开关或一次回路的主断路器时，将在励磁回路中产生暂态过电压，在此电压作用下，可能将励磁回路中其他绝缘薄弱的地方击穿，从而导致第二点接地。

Je1C4164 为什么将发电机泄漏电流试验和直流耐压试验分开描述？

答：泄漏电流和直流耐压的试验接线和测量方法是一致的，所加的电压也一样，但两者侧重考核的目的不一样，直流耐压主要考核发电机的绝缘强度如绝缘有无气隙或损伤等。而泄漏电流主要是反应线棒绝缘的整体有无受潮，有无劣化，也能反应线棒端部表面的洁净情况，通过泄漏电流的变化能更准确予以判断。

Je1C4165 为什么对发电机绝缘要采用交流耐压和直流耐压两种方式？

答：工频交流耐压，是模拟了发电机实际运行情况下的电压，频率和波形，故得出的试验结果可信度较高。发电机线棒在线槽的直线部分与铁心相接触(即接地点)，而端部远离铁心，由于存在耗散的电容电流，在线棒端部到定子铁心之间的绝缘表面上产生了交流压降，因此，端部所受电压较线槽部分小，因而端部绝缘的缺陷不易暴露。可以说交流耐压主要考查了线棒线槽和槽口部分的绝缘情况。直流耐压时，没有电容电流，仅有很小的泄漏电流，线棒绝缘表面也就没有明显的压降，线棒端部虽离铁心远，但沿端部表面绝缘的电压分布均匀，端部承受的电压基本不变，因而可以反应端部绝缘存在的缺陷。但直流电压下，绝缘介质上的电压与电阻成正比，与电容无关，故直流耐压对线槽部分绝缘的缺陷检测效果差，从介质损耗发热的观点出发，交流比直流能更有效地发现槽部线棒绝缘的缺陷。由于交、直流耐压具有对应于线槽与端部的特点，因此，两种方式的耐压都要采用。

Je1C4166 为什么要在发电机开机时测量转子升速过程的绝缘？

答：对于某些结构的发电机转子，发电机转子绕组的绝缘发生的接地故障往往与转子旋转时的离心力有关，而这类故障在停机状态下的测试中却反映不出来。因此，在发电机由零转速升至额定转速时，测量此阶段的转子绕组绝缘，可以判断转子绕组是否存在这类故障，以便于准确地查出故障，保证转子绕组在正常运行时没有隐患。

Je1C4167 发电机非同期并列，对发电机有何影响？

答：发电机准同期并列的条件是电压、频率、相位必须和系统相同。当电压不同时发电机会产生一定的冲击电流，当电压相差很大时特别是对大容量的发电机除产生很大冲击电流以外还会使系统电压严重下降导致事故发生，当待并列发电机和系统的电压相位不同时如相位差超过30°，则冲击电流很大会使定子绕组和转子轴受到一个很大的冲击应力使定子端部绕组严重变形甚至使连轴器螺栓有被剪断的危险。

Je1C4168 汽轮发电机在转子上的部件和它们的固定点上在转子转动时受什么力的作用？

答：在转动着的发电机转子上的部件和它们的固定点上除受离心力的作用外还要受到转子的弯曲而产生的交变力的作用。

Je1C4169 在发电机或者电动机转轴上能否使用电焊，为什么？

答：各种金属都有不同的疲劳极限若在转子轴上使用电焊不仅大大降低接缝处的金属疲劳极限而且对距接缝较远处也能产生影响，即使焊接后进行高温退火虽然可提高金属的疲劳极限但是疲劳极限也不能达到原来数值的 50%，因此绝对禁止在转子轴上进行任何焊接工作。

Je1C4170 为什么汽轮发电机转子及滑环引线采用多层薄铜片组成？

答：在汽轮发电机运行中的转子由于转子的弯曲产生的交变应力对转子线圈引线与滑环连接引线也有交变应力的作用易引起引线金属疲劳，因此用多层薄铜片组成的引线可以增加引线的柔韧性减低引线的应力以防疲劳断裂。

Je1C4171 对发电机定子直流电阻的测量结果如何进行分析？

答：在校正了由于引线不同引起的误差后在相同温度下的直流电阻与以前测量值比较相对变化不应大于 2%根据这一规定对各相间的直流电阻进行比较如无变化应和历史记录比较基本相同同时换算到 75℃时的直流电阻值。

Je1C4172 单相电机通常要有启动绕组，这是为什么？

答：单相交流电流是一个随时间按正弦规律变化的电流，由它产生的磁场不是旋转磁场而是一个脉动磁场，因此单相电流不能产生启动转矩，但是单相电动机在启动时在外力作用下顺时针或逆时针方向推动电动机转子转过一定角度后就会产生一个顺外力推动转子转动的力矩使转子旋转起来。因此单相电动机本身不能产生启动转矩必须加辅助启动设备或启动绕组后才能自动启动。

Je1C4173　为什么发电机转子对铁心的磁滞性能要求不高？

答：发电机正常运行时由于转子是以同步转速在转动故发电机定子的旋转磁场对转子铁心来说是处在相对静止的状态没有受到交变磁场的作用所以也没有磁滞损耗只需导磁性能好就可以了。由于是转动部件因此要求材料强度要好。

Je1C4174　电动机与机械设备之间有哪些传动方式？

答：① 靠背轮式直接传动；② 皮带传动；③ 齿轮传动；④ 蜗杆传动；⑤ 链传动；⑥ 摩擦轮传动。

Je1C4175　电机运转时，轴承温度过高，应从哪些方面找原因？

答：① 润滑脂牌号不合适；② 润滑脂质量不好或变质；③ 轴承室中润滑脂过多或过少；④ 润滑脂中夹有杂物；⑤ 转动部分与静止部分相擦；⑥ 轴承走内圈或走外圈；⑦ 轴承型号不对或质量不好；⑧ 联轴器不对中；⑨ 皮带拉得太紧；⑩ 电机振动过大。

Jf5C2176　电气照明按其发光原理不同可分为哪几类？并举例说明。

答：可分为两大类，即热辐射光源和气体放电光源。热辐射光源如：钨丝白炽灯、卤钨循环白炽灯；气体放电光源如高低压汞灯（如荧光灯）、高低压钠灯、氙灯、汞氙灯等。

4.1.4   计算题

La5D1001   如图 D-1 所示，试求电路各支路电流分别是多少？

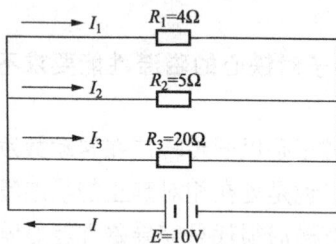

图 D-1

解：

$$R_\Sigma = R_1 // R_2 // R_3$$

$$= \frac{\dfrac{R_1 \cdot R_2}{R_1 + R_2} \cdot R_3}{\dfrac{R_1 \cdot R_2}{R_1 + R_2} + R_3} = 2 \ (\Omega)$$

$$I = E/R_\Sigma = 5 \ (A)$$

$$I_1 = E/R_1 = 2.5 \ (A)$$

$$I_2 = E/R_2 = 2 \ (A)$$

$$I_3 = E/R_3 = 0.5 \ (A)$$

答： 各支路电流分别为 5、2.5、2、0.5A。

La5D1002   电路如图 D-2 所示，已知 $R = 40\Omega$，$r = 10\Omega$，电源电动势 $E = 20V$，试求分别流过 R 和 r 的电流是多少？

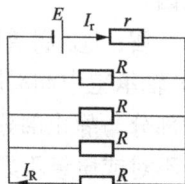

图 D-2

解： $R_\Sigma = \dfrac{R}{4} + r = \dfrac{40}{4} + 10 = 20 \ (\Omega)$

$$I_r = \frac{E}{R_\Sigma} = \frac{20}{20} = 1 \ (A)$$

$$I_R = \frac{1}{4} I_r = \frac{1}{4} \ (A)$$

答： 流过 R 和 r 的电流分别为 1A 和 $\dfrac{1}{4}$ A。

La5D2003   试求图 D-3 所示电路中输入电压与输出电压

之比 U_2/U_1 是多少？

解：电路总电阻为

$$R_\Sigma = R + R//(R+R)$$
$$= R + R//2R$$
$$= R + \frac{2}{3}R$$
$$= \frac{5}{3}R$$

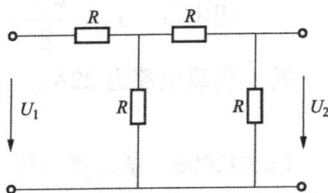

图 D-3

$$U_2 = \left(U_1 \times \frac{2R/3}{5R/3}\right) \div 2$$
$$= \frac{1}{5}U_1$$

故 $U_2/U_1 = 1/5$

答：输入输出电压之比为 1/5。

La5D2004　有三个阻值均为 $R=5\Omega$ 的电阻接于三相四线制电路中，电源线电压为 $U=380V$，试求各电阻电流大小？

解：相电压　$U_{ph} = \frac{U}{\sqrt{3}} = \frac{380}{\sqrt{3}} \approx 220$（V）

相电流　$I_{ph} = \frac{U_{ph}}{R} = \frac{220}{5} = 44$（A）

答：各电阻电流均为 44A。

La5D2005　有三个阻抗均为 $Z=6+j8\Omega$ 的负载对称接于三相四线制电路中，电源线电压为 $U=380V$，试求负载电流的大小？

解：相电压　$U_{ph} = \frac{U}{\sqrt{3}} = \frac{380}{\sqrt{3}} \approx 220$（V）

阻抗值　$Z = \sqrt{6^2 + 8^2} = 10$（Ω）

相电流　$I_{ph} = \dfrac{U_{ph}}{Z} = \dfrac{220}{10} = 22$（A）

答：负载电流为22A。

La5D2006　试计算注明"220V，40W"的电灯接到220V电源时的电流和电阻值？

解：$I = \dfrac{P}{U} = \dfrac{40}{220} = 0.182$（A）

$$R = \dfrac{U^2}{P} = \dfrac{220^2}{40} = 1210$$（Ω）

答：电流值为0.182A，电阻值为1210Ω。

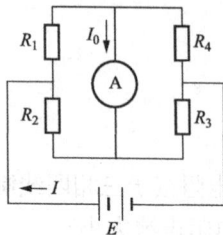

图 D-4

La5D3007　如图 D-4 所示，已知 $E=12V$，$R_1=R_2=1\Omega$，$R_3=R_4=4\Omega$，试求电流表支路电流 I_0 以及电源支路的电流 I 分别是多少？

解：因 $R_1 \times R_3 = R_2 \times R_4$，故电桥平衡，则

$$I_0 = 0 \text{（A）}$$

$$I = \dfrac{E}{(R_1 + R_4) \,/\!/\, (R_2 + R_3)}$$

$$= \dfrac{12}{5/2} = 4.8 \text{ (A)}$$

答：电流表指示为零，而电源支路电流为4.8A。

La5D3008　已知一单相交流电路如图 D-5 所示，其中电压 u(A) 的表达式为

$$u = 311\sin(314t - 30°)\text{V}$$

电流 i(A) 的表达式为

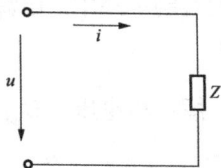

图 D-5

$$i = 5\sin(314t + 60°)$$

试求：电压与电流有效值以及该电路总阻抗 Z 是多少？并判断该电路的性质是阻性、感性还是容性？

解：电压有效值 $U = \dfrac{U_\mathrm{m}}{\sqrt{2}} = \dfrac{311}{\sqrt{2}} = 20$ （V）

电流有效值 $I = \dfrac{I_\mathrm{m}}{\sqrt{2}} = \dfrac{5}{\sqrt{2}} \approx 3.54$ （A）

电路总阻抗 $Z = \dfrac{U}{I} = \dfrac{220}{3.54} = 62.15$ （Ω）

由于电压滞后电流的相位为[60° − (−30°)]=90°，故该电路呈纯容性。

答：总阻抗为 62.15Ω，该电路呈纯容性。

La4D1009　一台带水泵的电动机运行时，消耗电功率为 2.8kW，每天运行 6h，试求该电动机在一个月里将消耗多少电能（一个月按 30 天计算）？

解：该电动机一个月消耗的电能

$$A = P_\mathrm{N}t = 2.8 × 6 × 30 = 504 \text{（kWh）}$$

答：该电动机在一个月里消耗的电能是 504kWh。

La4D1010　某 RC 并联单相交流电路，已知分别流过电阻的电流是 3A，流过电容的电流是 4A，试求该电路的总电流是多少？

解：因 $I^2 = I_\mathrm{R}^2 + I_\mathrm{C}^2 = 3^2 + 4^2$

故 $I = 5$ （A）

答：总电流是 5A。

La4D2011　有一块最大量程为 I_0=100μA 的微安表，内阻为 r_0=1000Ω，如果要改装成为 I=10mA 的毫安表，问分流电阻 R_f 应是多少？

解：r_0 应与 R_f 并联，故

$$\frac{r_0}{R_f} = \frac{I_f}{I_0} = \frac{I - I_0}{I_0} = \frac{10\ 000 - 100}{100} = 99$$

则

$$R_f = \frac{r_0}{99} = \frac{1000}{99} \approx 10.1\ （\Omega）$$

答：分流电阻为 10.1Ω。

La4D2012　有一块最大量程为 $U_0 = 250V$ 的电压表，其内阻为 $r_0 = 250\ 000\Omega$，如果想用它测量 450 V 的电压，应采取什么措施才能使用？

解：应串联适当大小的电阻才行，该电阻的大小按如下计算得到：

串联电阻上的电压大小与其阻值成正比，即

$$\frac{r_0}{R_C} = \frac{U_0}{U_C} = \frac{U_0}{U - U_0} = \frac{250}{450 - 250} = 1.25$$

则

$$R_C = \frac{r_0}{1.25} = \frac{250\ 000}{1.25} = 200\ 000\ （\Omega）$$

答：应串联 200 000Ω大小的电阻才行。

La4D2013　如图 D-6 所示，在 270Ω的电位器两边分别与 350Ω及 550Ω 的电阻串联组成一个分压器，该电路输入电压为 12V，试求输出电压 U_1、U_2 的变化范围？

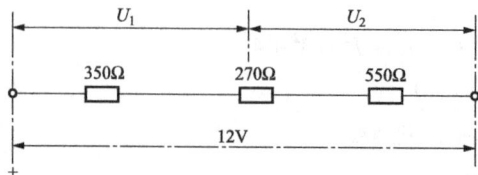

图 D-6

解：电阻串联电路中，各部分电阻上的电压大小与其阻值

成反比，则

U_1 的变化范围为　$U_{1\max} = \dfrac{350+270}{350+270+550} \times 12$

$$= 6.64 （V）$$

$$U_{1\min} = \dfrac{350}{350+270+550} \times 12 = 3.75 （V）$$

U_2 的变化范围为　$U_{2\max} = \dfrac{550+270}{350+270+550} \times 12$

$$= 8.79 （V）$$

$$U_{2\min} = \dfrac{550}{350+270+550} \times 12 = 5.89 （V）$$

答：U_1、U_2 的电压变化范围为 3.75～6.64V、5.89～8.79V。

La4D2014　电路如图 D-7 所示，试求电路中 C 点的电位。

解：B 点为零电位点，则 $U_{AB}=12$（V）

串联电路电压与电阻的大小成正比，则

$$\frac{U_{CB}}{U_{AB}} = \frac{R_2}{R_1+R_2} = \frac{5}{6}$$

故　$U_{CB} = \dfrac{5}{6} \times 12 = 10$（V）

则 C 点电位　$U_C = 10$（V）

答：C 点的电位为 10V。

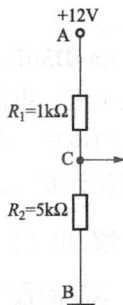

图 D-7

La4D2015　某额定功率 P_N=1.5kW 的直流电动机接到 220V 的直流电源上时，从电源取得的电流 I=8.64A，试求：

（1）输入电动机的电功率 P_1 是多少？

（2）电动机的效率 η 是多少？

（3）功率损耗是多少？

解：

（1）输入电动机的电功率为 $P_1 = UI = 220 \times 8.64 = 1900.8$（W）$\approx 1.9$（kW）

（2）电动机的效率为
$$\eta = \frac{P_2}{P_1} \times 100\%$$
$$= \frac{P_N}{P_1} \times 100\%$$
$$= \frac{1.5}{1.9} \times 100\% \approx 78.95\%$$

（3）功率损耗为 $\Delta P = P_1 - P_2 = P_1 - P_N = 1.9 - 1.5 = 0.4$（kW）

答： 输入电动机的电功率 P_1 为 1.9kW，电动机的效率 η 是 78.95%，功率损耗是 0.4kW。

La4D3016 通过测量某电动机电压为 380V，电流为 20A，试求电压、电流的最大值分别是多少？若电压超前电流 30°，试写出电压、电流的瞬时值表达式（设电源频率为 50Hz，且电压初相为 0°）。

解： 电压的最大值为 $U_m = \sqrt{2}\, U_{ph} = \sqrt{2} \times 380 = 537.4$（V）

电流的最大值为 $I_m = \sqrt{2}\, I_{ph} = \sqrt{2} \times 20 = 28.2$（A）

电压瞬时值表达式为 $u = 537.7\sin 100\pi t$

电流瞬时值表达式为 $i = 28.2\sin(100\pi t + 30°)$

答： 电压、电流瞬时值表达式分别为 $u = 537.7\sin 100\pi t$，$i = 28.2\sin(100\pi t + 30°)$。

La4D3017 某交流正弦电压的初相为 30°，且在 $t = T/2$ 时的瞬时值为 −268V，试求这个电压的有效值。

解： 设该电压为 $u = U_m\sin(\omega t + 30°)$

鉴定试题库

计算题

代入已知条件　$-268 = U_m \sin\left(\omega \dfrac{T}{2} + 30°\right)$

$$= U_m \sin(\pi + 30°) = -\frac{1}{2} U_m$$

则电压幅值为　$U_m = 2 \times 268 = 536$（V）

电压有效值为　$U = \dfrac{U_m}{\sqrt{2}} \approx 380$（V）

答：电压的有效值为 380V。

La3D2018　如图 D-8 所示，已知 $R_1 = 10\Omega$，$R_2 = 7\Omega$，$R_3 = R_4 = 6\Omega$，$R_5 = 5\Omega$，$R_6 = 2\Omega$，$R_7 = 8\Omega$，$R_8 = 6\Omega$，试计算电路 AB 两点间的等效电阻 R_{AB} 为多少？

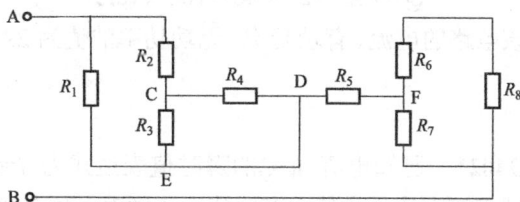

图 D-8

解：$R_{AB} = (R_6 + R_8)\,/\!/\,R_7 + R_5 + [(R_2 + R_3\,/\!/\,R_4)\,/\!/\,R_1]$

$$= \frac{(2+6) \times 8}{(2+6) + 8} + 5 + \left[\frac{\left(7 + \dfrac{6 \times 6}{6+6}\right) \times 10}{\left(7 + \dfrac{6 \times 6}{6+6}\right) + 10}\right] = 14 \ (\Omega)$$

答：其等效电阻值为 14Ω。

La3D2019　试计算注明"220V，25W"的电灯接到 220V 电源时的电流和电阻值的大小？

157

解：$I = \dfrac{P}{U} = \dfrac{25}{220} = 0.114$ （A）

$R = \dfrac{U^2}{P} = \dfrac{220^2}{25} = 1936$ （Ω）

答：此电灯的电流与电阻值为 0.114A、1936Ω。

La3D3020 已知 RL 串联电路，电源电压 $U=100$V，电阻 $R=30\Omega$，电感电抗 $X_L=40\Omega$，试计算该电路的电流、有功功率和无功功率的大小。

解： $Z = \sqrt{R^2 + X_L^2} = \sqrt{30^2 + 40^2} = 50$ （Ω）

$I = U/Z = 100/50 = 2$ （A）

$P = I^2 R = 2^2 \times 30 = 120$ （W）

$Q = I^2 X_L = 2^2 \times 40 = 160$ （var）

答：该电路的电流、有功功率、无功功率的值为 2A、120W、160var。

La3D4021 已知电流 i(A)的瞬时值表达式为 $i=\sin(314t+30°)$A，试求该电流最大值、有效值、角频率、频率和初相位，并问电流经过多少时间后，第一次出现最大值？

解：最大值为 $I_{max}=1$ （A），有效值为 $I=0.707$ （A），

角频率为 $\omega=314$ （rad/s），频率为 $f=\dfrac{\omega}{2\pi}=50$ （Hz），

初相位为 $\varphi=30°$，第一次最大值的时间出现在 $314t+30°=90°$ 时，出现第一次最大值的时间为 $t=\dfrac{90°-30°}{180°} \div 314 \div 1000 = 1.60$ （ms）

答：电流最大值为 1A，有效值为 0.707A，角频率为 314rad/s，频率为 50Hz，初相位为 30°，经过 1.06ms 时，第一次出现最大值。

La3D4022 如图 D-9 所示电路中已知 $R = X_C = X_L = 22\Omega$，电源线电压为 380V，求出各相电流并画出相量图，再根据图求出中性线电流。

解：（1）相量图如图 D-10 所示。

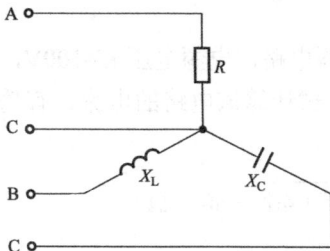

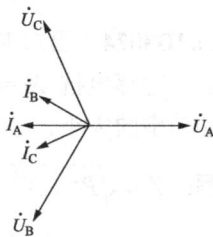

图 D-9　　　　　　　　　　　　　　　　图 D-10

（2）
$$I_A = I_B = I_C = \frac{380/\sqrt{3}}{22} = 10 \text{（A）}$$

$$I_0 = 10 + 2 \times 10\cos 30° \approx 27.4 \text{（A）}$$

答：中性线电流为 27.4A。

La2D2023 试计算注明"220V，25W"的电灯接到 220V 电源时，每年消耗多少电能？若接至 110V 电源上，其功率是多少？

解：接至 220kV 电源时

$$I = \frac{P}{U} = \frac{25}{220} = 0.114 \text{（A）}$$

$$R = \frac{U^2}{P} = \frac{220^2}{25} = 1936 \text{（Ω）}$$

每年消耗电能为

$$A = Pt/1000 = 25 \times 365 \times 24/1000 = 219 \text{（kWh）}$$

若接至 110V 电源上，其消耗的功率

$$P = \frac{U^2}{R} = \frac{110^2}{1936} = 6.25 \text{（W）}$$

答：此电灯每年消耗电能 219kWh，若接至 110V 电源上，其功率为 6.25W。

La2D3024 已知 RL 串联电路，电源电压 $U=100$V，电阻 $R=30\Omega$，电感电抗 $X_L=40\Omega$，试计算该电路的电流、有功功率和无功功率的大小。

解：$Z = \sqrt{R^2 + X_L^2} = \sqrt{30^2 + 40^2} = 50 \text{（}\Omega\text{）}$

$$I = U/Z = 100/50 = 2 \text{（A）}$$

$$P = I^2 R = 2^2 \times 30 = 120 \text{（W）}$$

$$Q = I^2 X_L = 2^2 \times 40 = 160 \text{（var）}$$

答：该电路的电流、有功功率和无功功率分别为 2A、120W、160var。

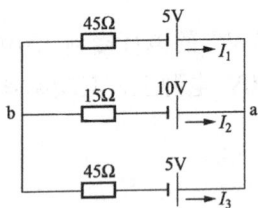

图 D-11

La2D3025 试求图 D-11 所示电路中各支路电流及 a、b 两点间的电压 U_{ab}。

解：

$$\begin{cases} E_1 - E_2 = I_1 R_1 - I_2 R_2 \\ E_2 - E_3 = I_2 R_2 - I_3 R_3 \\ I_1 + I_2 + I_3 = 0 \end{cases}$$

则

$$\begin{cases} 45I_1 - 15I_2 = -5 \\ 15I_2 - 45I_3 = 5 \\ I_1 + I_2 + I_3 = 0 \end{cases}$$

解方程式得

$$\begin{cases} I_1 = -0.067 \ (\text{A}) \\ I_2 = 0.133 \ (\text{A}) \\ I_3 = -0.067 \ (\text{A}) \end{cases}$$

a、b 两点间电压为 $U_{ab} = E_2 - I_2R_2 \approx 8 \ (\text{V})$

答：a、b 两点间的电压为 8V。

La2D3026 一台电枢绕组采用星形连接的三相交流电动机接到 U=380 V 三相交流电源上，测出线电流 I=10A，此时电动机的输出功率 P_2=3.5kW，效率 η=85%，试求电动机每相绕组的参数？

解：电动机输入功率

$$P_1 = \frac{P_2}{\eta} = \frac{3.5}{0.85} = 4.12 \ (\text{kW})$$

电动机功率因数

$$\cos\varphi = \frac{P_1}{\sqrt{3}UI} = \frac{4.12 \times 10^3}{\sqrt{3} \times 220 \times 10} = 0.626$$

电动机每相绕组阻抗

$$Z = \frac{U_{ph}}{I_{ph}} = \frac{380/\sqrt{3}}{10} = 22 \ (\Omega)$$

电动机每相电阻

$$R = Z \cdot \cos\varphi = 22 \times 0.626 = 13.77 \ (\Omega)$$

电动机每相电抗

$$x = \sqrt{Z^2 - R^2} = \sqrt{22^2 - 13.77^2} = 17.16 \ (\Omega)$$

答：电动机输入功率为 4.12kW，电动机功率因数为 0.626，电动机每相绕组阻抗是 22Ω，电动机每相电阻是 13.77Ω，电动机每相电抗是 17.16Ω。

La2D4027 有一电感线圈与 220V 直流电源接通，接线如

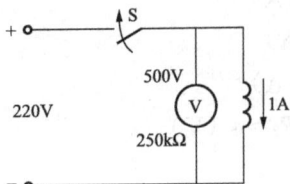

图 D-12

图 D-12 所示。当开关 S 闭合时，线圈中通过的电流为 1A，试问当开关 S 打开瞬间电压表的两端电压是多少？

解：当开关 S 打开瞬间，电感线圈的电流将仍保持原值即 1A 而不突变，电感线圈与电压表构成一个闭合回路，则电压表的两端电压为

$$U = I \times R = 1 \times 250 \times 10^3 = 2.5 \times 10^5 \text{（V）}$$

答：开关两端电压值为 2.5×10^5V。

La2D4028 如图 D-13 所示电路为某复杂电路中的两条支路。已知 $E_1 = 2$V，$E_2 = 6$V，$R_1 = 10\Omega$，$R_2 = 5\Omega$，电流的参考方向如图所示，且 $I_1 = 1$A，$I_2 = -3$A，试求 U_{AB}。

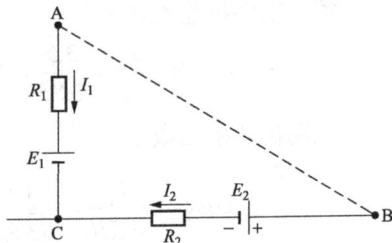

图 D-13

解：设 ABCA 为一闭合回路，设回路方向顺时针，根据基尔霍夫第二定律得 $\Sigma E = \Sigma U$，即

$$E_1 - E_2 = U_{AB} - I_1 R_1 + I_2 R_2$$

故

$$U_{AB} = E_1 - E_2 + I_1 R_1 - I_2 R_2$$

$$= 2 - 6 + 1 \times 10 - (-3) \times 5$$

$$= 21 \text{（V）}$$

答：A、B 两点之间电压为 21V。

La2D4029 如图 D-14（a）所示，用叠加原理计算各支路电流 I_1、I_2、I_3 的大小。

解：用叠加原理解该题，当电压源单独起作用时，理想电

流源视为开路，如图 D-14（b）所示，即 $I_1' = I_3' = \dfrac{18}{3+6} = 2$（A）

$$I_2' = 0 \text{（A）}$$

当电流源单独起作用时，理想电压源视为短路，如图 D-14（c）所示，即

$$I_2'' = 3 \text{（A）}$$

$$I_1'' = -\dfrac{6}{3+6} \times 3 = -2 \text{（A）}$$

$$I_3'' = 2 \text{（A）}$$

两电源共同起作用时：

$$I_1 = I_1' + I_1'' = 0 \text{（A）}$$

$$I_2 = I_2' + I_2'' = 3 \text{（A）}$$

$$I_3 = I_3' + I_3'' = 4 \text{（A）}$$

答：各支路 I_1、I_2、I_3 的电流分别为 0、3、4A。

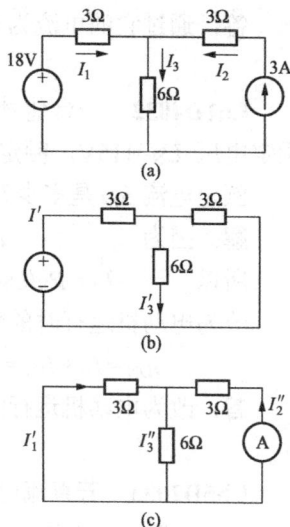

图 D-14

La1D4030 用变阻器启动的直流电动机，其内阻 R_0 为 1Ω，电流为 12.35A，接在 220V 线路上工作，如果限制启动电流不超过正常工作电流的两倍，选择启动电阻应不小于多少欧姆？

解：启动电流 $\quad I = 2 \times 12.35 = 24.7$（A）

也就是 $\quad\quad\quad I = 24.7$（A）

所以启动电阻 $R = U/I - R_0 = 220/24.7 - 1 = 8.9 - 1 = 7.9$（Ω）

答：应选择不小于 7.9Ω 的电阻。

La1D4031 一台 220V，75W 的直流电动机在正常工作时，求通过它的电流及电机等效电阻各是多少？

解：电流 $\quad\quad I = P/U = 75/220 \approx 0.34$（A）

等效电阻 $\quad R = U/I = 220/0.34 \approx 647$（Ω）

答：通过它的电流为 0.34A，等效电阻为 647Ω。

La1D4032　一台他励式直流电动机额定功率 P_N=26kW，额定电压 U_N=115V，额定电流 I_{1N}=6.78A，若改为电动机运行时，额定电流 I_{DN} 是多少？

解：因为　　　　　　　　$P_N = U_N \times I_N$

所以　　　　$I_N = P_N/U_N = 26\,000/115 = 226$（A）

改为电动机运行时的额定电流

$$I_{DN} = I_N + I_{1N} = 226 + 6.78 = 232.78 \text{（A）}$$

答：改为电动机运行时，额定电流 I_{DN} 为 232.78A。

Lb5D2033　若直流电动机定子绕组在 300V 电压作用下流过 3A 的电流，求该绕组电阻是多大？并计算连续工作 24h 将在定子绕组上消耗多少电能？

解：
$$R = \frac{U}{I} = \frac{300}{3} = 100 \text{（Ω）}$$

$$A = I^2 R t = 3^2 \times 100 \times 24/1000 = 21.6 \text{（kWh）}$$

答：该绕组的电阻为 100Ω，连续工作 24h 将消耗 21.6kWh 的电能。

Lb5D2034　某三相异步电动机功率因数为 0.86，效率为 0.88，额定电压为 380V，输出功率为 2.2kW，求电动机的输入电流是多少？

解：
$$I = \frac{2.2 \times 10^3}{\sqrt{3} \times 380 \times 0.86 \times 0.88} = 4.43 \text{（A）}$$

答：电动机的输入电流为 4.43A。

Lb5D3035　三相汽轮发电机输出电流为 1380A，线电压为 6300V，负载功率因数从 0.8 降至 0.6，该发电机输出有功功率有何变化？

解： 发电机少输出有功功率值

$$\Delta P = \sqrt{3}\,UI(\cos\varphi_1 - \cos\varphi_2)$$
$$= \sqrt{3} \times 1380 \times 6300 \times (0.8 - 0.6)$$
$$= 3\ 011\ 601.6 \ (\text{W})$$

答： 其少输出有功功率为 3 011 601.6W。

Lb4D1036 一台并励直流电动机在额定电压 U_N=220V 和额定电流 I_N=80A 的情况下运行，15℃时的电枢绕组电阻 R_a=0.08Ω，电刷接触压降 2ΔU=2V，励磁绕组电阻 R_f=88.8Ω，额定负载时的效率 η_N=85%，试求：

（1）额定输入功率 P_1 是多少？

（2）额定输出功率 P_2 是多少？

（3）总损耗 ΔP 是多少？

（4）励磁回路 75℃时铜耗 Δp_{Cuf} 是多少？

（5）电枢回路 75℃时铜耗 Δp_{Cua} 是多少？

（6）电刷的接触损耗 Δp_S 是多少？

解：

（1）额定输入功率为

$$P_1 = U_N I_N = 220 \times 80 = 17\ 600 \ (\text{W}) = 17.6 \ (\text{kW})$$

（2）额定输出功率为

$$P_2 = P_1 \cdot \eta_N = 17.6 \times 85\% = 14.96 \ (\text{kW})$$

（3）总损耗为

$$\Delta P = P_1 - P_2 = 2.64 \ (\text{kW})$$

（4）励磁回路 75℃时铜耗为

$$\Delta p_{Cuf} = \frac{U_N^2}{R_{f75℃}} = \frac{220^2}{88.8 \times \dfrac{234.5 + 75}{234.5 + 15}} = \frac{220^2}{110.1} = 439.6 \ (\text{W})$$

（5）电枢回路 75℃时铜耗为

$$\Delta p_{Cua} = I_a^2 R_{75°C}$$

$$= (I_N - I_f)^2 \cdot R_{a75°C} \frac{234.5 + 75}{234.5 + 15}$$

$$= \left(80 - \frac{220}{110.1}\right)^2 \times 0.08 \times \frac{234.5 + 75}{234.5 + 15}$$

$$= 78^2 \times 0.099\ 2$$

$$= 603.8\ (W)$$

（6）电刷的接触损耗为　　$\Delta P_S = 2\Delta U I_a = 156$（W）

答：额定输入功率 P_1 为 17.6kW，额定输出功率 P_2 是 14.96kW，总损耗 Δp 为 2.64kW，励磁回路 75℃时铜耗 Δp_{Cuf} 是 439.6W。电枢回路 75℃时铜耗 Δp_{Cua} 为 603.8W，电刷的接触损耗 Δp_S 为 156W。

Lb4D1037　有一台异步电动机额定转速 $n = 730$r/min，试求额定转差率是多少？

解：因 n 接近于 n_1，$n_1 = 750$r/min，则由公式 $n_1 = 60\dfrac{f}{p}$ 可知

$$p = 60f/n_1 = 60 \times 50/750 = 4（对）$$

由转差率公式　$s = \dfrac{n_1 - n_2}{n_1}$，得

$$s_N = (750 - 730)/750 = 0.026\ 7$$

答：额定转差率为 0.026 7。

Lb4D1038　一台并励直流电动机在额定电压 $U_N = 220$V 和额定电流 $I_N = 40$A 的情况下运行，75℃时的电枢绕组电阻 $R_a = 0.5\Omega$，电刷接触压降 $2\Delta U = 2$V，额定转速 $n_N = 1000$r/min，若保持励磁电流 $I_f = 1.2$A 以及负载转矩不变，试求当电网电压下降为 190V 时的转速是多少？

解：

电枢电流　$I_a = I_N - I_f = 40 - 1.2 = 38.8$（A）

额定电压 $U_N=220V$ 下的电磁转矩

$$M=C_M\phi I_a$$

电压下降到 $U'=190V$ 时的电磁转矩

$$M'=C_M\phi' I_a'$$

由于两种电压下负载转矩不变，即

$$M=M'$$

故 $\phi=\phi'$，$I_a=I_a'$

因 $E_a=C_e\phi_n=U-I_aR_a-2\Delta U$

则 $\dfrac{n'}{n_N}=\dfrac{U'-I_a'R_a-2\Delta U}{U-I_aR_a-2\Delta U}=\dfrac{190-38.8\times0.5-2}{220-38.8\times0.5-2}=0.849$

电压 $U'=190V$ 时的转速

$$n'=0.849\times1000=849（r/min）$$

答：当电网电压下降为 190V 时转速是 849r/min。

Ld4D2039 已知某直流电机电枢绕组数据为 $2p=4$，$s=K=Z_e=20$，且电枢绕组为右行整距单叠绕组，试计算电枢绕组各节距的大小。

解：

（1）第一节距

$$y_1=\dfrac{Z_e}{2p}\mu\varepsilon=\dfrac{20}{4}\mu\varepsilon=5（槽） \quad（整距绕组）$$

合成节距与换向节距相等，即

$$y=y_k=+1（槽） \quad（单叠右行）$$

（2）第二节距

$$y_2=y_1-y=5-1=4（槽）$$

答：电枢绕组的第一节距为 5 槽，第二节距为 4 槽。

Lb4D2040 试计算一台鼠笼式异步电动机额定功率 $P_N=14kW$，$U_N=380V$，三角形连接，$n_N=1460r/min$，$\eta_N=0.875\,5$，

$\cos\varphi_N = 0.89$，试求额定电流是多少？

解：$I_N = \dfrac{P_N}{\sqrt{3}U_N\cos\varphi_N} = \dfrac{14\times10^3}{\sqrt{3}\times380\times0.89\times0.875\ 5} \approx 27.4(\text{A})$

答：额定电流约等于 24A。

Lb4D2041 某单相变压器 $S_N = 31\ 500\text{MVA}$，$U_{1N}/U_{2N} = 110\text{kV}/10\text{kV}$，试求一、二次侧的额定电流各是多少？

解：$I_{1N} = \dfrac{S_N}{U_{1N}} = \dfrac{31\ 500\times10^3}{110\times10^3} = 286.4\ (\text{A})$

$I_{2N} = \dfrac{S_N}{U_{2N}} = \dfrac{31\ 500\times10^3}{10\times10^3} = 3150\ (\text{A})$

答：一、二次侧的额定电流分别为 286.4、3150A。

Lb4D2042 一台三相 4 极异步电动机的电源频率 50Hz，试求该电机定子旋转磁场的旋转速度是多少？如果转差率是 0.04，试问转子的额定转速是多少？

解：旋转磁场的转速就是转子的同步转速，可得

同步转速 $n_1 = 60\dfrac{f}{p} = 60\times\dfrac{50}{2} = 1500\ (\text{r/min})$

由电机转差率公式 $s = \dfrac{n_1 - n_2}{n_1}$，可得

$n_2 = n_1 - sn_1 = 1500 - 0.04\times1500 = 1440\ (\text{r/min})$

答：该电机定子旋转磁场的旋转速度为 1500r/min；该电机转子的额定转速为 1440r/min。

Lb4D3043 有一台 60kVA、220V/36V 的单相变压器额定运行时输出有功功率为 48kW，试求变压器额定运行时的功率因数是多少（不计变压器内部损耗）？

解：变压器一次侧的额定电流

$$I_1 = \frac{S_N}{U_N} = \frac{60 \times 10^3}{220} = 272.7 \text{（A）}$$

由于 $$P_N = U_N I_N \cos\varphi$$

则 $$\cos\varphi_N = \frac{P_N}{U_N I_N} = \frac{48 \times 10^3}{220 \times 272.7} \approx 0.8$$

答：额定运行时的功率因数为 0.8。

Lb4D4044 有一台型号为 JO242-4 型的交流电动机，$P_N = 5.5\text{kW}$，$n_N = 1440\text{r/min}$，$K_M = 2$，求其实用转矩公式。

解： $$s_N = \frac{n_1 - n}{n_1} = \frac{1500 - 1440}{1500} = 0.04$$

由公式 $$\frac{1}{K_M} = \frac{T_N}{T_{max}} \approx \frac{2}{\frac{s_M}{s_N} + \frac{s_N}{s_M}}$$

得 $$s_M = s_N\left(K_M \pm \sqrt{K_M^2 - 1}\right) \text{（取正）}$$
$$= 0.04\left(2 + \sqrt{2^2 - 1}\right)$$
$$= 0.149$$

$$T_N = \frac{P_N}{\frac{2\pi M_N}{60}} = \frac{5.5 \times 10^3}{\frac{2\pi \times 1400}{60}} \approx 36.47 \text{（Nm）}$$

而 $$T_{max} = K_M T_N = 72.9 \text{（Nm）}$$

故转矩计算实用公式为

$$T = \frac{2T_{max}}{\frac{s}{s_M} + \frac{s_M}{s}} = \frac{2 \times 72.9}{\frac{s}{0.149} + \frac{0.149}{s}} = \frac{21.7s}{s^2 + 0.149^2}$$

Lb4D1045 一台容量为 2kVA 的单相变压器，额定电压为 $U_{1N}/U_{2N} = 220\text{V}/24\text{V}$，试求一、二次额定电流分别是多少？

解：
$$I_{1N} = \frac{S_N}{U_{1N}} = \frac{2000}{220} \approx 9.1 \text{ （A）}$$

$$I_{2N} = \frac{S_N}{U_{2N}} = \frac{2000}{24} \approx 83.3 \text{ （A）}$$

答： 一、二次额定电流分别为 9.1、83.3A。

Lb4D1046 单相变压器的高压侧额定电压 U_{1N}=3000V，变比 k=15，试求低压侧额定电压是多少？

解： $k = \frac{U_{1N}}{U_{2N}} = 15$，则 $U_{2N} = \frac{U_{1N}}{k} = \frac{3000}{15} = 200 \text{ （V）}$

答： 低压侧额定电压为200V。

Lb3D2047 300MW 汽轮发电机组采用静止半导体整流励磁装置，其中频副励磁机为一台 50kW 的感应子发电机，定子采用单层同芯式绕组，定子槽数为 96 槽，转子齿数为 8 齿，试求定子绕组的每极每相槽数 q 值以及槽距电角度 α 分别是多少？

解： 每极每相槽数 q 为 $q = \frac{96}{3 \times 8 \times 2} = 2 \text{ （槽）}$

槽距电角度 α 为 $\alpha = \frac{8 \times 360°}{96} = 30°$

答： 每极每相槽数为 2 槽，电角度为 30°。

Lb3D2048 一台 p 对极直流发电机，电枢绕组为 a 对支路，电枢导体总数为 N，电枢转速为 n，气隙磁通为 ϕ，试写出直流发电机电枢电动势的表达式。

解：
$$E_a = C_e \phi n = \frac{pN}{60\alpha} \times \phi \times n$$

Lb3D3049 已知型号为 YMSQ550-6 型的球磨电动机，额

定参数分别是 $P_N = 450\text{kW}$，$U_N = 6\text{kV}$，$I_N = 58.2\text{A}$，$\cos\phi_N = 0.794$，试求额定运行时的效率是多少？

解： $P_N = 3U_NI_N\eta_N\cos\varphi_N$

$\eta_N = [P_N/(3U_NI_N\cos\varphi_N)] \times 100\%$

$\qquad = 450 \times 10^3/(3 \times 6 \times 10^3 \times 58.2 \times 0.794) \times 100\%$

$\qquad = 93.7\%$

答： 在额定运行状态下的效率为 93.7%。

Lb3D3050 已知某直流电机电枢绕组数据为 $2p = 4$，$S = K = Z_e = 17$，且电枢绕组为左行短距单波绕组，试计算电枢绕组各节距的大小。

解：（1）第一节距

$$y_1 = \frac{Z_e}{2p}\mu\varepsilon = \frac{17}{4} - \frac{1}{4} = 4 \text{（槽）} \quad \text{（短距绕组）}$$

（2）合成节距与换向节距相等，即

$$y = y_k = \frac{K-1}{p} = \frac{17-1}{2} = 8 \text{（槽）（单波左行）}$$

（3）第二节距 $y_2 = y - y_1 = 8 - 4 = 4$（槽）

答： 电枢绕组第一节距为 4 槽，合成节距为 8 槽，第二节距为 4 槽。

Lb2D2051 某三相异步电动机额定转速 $n_N = 1440\text{r/min}$，求同步转速、极对数、额定转差率。

解： $n_1 = 1500$（r/min）

$$p = \frac{60 \times f}{n_N} = \frac{60 \times 50}{1500} = 2 \text{（对）}$$

$$s = \frac{n_1 - n_N}{n_1} = \frac{1500 - 1440}{1500} = 0.04$$

答： 同步转速、极对数、额定转差率分别为 1500r/min、2 对、0.04。

Lb2D3052 型号为 QFS-300-2 型的汽轮发电机，额定电压 $U_N = 20kV$，额定功率因数为 $\cos\varphi_N = 0.85$，试求额定转速 n_N 以及额定电流 I_N 分别是多少？

解：由型号可知，发电机极数为 2，即极对数 $p = 1$（对）

则额定转速 $\quad n_N = \dfrac{60f}{p} = \dfrac{60 \times 50}{1} = 3000$（r/min）

额定电流可由公式 $P_N = \sqrt{3}\, U_N I_N \cos\varphi_N$ 计算

则 $\quad I_N = \dfrac{P_N}{\sqrt{3} U_N \cos\varphi_N} = \dfrac{300}{\sqrt{3} \times 20 \times 0.85} = 10.2$（kA）

答：该汽轮发电机的额定转速、额定电流分别为 3000r/min、10.2kA。

Lb2D3053 一台 54 槽的三相汽轮发电机定子绕组为双层叠绕组，额定转速 $n_N = 3000$r/min，若采用整距绕组，试求电枢绕组的极对数 p 与节距 y_1 分别是多少？每极每相槽数 q 是多少？槽距电角度 α 是多少？

解： $$p = \frac{60 \times f}{n_N} = \frac{60 \times 50}{3000} = 1 \text{（对）}$$

$$y_1 = \tau = \frac{z}{2p} = \frac{54}{2 \times 1} = 27 \text{（槽）}$$

$$q = \frac{z}{2mp} = \frac{54}{2 \times 3 \times 1} = 9 \text{（槽）}$$

$$\alpha = \frac{p \times 360°}{z} = \frac{360°}{54} \approx 6.67°$$

答：电枢绕组的极对数、节距、槽数、电角度分别为 1 对、27 槽和 9 槽、6.67°。

Lb2D3054 一台额定功率 $P_N = 4.6$kW 的并励直流发电机，额定电压 $U_N = 230$V，每极励磁绕组匝数 500 匝，已知在额定转

速下，空载时产生额定电压的励磁电流为0.8A，额定负载时产生额定电压的励磁电流为1.2A，若将该电机改为平复励直流发电机（短复励），试求每极应增加多少匝串励绕组？

解：设每极应增加串励绕组 W_C

（1）额定电流 $I_N = \dfrac{P_N}{U_N} = \dfrac{4.6 \times 10^3}{230} = 20$ （A）

（2）额定电流时产生额定电压所需的总磁势

$$\Sigma F = W_B I_{fN} = 500 \times 1.2 = 600 \text{ （安匝）}$$

（3）改平复励后，建立额定电压所需的总磁势由并励绕组与串励绕组共同建立，此时流过并励绕组的电流为0.8A。

并励绕组建立的磁（动）势

$$F_B = W_B I_{f0} = 500 \times 0.8 = 400 \text{ （安匝）}$$

串励绕组产生的磁（动）势

$$F_C = \Sigma F - W_B I_{f0} = 600 - 500 \times 0.8 = 200 \text{ （安匝）}$$

（4）每极应增加串励绕组的匝数

$$W_C = \dfrac{F_C}{I_N} = \dfrac{200}{20} = 10 \text{ （匝）}$$

答：每极应增加10匝串励绕组。

Lb2D3055 设某星形连接的三相汽轮发电机，已知稳态、瞬态及超瞬态参数分别为 $x_d = 1.45\Omega$，$x_d' = 0.7\Omega$，$x_d'' = 0.55\Omega$，当空载线电势 $e_0 = \sqrt{2} \times 220 \sin\omega t$ （V）时，试求：

（1）三相稳态短路电流有效值。

（2）三相突然短路电流最大值。

解：相电势有效值

$$E_{ph} = \dfrac{E_1}{\sqrt{3}} = \dfrac{E_{1M}}{\sqrt{3} \times \sqrt{2}} = \dfrac{\sqrt{2} \times 220}{\sqrt{3} \times \sqrt{2}} = 127 \text{ （V）}$$

（1）三相稳态短路电流 $I_k = \dfrac{E_{ph}}{x_d} = \dfrac{127}{1.45} = 87.6$ （A）

（2）三相突然短路电流最大值（考虑非周期性分量衰减，三相突然短路电流最大值为其周期性 1.2～1.8 倍，本题取 1.8 倍）

$$I_{kM}'' = 1.8\frac{E_{ph,M}}{x_d''} = 1.8 \times \frac{127\sqrt{2}}{0.55} \approx 588 \text{（A）}$$

答：三相稳态短路电流的有效值为 87.6A，三相突然短路电流最大值为 588A。

Lb2D4056 试计算一台鼠笼式异步电动机额定功率 $P_N = 14kW$，$U_N = 380V$，三角形连接 $n_N = 1460r/min$，$\eta_N = 0.875\,5$，$\cos\varphi_N = 0.89$，$M_{st}/M_N = 1.6$，$I_{st}/I_N = 6.5$，试求：

（1）额定电流是多少？

（2）若起动时采用星形连接，则其起动电流是多少？星形连接时起动力矩是额定转矩的多少倍？

解：（1）$I_N = \dfrac{p_n}{\sqrt{3}U_N\cos\varphi_N\eta_N} = \dfrac{14\times10^3}{\sqrt{3}\times380\times0.89\times0.875\,5}$
$= 27.3 \text{（A）}$

（2）$I_Y = \dfrac{I_{st}}{3} = \dfrac{6.5\times27.3}{3} = 59.15 \text{（A）}$

$$M_Y = \frac{M_{st}}{3} = \frac{1.6\times M_N}{3} = 0.53M_N$$

答：额定电流为 27.3A，起动力矩是额定转矩的 0.53 倍。

Lb2D4057 有一功率为 $P = 10kW$，$\cos\varphi_1 = 0.6$ 的电动机，接到 220V，$f = 50Hz$ 的交流电源上，试求欲将功率因数提高到 0.9，需要并联多大的电容？并联前后电路中的电流分别是多少？

解：（1）补偿电容值

$$C = \frac{P}{\omega U^2}(\tan k_1 - \tan \varphi_2)$$
$$= \frac{10 \times 10^3}{314 \times 220^2} \times (1.33 - 0.33)$$
$$= 658 \ (\mu F)$$

（2）未并电容前的电流

$$I_1 = \frac{P}{U \cos \varphi_1} = \frac{10 \times 10^3}{220 \times 0.6} = 75.75 \ （A）$$

（3）并联电容后的电流

$$I_2 = \frac{P}{U \cos \varphi_1} = \frac{10 \times 10^3}{220 \times 0.9} = 47.8 \ （A）$$

答：将功率因数提高到 0.9，需并联 658μF 的电容，并联前后的电流为 75.75、47.8A。

Lb2D4058 某三相异步电动机功率因数为 0.86，效率为 0.88，额定电压为 380V，输出功率为 2.2kW，求电动机的输入电流是多少？若该电动机过载能力 $K=2$，试问当电压下降到额定电压的 70%，而负载转矩保持额定转矩不变的情况下，对运行中的电动机有何影响，为什么？

解：　　　$I = \dfrac{2.2 \times 10^3}{\sqrt{3} \times 380 \times 0.86 \times 0.88} = 4.43 \ （A）$

由 $K=2$ 知　$M_{\max} = 2M_N$

答：电动机的输入电流 4.43A，由于最大电磁转矩与电压的平方成正比，故当电压下降到额定电压的 70%时，最大电磁

转矩为 $M'_{\max} = \left(\dfrac{U'_N}{U_N}\right)^2 \times 2M_N = \left(\dfrac{0.7U_N}{U_N}\right)^2 \times 2M_N = 0.98M_N < M_N$，

则电动机将停转，若不及时断开电源，还有可能烧毁电动机。

Lb1D4059 有一台 50Hz 的异步电机额定转速 $n =$ 730r/min，试求该电机的极数和同步转速？

解： $P = 60f/n = 60 \times 50/730 \approx 4.11 \approx 4$

P 为极的对数，极数为 $2P = 2 \times 4 = 8$ 极

同步转速 $n_H = 60 \times 50/4 = 750$r/min

答： 该电机的极数为 8 极，同步转速为 750r/min。

Lb1D4060 一台四极异步电动机，接在工频电源上，转子实际转速为 1440r/min，求这台电动机的转差率？

解： $n_1 = 60 \times f/P = 60 \times 50/2 = 1500$r/min

$f = 50$Hz $\quad P = 2$ 对极

电动机的转差率：$S = (n_1 - n_2)/n_1 \times 100\% = (1500 - 1440)/1500 \times 100\% = 4\%$

答： 该电动机的转差率为 4%。

Lb1D4061 对电机定子线棒修理时，直线部分和端部搭接，直线部分的锥形尺寸长度的计算公式是什么？

解： 计算 L 锥形长度（mm）

设 U_e 为额定定子电压（V）

答： 其公式为 $L = 10 + U_e/200$（mm）

Jd3C3062 有一直径为 $d = 13$mm 的三股国产旗鱼牌白麻绳，在做起重吊索使用时，允许起吊的重量是多少（该麻绳的破断拉力为 800kg）？

解： 麻绳在做起重吊索使用时，安全系数 k 取为 8，根据麻绳的破断拉力 $S_b = 800$kg，故该麻绳允许起重的重量为

$$P \leq \frac{S_b}{k} = \frac{800}{8} = 100 \ (\text{kg})$$

答： 此麻绳允许起吊的重量最多为 100kg。

Je5D1063 在温度为 20℃时,测得直流电机励磁绕组(铜)的直流电阻为 0.138Ω,试计算出当电机为 75℃时的直流电阻值?

解: $R_{75}=0.138 \times \dfrac{235+75}{235+20} \approx 0.168$ (Ω)

答: 该电机 75℃时的直流电阻为 0.168 (Ω)。

Je5D1064 一台三相异步电动机的转速为 2950r/min,额定电流为 224A,效率为 92%,功率因数为 0.92,接在 380V 的电源上,试问该台电动机的额定容量是多少 kW?

解: 根据公式 $P_N = \sqrt{3} \times U_N \times I_N \times \cos\varphi_N \times \eta_N \times 10^{-3}$

$\qquad\qquad = \sqrt{3} \times 380 \times 224 \times 0.92 \times 0.92 \times 10^{-3}$

$\qquad\qquad = 125$ (kW)

答: 该电动机的额定容量为 125kW。

Je5D1065 某电机定子绕组绝缘电阻测 60s 时为 4000MΩ,15s 时为 2000MΩ,请问该电机绝缘吸收比是多少?

解: 吸收比 $k = \dfrac{R_{60''}}{R_{15''}} = \dfrac{4000}{2000} = 2$

答: 该电机绝缘吸收比为 2。

Je5D2066 写出电动机热态绝缘电阻最小允许值计算公式。

解: $R = \dfrac{U_N}{1000 + \dfrac{P_N}{1000}}$ (MΩ)

式中:R 为电动机绝缘电阻,MΩ;U_N 为电动机额定电压,V;P_N 为电动机额定功率,kW。

Je5D4067 有一台型号为 JO272-4 型额定功率为 30kW 的

电动机，当负荷为 10kW 时效率为 75%，功率因数为 0.5。如果更换为 JO252-4 型，额定功率为 10kW 的电动机，其铭牌效率为 87.5%，功率因数为 0.87，试问更换电机后可节省有功功率和无功功率各为多少？

解：原电动机输入有功功率为

$$P_1 = \frac{P_2}{\eta} = \frac{10}{0.75} \approx 13.33 \text{（kW）}$$

原电动机输入无功功率为

$$Q_1 = P_1 \frac{\sqrt{1-\cos\varphi^2}}{\cos\varphi} \approx 23.09 \text{（kvar）}$$

改为新电动机后有功功率

$$P_1 = \frac{P_2}{\eta} = \frac{10}{0.875} \approx 11.43 \text{（kW）}$$

改为新电动机后无功功率

$$Q_1 = P_1 \frac{\sqrt{1-\cos\varphi^2}}{\cos\varphi} \approx 5.64 \text{（kvar）}$$

节省有功功率
$$\Delta P = 13.33 - 11.43 = 1.9 \text{（kW）}$$
节省无功功率
$$\Delta Q = 23.09 - 5.64 = 17.45 \text{（kvar）}$$

答：更换电机后节省的有功功率为 1.9kW，节省的无功功率为 17.45kvar。

Je4D1068 将长度为 0.5m 长的导线，垂直放在磁感应强度 $B=1Wb/m^2$ 的磁场中，若通过导线的电流为 50A，试求导线所受到的电磁力大小。

解：导线所受到的电磁力为
$$f = BIl = 1 \times 0.5 \times 50 = 25 \text{（N）}$$
答：导线所受到的电磁力大小为 25N。

Je4D1069 一台直流发电机电枢绕组采用单叠绕组,其极数 $2p=4$,换向片数、虚槽数、元件数为 $K=Z=S=16$, $y=y_k=1$,试计算该发电机的第一、第二节距分别是多少?

解:第一节距 $y_1=\dfrac{Z}{2p}\mp\varepsilon=\dfrac{16}{4}=4$

第二节距 $y_2=y_1-y=4-1=3$

答:第一、二节距分别为 4、3。

Je4D1070 300MW 汽轮发电机组采用静止半导体整流励磁装置,其 400Hz 中频副励磁机为一台 50kW 的感应子发电机,试求转子齿数是多少?

答:感应子发电机的磁极对数就相当于转子的齿数,即 $p=Z$。而其频率 f、转速 n 与齿数的关系为 $f=\dfrac{Zn}{60}$,则 $Z=60f/n=8$(齿)。

Je4D2071 设有一台他励直流励磁发电机电枢电阻 $R_a=0.516\Omega$,电刷接触电压降 $2\Delta U=2V$,满载时的电枢电流为 40.5A,端电压为 230V,试求电枢绕组电(动)势是多少?

解:根据电势平衡方程式 $E_a=U+I_{aN}R_a+2\Delta U$

得 $E_a=230+40.5\times0.516+2=252.9$(V)

答:电枢绕组的电动势为 252.9V。

Je4D2072 一台异步电动机,测得定子与转子间四点空气间隙分别为 6、5.3、4、5.7mm,问空气间隙误差为多少?是否合格?

解:平均间隙 $\bar{S}=\dfrac{6+5.3+4+5.7}{4}=5.25$(mm)

间隙误差百分数 $\Delta S\%=\dfrac{5.25-4}{5.25}\times100\%=23.8\%$

答:该电机空气间隙误差为 23.8%;间隙标准不超过 10%

为合格，所以该电机空气间隙为不合格，需重新调整后才能投运。

Le4D2073 将长度为 0.5m 长的导线，在磁感应强度 $B = 2Wb/m^2$ 的磁场中作匀速运行，导线方向与磁场方向垂直，若导线中的感应电（动）势为 5V，试求导线的运行速度。

解：由电磁感应表达式 $e = Blv$，得

$$v = \frac{e}{Bl} = \frac{5}{2 \times 0.5} = 5 \quad (m/s)$$

答：导线的运行速度为 5m/s。

Je4D2074 一台三相异步电动机的转速为 2950r/min，额定电流为 224A，效率为 92%，功率因数为 0.92，接在 380V 的电源上，试问该台电动机的额定容量是多少千瓦？

解：根据公式 $P_N = \sqrt{3} \times U_N \times I_N \times \cos\varphi_N \times \eta_N \times 10^{-3}$
$$= \sqrt{3} \times 380 \times 224 \times 0.92 \times 0.92 \times 10^{-3}$$
$$= 125 \quad (kW)$$

答：该电动机的额定容量为 125kW。

Je4D3075 三个型号相同的电容器，每个电容量为 C，耐压值为V，试问：

（1）若将三个电容并联，并联后电容量、耐压值分别为多少？

（2）若将三个电容串联，串联后电容量、耐压值分别为多少？

解：

（1）并联后电容量 $\Sigma C = 3C$

并联后耐压值 V

（2）串联后电容量 $\Sigma C = C/3$

串联后耐压值 3V

答：并联后电容量为 3C，耐压值为 V，串联后电容量为 $C/3$，耐压值为 3V。

Je4D4076 一台异步电动机的绕组被损坏，在无绕组数据可查的情况下，实测定子铁心内径 $D_i=185$mm，长 $l=120$mm，轭高 $h_a=26$mm，槽数为 36 个，要求按星形接法修成一台转速为 1450r/min 的电动机，求每个槽导线匝数是多少？（采用单层绕组、380V 电源，查表得压降系数 $k_E=0.86$，绕组系数 $k_W=0.96$，每极磁通为 72×10^{-8}Wb）

解：按规定极对数不少于 $p=0.28\dfrac{D_i}{h_a}=0.28\times\dfrac{18.5}{2.6}\approx2$（对）

或极对数 $p=\dfrac{60f}{n_1}\approx\dfrac{3000}{1450}\approx2$（对）

每极每相槽数 $q=\dfrac{z}{2mp}=\dfrac{36}{2\times3\times2}=3$（槽）

答：每极每相槽数为 3 槽。

Je4D4077 某交流铜绕组电动机出厂时各绕组在标准温度15℃下，直流电阻A相为5.06Ω，B相为4.86Ω，C相为4.92Ω，因故检修完毕后在测量绕组的冷态直流电阻（已折算到标准温度15℃下）三相直流电阻分别为A相5.16Ω，B相4.84Ω，C相5.02Ω，试判断其直流电阻值是否合格？

解：判断直流电阻是否合格的标准有两个方面：检修后直流电阻与出厂值比较，标准温度下差别不得超过2%～3%，平均值不超过4%；三相绕组不平衡度应小于5%。见表D-1。

表 D-1　　　　检修后直流电阻与出厂值比较

项　目	出厂值15℃	检修后值15℃	相差（Ω）	相差率（%）	合格否
A 相	5.06Ω	5.16Ω	0.1	1.98	合格
B 相	4.86Ω	4.84Ω	−0.02	0.41	合格
C 相	4.92Ω	5.02Ω	0.1	2.03	合格
平均值	4.95Ω	5.01Ω	0.06	1.21	合格
三相最大不平衡				6.39	不合格

Je3D4078　写出确定一台型号规格不明的电动机的极数计算公式。

解：$2p = 0.5\dfrac{D_i}{h_g}$（取整偶数）

式中：$2p$ 为电机最小极数；D_i 为电动机铁心内径，cm；h_g 为电动机定子磁轭高，cm。

Je3D4079　写出确定一台极数已知，但规格不明电动机的功率计算公式。

解：$P_N = kD_i^2 l_{Fe} n_1$（kW）

式中：P_N 为电动机额定功率，单位 kW；k 为电动机的容量系数，通常取 $k = 1.75 \times 10^{-6}$，也可查表获得；l_{Fe} 定子铁心净长度，单位 cm；n_1 为电动机同步转速，$n_1 = \dfrac{60f}{p}$（r/min）。

Je3D4080　交流接触器的电感线圈电阻 $R = 200\Omega$，电感 $L = 7.3H$，接到电压 $U = 220V$，$f = 50Hz$ 交流电源上，问线圈中电流有多少？如误将此接触器接到 220V 直流电源上，线圈中电流应是多少？是接到交流电源上时的多少倍？

解：（1）接到交流电源时

线圈的感抗　$X_L = 2\pi f L = 2\pi \times 50 \times 7.3 = 2292$（$\Omega$）

线圈总阻抗　$Z = \sqrt{R^2 + X_L^2} = \sqrt{200^2 + 2292^2} = 2300$（$\Omega$）

通过线圈的电流　$I = \dfrac{U}{Z} = \dfrac{220}{2300} = 0.096$（A）

（2）接到直流电源上时

线圈电流　$I = \dfrac{U}{R} = \dfrac{220}{200} = 1.1$（A）

接到交流电流倍数为　$n = \dfrac{1.1}{0.096} \approx 11.5$（倍）

答：通过线圈的电流为 0.096A，如接到 220V 直流电源上，线圈中电流为 1.1A，是接到交流电源上的 11.5 倍。

Je3D4081　有一台他励直流电动机，额定电压 $U_N = 220V$，额定电枢电流 $I_N = 16A$，电枢回路电阻 $R_a = 0.5\Omega$，若额定电压下直接起动，电枢的起动电流是额定电流的多少倍？如果要求起动电流等于额定电流的 2 倍，则应在电枢回路中串入多大的电阻 R_{st}？

解：直接起动电流　$I_{st} = \dfrac{U_N}{R_a} = \dfrac{220}{0.5} = 440$　（A）

直接起动电流是额定电流的倍数为　$440/16 = 27.5$（倍）

欲限制电流为额定电流的 2 倍，则

$$I'_{st} = \frac{U_N}{R_a + R_{st}} = 2I_N$$

$$R_{st} = \frac{U_N}{2I_N} - R_a = \frac{220}{32} - 0.5 = 6.375\ (\Omega)$$

答：电枢起动电流是额定电流的 27.5 倍，若要等于额定电流 2 倍，则应在回路中串入 6.375Ω 的电阻。

Je3D4082　试计算一台鼠笼式异步电动机额定功率 $P_N = 14kW$，$U_N = 380V$，三角形连接，$n_N = 1460r/min$，$\eta_N = 0.875\ 5$，$\cos\varphi_N = 0.89$，$M_{st}/M_N = 1.6$，$I_{st}/I_N = 6.5$，试求：

（1）额定电流是多少？

（2）若起动时采用星形连接，则其起动电流是多少？星形连接时，起动力矩是额定转矩的多少倍？

解：（1）$I_n = \dfrac{P_N}{\sqrt{3}U_N\cos\varphi_N} = \dfrac{14\times10^3}{\sqrt{3}\times380\times0.89} = 23.9$　（A）

（2）$I_Y = \dfrac{I_{st}}{3} = \dfrac{6.5\times23.9}{3} = 51.78$　（A）

$$M_Y = \frac{M_{st}}{3} = \frac{1.6 \times M_N}{3} = 0.53 M_N$$

答：此电动机额定电流为 23.9A，若采用星形连接，则起动电流为 51.78A，此时起动力矩是额定转矩的 0.53 倍。

Je3D4083 交流电动机重绕定子绕组时，在无铭牌及有关资料的情况下，只知定子槽形和定子尺寸，如何计算导线的截面积和额定电流以及估算电动机的功率？

解：$S_\Sigma = FK$

每根导线的截面积 $S = S_\Sigma / N$

其中 $$N = \frac{6 P k_E U \times 10^6}{2.22 k_W B_\delta D_i L Z}$$

$$P = 0.28 \frac{D_j}{h_a}$$

电动机额定电流根据导线截面积查表，额定电流 $I_N = SJ$

电动机额定功率 $P_n = \sqrt{3} \times U_N \times I_N \times \cos\varphi_N \times \eta_N \times 10^{-3}$

以上式中：J 为电流密度，A/mm^2；k 为填充系数；$\cos\varphi$ 为功率因数；η_N 为效率；F 为槽形面积，mm^2；Z 为定子槽数；N 为每槽导线根数；L 为定子铁心长度；D_i 为定子内径；U_N 为额定电压，V；k_W 为绕组系数；k_E 为压降系数。

Je3D2084 一台 100MW 的汽轮发电机，$\cos\varphi_N = 0.8$，$U_N = 10.5kV$，求发电机定子线棒绝缘电阻的最低极限大约是多少？（采用试验公式估算）

解：$R_{75} = \dfrac{U_N}{1000 + \dfrac{S_N}{100}} = \dfrac{10\ 500}{1000 + \dfrac{100\ 000/0.8}{100}} \approx 4.7\ (M\Omega)$

答：绝缘电阻最低极限为 4.7MΩ。

Je3D4085 写出在氢冷发电机的密封试验中，计算发电机一昼夜的漏气量 ΔV 的公式。

解：$\Delta V = \dfrac{\Delta P V}{k} \times 24$

式中：ΔP 为 1h 发电机压力下降的平均值，Pa；V 为发电机系统充氢报的总容积，m^3；k 为试验风压与运行额定风压间的换算系数，一般取 2。

Je3D4086 某异步电动机采用三角形连接，双层绕组，绕组匝数为 12 匝，实测得槽形面积 $A=282mm^2$，若采用 QZ 高强度聚酯漆包圆铜线，求导线的规格和电机的容量？（漆包圆线 $k=0.42\sim0.45$）

解：槽内导线总截面积为

$$S_\Sigma = Ak = 282 \times 0.42 = 118.4 \ （mm^2）$$

导线截面积　$S = \dfrac{S_\Sigma}{N} = \dfrac{118.4}{12 \times 2} = 4.93 \ （mm^2）$

故选用 $\phi 1.45mm$ 的导线三根并绕，则面积等于

$$1.651 \times 3 = 4.953 \ （mm^2）$$

选取电流密度 $j = 4.5A/mm^2$

则　$I = 4.5 \times 4.953 = 22.3 \ （A）$

估计电机的功率为

$$P_N = 3U_N I_N \cos \eta_N \varphi_N$$
$$= 3 \times 380 \times 22.3 \times 0.89 \times 0.885 \times 10^{-3}$$
$$\approx 20 \ （kW）$$

答：该电动机采用导线三根并绕，面积为 $4.953mm^2$，其电机功率为 20kW。

Je3D5087 一台 100MW 的汽轮发电机，$\cos\varphi_N = 0.8$，$U_N = 10.5kV$，求发电机定子线棒绝缘电阻的最低极限大约是多少（采用试验公式估算）？

解：$R_{75} = \dfrac{U_N}{1000 + \dfrac{S_N}{100}} = \dfrac{10\ 500}{1000 + \dfrac{100\ 000/0.8}{100}} \approx 4.7$（MΩ）

答：线棒绝缘电阻的最低极限大约为 4.7MΩ。

Je2D3088　写交流电机电枢电势表达式，并解释式中各量的物理意义。

答：交流电机电枢电势表达式 $E_\phi = 4.44 f_1 W_1 k_{dp1} \phi_m$，式中 E_ϕ 为电枢绕组相电势，单位 V；f_1 为定子频率，单位 Hz；W_1 为定子绕组每相串联匝数；k_{dp1} 为绕组系数，综合反映短距布置与分散布置对电枢电势的削弱程度；ϕ_m 为每极磁通量，单位 Wb。

Je2D4089　一台正常运行时采用三角形连接的三相异步电动机，其额定数据分别为 $P_N = 10$kW，$n_N = 1460$r/min，额定电压为 380V，$\eta_N = 0.868$，$\cos\varphi_N = 0.88$，$\dfrac{M_{st}}{M_N} = 1.5$，$\dfrac{I_{st}}{I_N} = 6.5$。试求：

（1）额定电流。

（2）用星—三角换接起动时的起动电流和起动转矩。当负载转矩分别为额定转矩的 60% 和 25% 时，电动机能否起动？

解：

（1）额定电流为

$$I_N = \frac{P_N}{\sqrt{3} U_N \eta_N \cos\varphi_N} = \frac{10 \times 10^3}{\sqrt{3} \times 380 \times 0.868 \times 0.88} = 19.89\ (\text{A})$$

（2）用星形起动时的起动转矩

$$M_{stY} = \frac{1}{3} M_{st} = \frac{1}{3} \times 1.5 M_N = 0.5 M_N$$

电动机能够起动的条件是：起动转矩等于或大于负载转矩，故采用星—三角换接起动时，不能够带 60% 负载起动，但可带 25% 负载起动。

答：额定电流为 19.89A，采用星—三角换接起动时，不能够带 60%负载起动，但可带 25%负载起动。

Je2D4090　某三相交流电动机欲重绕，但其铭牌数据已不清楚，已知电枢绕组原采用单层绕组，其槽数 $Z = 36$，拆卸时测得绕组节距 $y = 7$，试求原电动机极数是多少？

　　解：由于 $y \approx \tau = \dfrac{Z}{2p}$

　　则　$2p = \dfrac{Z}{y}$，取整偶数

　　因　$\dfrac{Z}{y} = \dfrac{36}{7} = 5.14$

　　故　$2p = 4$

　　答：原电动机极数为 4。

Je2D4091　写出氢冷发电机整体密封试验时，计算一昼夜的漏气量的计算公式以及合格条件。若试验开始与结束时的温度发生变化，一昼夜漏气量计算公式又是怎样的？

　　解：
$$\Delta V = \frac{\Delta P V}{k} \times 24 \ (\text{m}^3)$$

式中：ΔV 是指 24h 内发电机系统的漏气量，单位为 m^3；ΔP 为每小时发电机系统起死回生下降的平均值，单位为 Pa；V 为发电机系统充氢气的总容积，单位为 m^3；k 为试验风压换算到额定风压的系数，一般取 2。若一昼夜总漏气量不超过发电机系统总容积的 3%，即为合格，否则应检漏。若开始与结束时温度发生了变化，则计算公式为

$$\Delta V = \frac{V}{k}\left(P_1 - P_2\frac{t_1 + 273}{t_2 + 273}\right) \times \frac{24}{T} \ (\text{m}^3)$$

式中：P_1 为开始时的压力，Pa；P_2 为结束时的压力，Pa；t_1 为开始时的温度，℃；t_2 为结束时的温度，℃；T 为试验持续时间，h。

Je2D4092　如何通过计算判断汽轮发电机气隙是否合格？

解：测量气隙应在发电机与汽轮机联轴器处找正中心，并联接好联轴器螺栓后进行。分别测量发电机汽励两端转子上、下、左、右四个方位与定子的气隙大小数组（四组），分别求出上下左右气隙的平均值：$\delta_{av上}$、$\delta_{av下}$、$\delta_{av左}$、$\delta_{av右}$，并计算平均气隙大小 $\delta_{av} = \dfrac{\delta_{av上} + \delta_{av下} + \delta_{av左} + \delta_{av右}}{4}$。若 $\dfrac{\delta_{max} - \delta_{av}}{\delta_{av}} \leq 5\%$ 或

$\dfrac{\delta_{av} - \delta_{min}}{\delta_{av}} \leq 5\%$ 时即合格。

Je2D5093　写出采用铁损干燥法时加热所用的励磁绕组匝数的计算公式。

解：励磁绕组匝数　$W = \dfrac{U}{4.44fSB} \times 10^4 \approx \dfrac{45U}{SB}$

式中：U 为励磁绕组外施电压，V；f 为频率，Hz；S 为定子铁心的有效截面积，cm²。

定子有效截面积

$$S = K(L - nl) \times \left(\dfrac{D_{out} - D_{in}}{2} - h \right) \ (\text{cm}^2)$$

式中：B 为定子铁心磁密（定子铁心计算时取 $B = 1T$），T；L 为定子铁心长度，cm；n 为通风道数；l 为通风道宽度，cm；K 为铁心的填充系数，用绝缘漆作片间绝缘时取 0.9～0.95；D_{out} 为定子铁心外径，cm；D_{in} 为定子铁心内径，cm；h 为定子齿的高度，cm。

Je2D5094　写出采用铁损干燥法时加热所用的励磁绕组截面积的计算公式。

答：励磁绕组截面积的选择可根据励磁电流的大小来选择，并考虑留有适当裕度。但不得小于 500mm² 截面的导线。

励磁电流的计算式 $I = \dfrac{\pi D_{av} H}{W}$ （A）

$$D_{av} = \dfrac{D_{out} - D_{in}}{2} h$$

式中：D_{av} 为定子铁心的平均直径，cm；H 为定子铁心的磁场强度，一般取 1.7～2.1A/cm，A/cm。

Je1D5095 重缠 1kW 电动机的定子线圈，电机额定电流为 2.3A，求该线圈使用的导线直径为多少？（电流密度 j 取 6A/mm^2）

解：求导线截面积 S，已知电机额定电流 $I_e = 2.3$A，$j = 6$A/mm^2

根据公式： $S = I_e / j = 2.3/6 = 0.38$（mm^2）

导线直径 $d = s = 1.13 \times 0.38 = 0.69$（mm）

答：该电机使用 0.69mm 直径的导线。

Je1D5096 一台无铭牌电机铁心槽数为 36 槽，计算出每相绕组匝数 W_1 为 90 匝，采用单层绕组一路串联接线，试求每槽匝数是多少？

解：$Z = 36$，$\alpha = 1$，$W_1 = 90$

根据公式：每槽匝数

$W = (6 \times W_1 \times \alpha)/Z = (6 \times 90 \times 1)/36 = 15$（匝）

答：每槽绕组匝数为 15 匝。

Je1D5097 用绝缘电阻表测量汽轮发电机静子绝缘电阻 15s 时读数为 1100MΩ。30s 时读数为 1300MΩ，45s 时读数为 1430MΩ，60s 时读数为 1550MΩ，问此发电机吸收比是多少？是否合格？

解：吸收比 $= R_{60}/R_{15} = 1550/1100 = 1.41$

答：1.41＞标准 1.3，为合格。

Je1D5098 直流电动机启动时，由于内阻很小而反电压尚未建立，启动电流很大，为此常用一个启动变阻器串入启动回路，如果电动机内阻 $R_i = 1\Omega$，工作电流为 12.35A，现接在 220V 电源上，限制启动电流不超过正常工作电流的两倍，试求串入启动回路的电阻 R 值是多少？

解：根据欧姆定律：$I = E/(R + R_1)$

限制启动电流要求为 $I_q = 2I = 12.35 \times 2 = 24.7$（A）

应串入启动回路的电阻 R 为

$$R = (E - I_q R_i)/I_q = (220 - 24.71 \times 1)/24.7 = 7.9 \ (\Omega)$$

答：串入启动回路的电阻是 7.9Ω。

4.1.5 绘图题

La5E1001 在同一个坐标上画出互差 120° 的三相正弦电流波形图。

答：在同一个坐标上互差 120° 的三相正弦电势波形如图 E-1 所示。

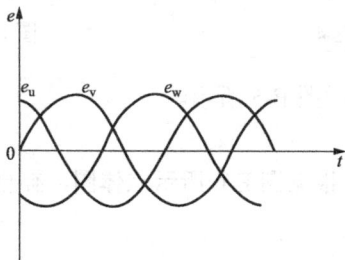

图 E-1

La5E2002 试标出图 E-2 所示电路在开关 S 闭合瞬间，铁心中磁通 Φ 与线圈中感应电动势 e 的方向。

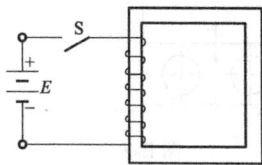

图 E-2

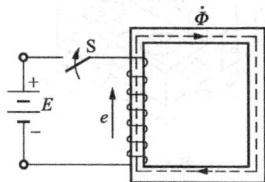

图 E-3

答：开关 S 闭合瞬间，铁心中磁通 Φ 与线圈中感应电动势 e 的方向如图 E-3 所示。

La5E1003 根据图 E-4 所示立体图，补全三视图。

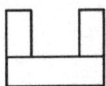

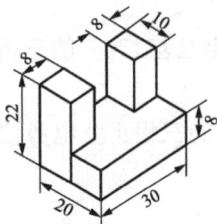

图 E-4

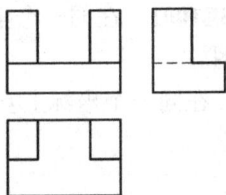

图 E-5

答：三视图如图 E-5 所示。

Lb5E1004 根据图 E-6 所示立体图，补全三视图。

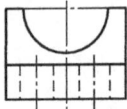

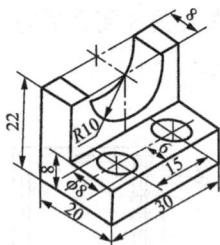

图 E-6

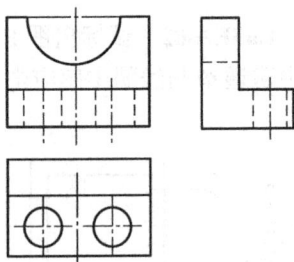

图 E-7

答：三视图如图 E-7 所示。

Lb5E2005 画出复励式直流发电机电路接线示意图。

答：复励式直流发电机电路接线如图 E-8 所示。

Lb5E3006 试绘出单母线接线图。

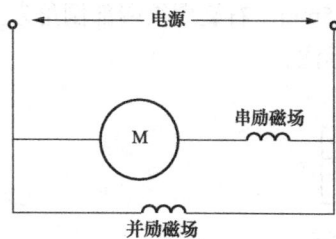

图 E-8

答：单母线接线如图 E-9 所示。

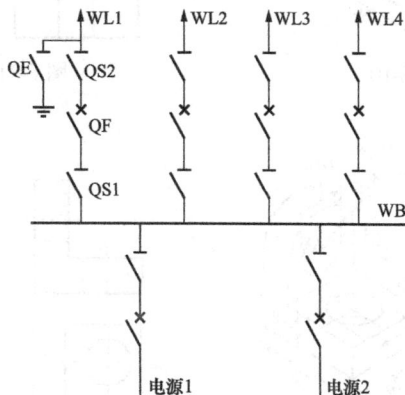

图 E-9

Lb4E1007 根据图 E-10 所示立体图补全三视图。
答：三视图如图 E-11 所示。

Lb4E2008 根据图 E-12 所示立体图，补全三视图。
答：三视图如图 E-13 所示。

Lb4E2009 已知：螺栓公称长度 L=40mm，螺纹长度 L_0=25mm，螺纹为普通细牙螺纹，螺纹大径（公称直径）为

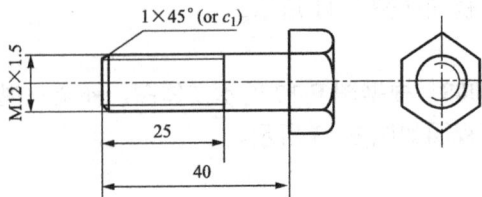

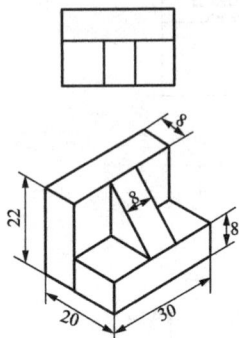

12mm，螺距为 1.5mm，右旋螺纹端部倒角为 $1 \times 45°$（即 c_1）。
请绘出螺栓图并标注。

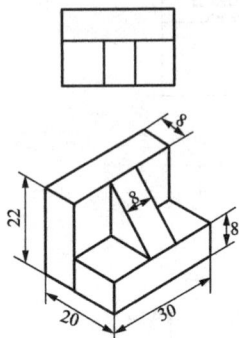

图 E-10

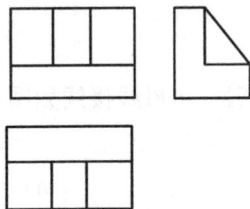

图 E-11

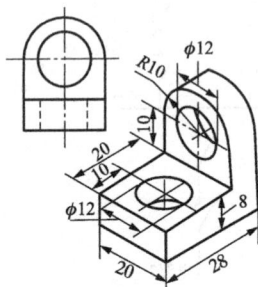

图 E-12

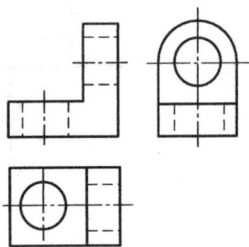

图 E-13

答： 螺栓图及标注如图 E-14 所示。

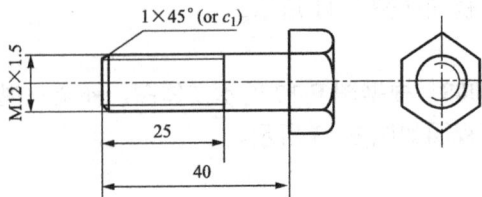

图 E-14

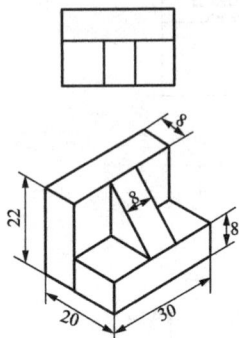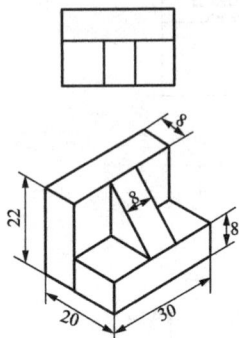

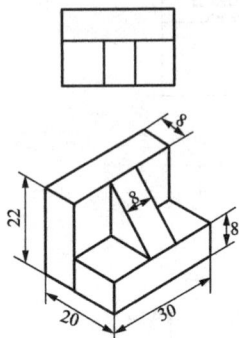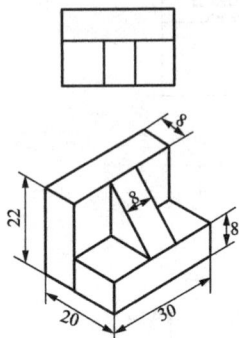

194

Lb4E2010 绘出异步电动机外施电压下降时的转矩特性，并说明当负载转矩不变而电压下降时电动机的转差率及转速将会怎样变化？

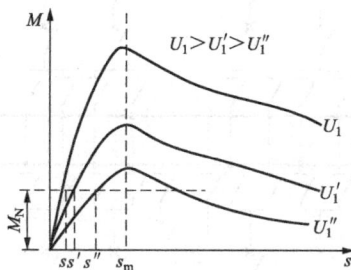

图 E-15　外施电压不同时的 M—s 曲线

答：异步电动机外施电压下降时的转矩特性如图 E-15 所示。当负载转矩不变而电压下降时，转差率将增大，而转速将下降。

Lb4E2011　试绘出单母线分段接线图。
答：单母线分段接线如图 E-16 所示。

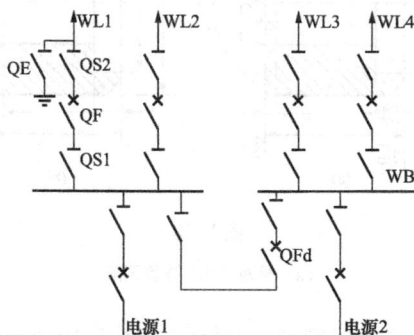

图 E-16

Lb4E2012　试绘出双母线接线图。

答：双母线接线如图 E-17 所示。

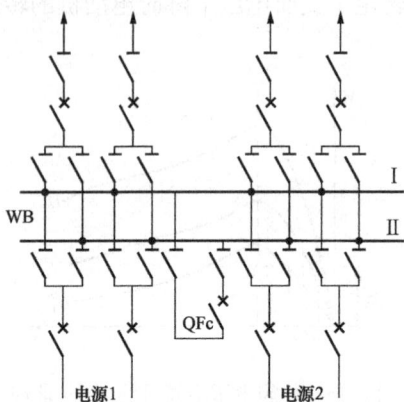

图 E-17

Lb4E3013 试指出图 E-18 中表面粗糙度标注的错误，并在右图作正确标注。

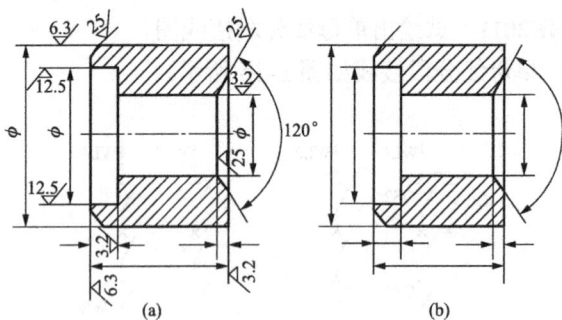

图 E-18

（a）原题；（b）作答图形

答：图中表面粗糙度正确标注如图 E-19 所示。

Lb3E2014 根据图 E-20 所示立体图，画出三视图。

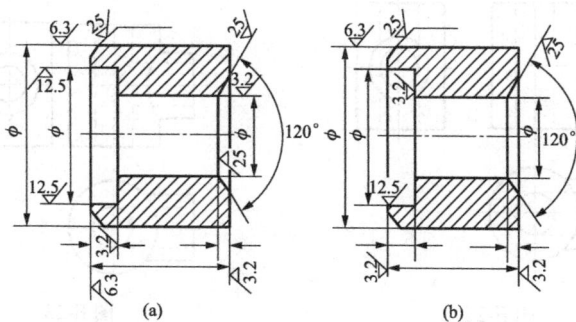

图 E-19

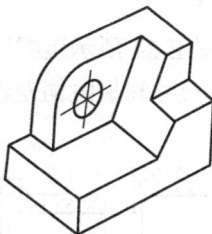

图 E-20

答：三视图如图 E-21 所示。

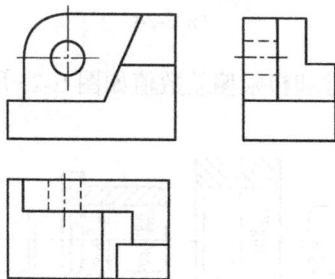

图 E-21

Lb3E3015 补画图 E-22 所示三通三视图中的缺线。

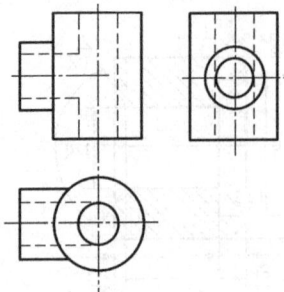

图 E-22

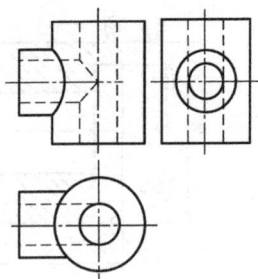

图 E-23

答：三通三视图中的缺线如图 E-23 所示。

Lb3E3016 根据图 E-24 所示装配图所标注的配合尺寸，在零件图上注出其基本尺寸和极限偏差数值。

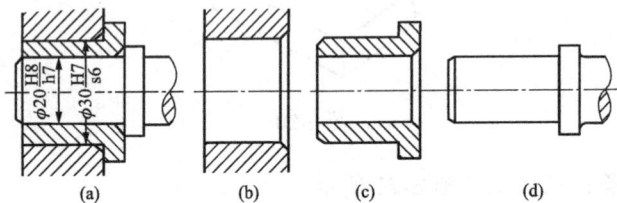

图 E-24

答：基本尺寸和极限偏差数值如图 E-25 所示。

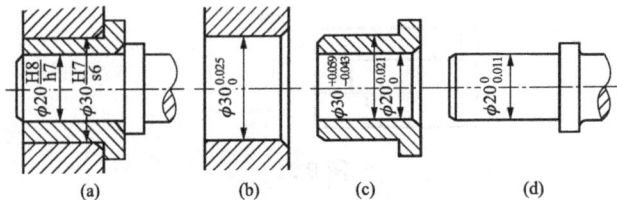

图 E-25

Lb3E3017 一台未装设换向极的直流电动机，欲通过移动电刷来改善其换向性能，减小或消除电刷下的火花，请在图 E-26 中标示出物理中性线 W–W′，以及电刷移动到的大致位置 B–B′。

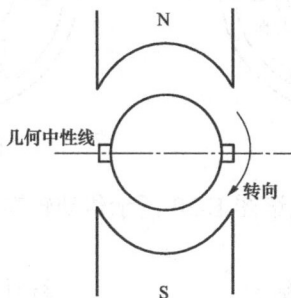

图 E-26

答： 物理中性线 W–W′ 以及电刷移动到的大致位置为 B–B′，如图 E-27 所示。

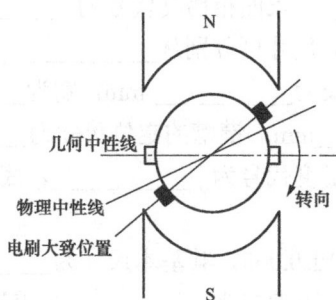

图 E-27

Lb3E3018 如图 E-28 所示是一台直流发电机，请在图中正确标示出未知极的极性以及未知绕组中的电流方向。

答：极性、绕组中的电流方向如图 E-29 所示。

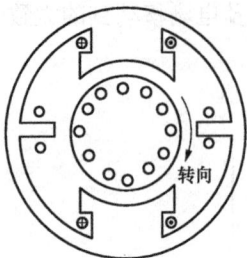

图 E-28

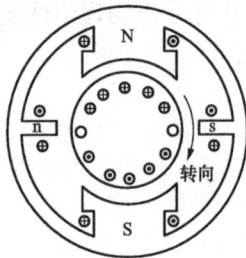

图 E-29

Lb3E4019 识读图 E-30 所示传动轴零件图，回答下列问题：

（1）零件的名称为_____，材料为_____。

（2）零件图采用了_____个图形。主视图的安放位置符合_____原则。主视图采用了_____剖视，用于表达_____。除主视图外，还采用了一个_____图、一个_____图和两个_____图。

（3）从工艺结构分析，左、右两端有_____，其尺寸为_____，表面粗糙度代号为_____。轴上还有两处退刀槽，其尺寸可分别从_____上见到。

（4）键槽的长为_____mm，宽为_____mm，深为_____mm，键槽的定位尺寸为_____，键槽两侧的表面粗糙度代号为_____，底面的表面粗糙度为_____。

（5）尺寸$\phi 20 \pm 0.065$，其基本尺寸为_____，上偏差为_____，下偏差为_____，公差为_____。

（6）高度和宽度方向的尺寸基准为_____，长度方向的尺寸基准有_____等几处。

（7）M10－6h 的含义是_____。

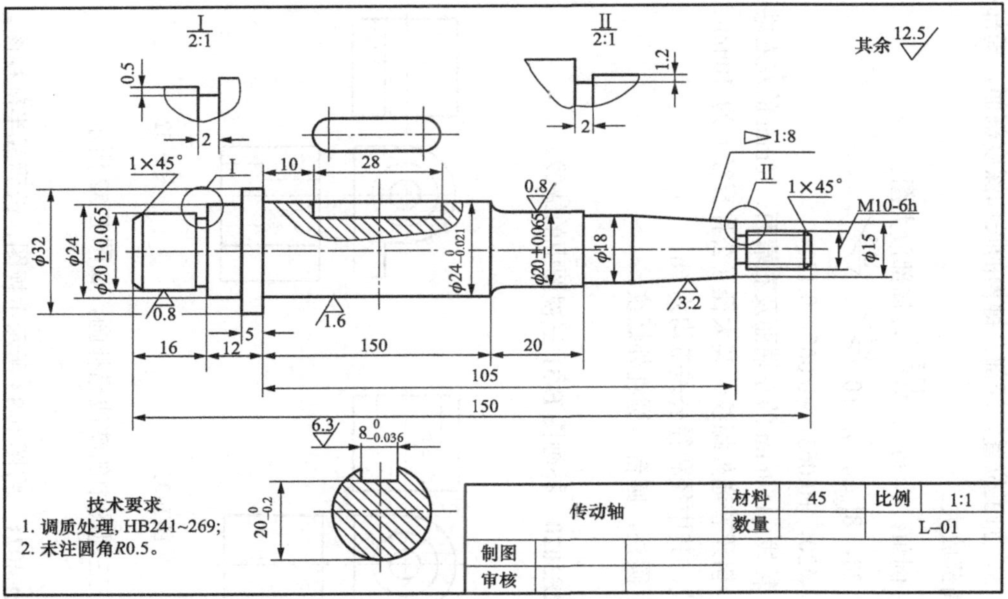

图 E-30

201

（8）传动轴的形体分析起来，主要有几段不同直径的_____体和一段_____体组成,右端还有一段_____。

答：（1）传动轴，45 号钢。

（2）5，加工位置，局部，键槽的长和深度剖面，局部视，俯视图局部放大。

（3）倒角，1×45°，$\overset{12.5}{\diagup}$，局部放大图。

（4）28，$8^{0}_{0.030}$，4，10 $\overset{6.3}{\diagup}$，$\overset{12.5}{\diagup}$。

（5）$\phi 20$，+0.065，−0.065，0.13。

（6）轴线，150mm 的左端面及右端面、16mm 的左右端面。

（7）粗牙普通外螺纹，其大径（公称直径）为 10mm，右旋、单线，其中径和径公差带均为 6h。

（8）圆柱，圆台，圆柱外螺纹。

Lb2E3020 补画图 E-31 三视图中的缺线。

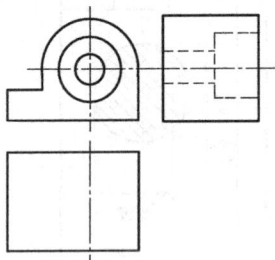 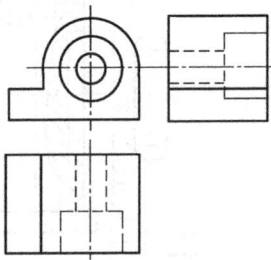

图 E-31　　　　　　　　　图 E-32

答：三视图中的缺线已补画，如图 E-32 所示。

Lb2E4021 将图 E-33 所示主视图，改画成半剖视图。

答：半剖视图如图 E-34 所示。

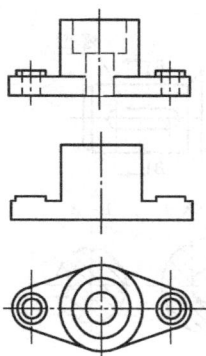 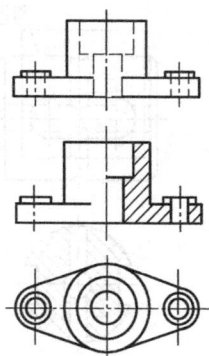

图 E-33   图 E-34

Lb2E4022 如图 E-35 所示，在指定位置作移出剖面图。

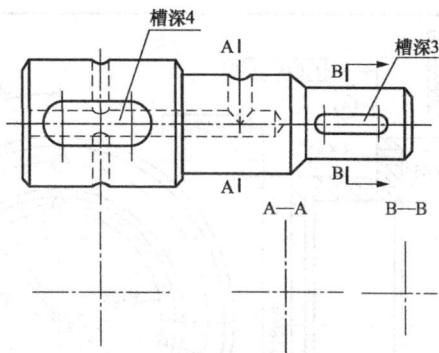

图 E-35

答：移出剖面图如图 E-36 所示。

Lb2E5023 识读图 E-37 所示轴承套零件图，并回答问题。

（1）轴承套采用了两个视图表达，其中_____视图采用_____剖视。

（2）从外形看，轴承套可看作是由 ϕ_____mm 和 ϕ_____mm 两个圆柱体组成，套的内孔直径为 ϕ_____mm

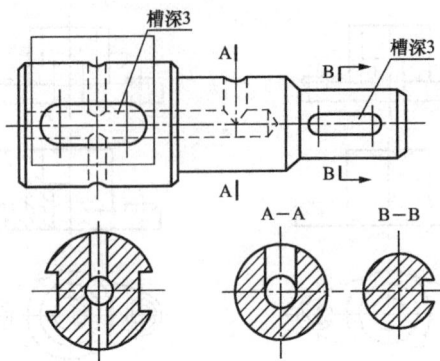

图 E-36

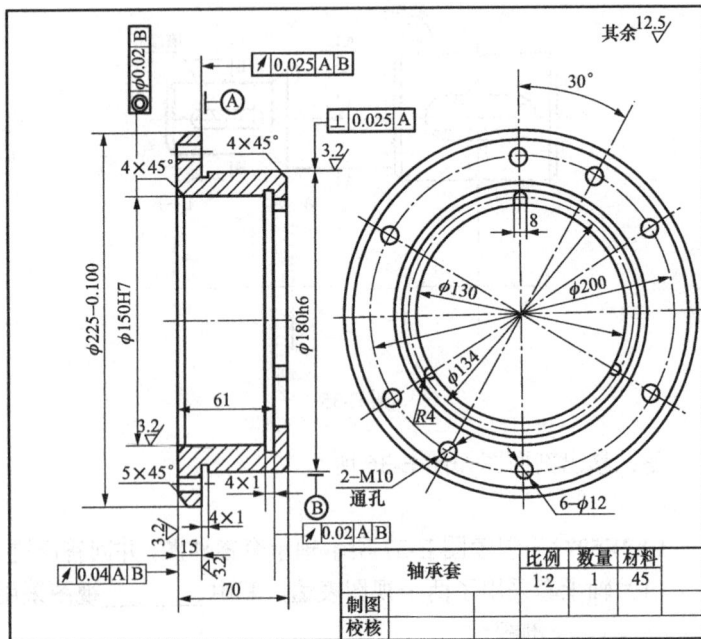

图 E-37

和ϕ_____mm，并有一尺寸为_____mm 的内割槽。

（3）零件上加工了_____个圆孔，大小尺寸是_____，定位尺寸是_____；_____个螺孔，大小尺寸是_____，定位尺寸是_____，_____。

（4）在图中指出长、宽、高方向的尺寸基准。

答：（1）主，全。

（2）225，180，150，130，8。

（3）6，6–ϕ12mm，ϕ200mm，2，2–M10mm，ϕ200mm，30°。

（4）高和宽方向尺寸基准为轴线；长度方向的尺寸基准为左、右端面及退刀槽4×1的右端面。

Lb1E5024 绘出由电源变压器、4 个二极管及负载电阻构成的单相桥式整流电路。

答：如图 E-38 所示。

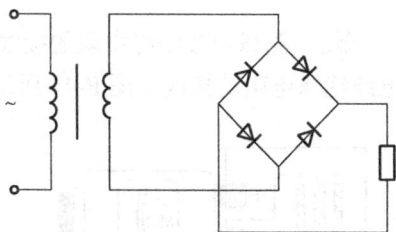

图 E-38

Lb1E5025 绘出Υ—Υ对称三相电路中负载端 A 相短路时的负载电压矢量位形图。

答：如图 E-39 所示。

Jd5E1026 画出日光灯线路原理接线图。

答：日光灯一般形式接线如图 E-40 所示。

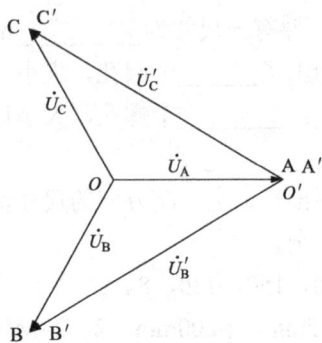

图 E-39

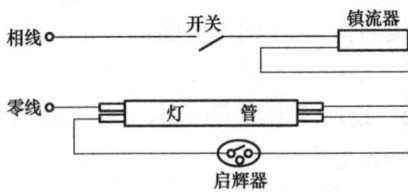

图 E-40

Jd5E2027 试绘出测量电缆绝缘电阻的接线图。

答： 测量电缆绝缘电阻的接线如图 E-41 所示。

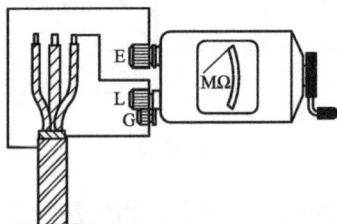

图 E-41

Jd4E2028 试绘出电容分相单相交流电动机的原理接线图。

答： 电容分相单相交流电动机的原理接线图如图 E-42 所示。

206

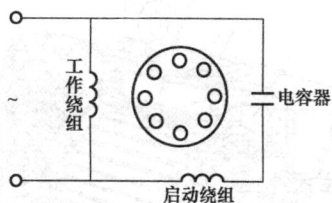

图 E-42

Je5E1029 如图 E-43 所示为交流电动机接线端示意图，试将在接线盒中将三相异步电动机分别连接成星形和三角形接法。

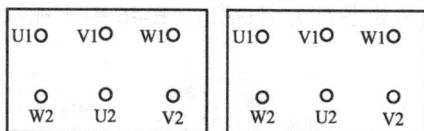

图 E-43

答：星形与三角形接线分别如图 E-44 所示。

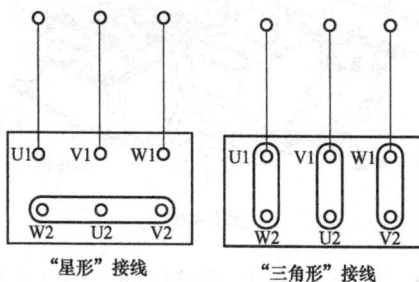

"星形"接线　　　　"三角形"接线

图 E-44

Je5E1030 请在图 E-45 中指出直流电机各部分名称。

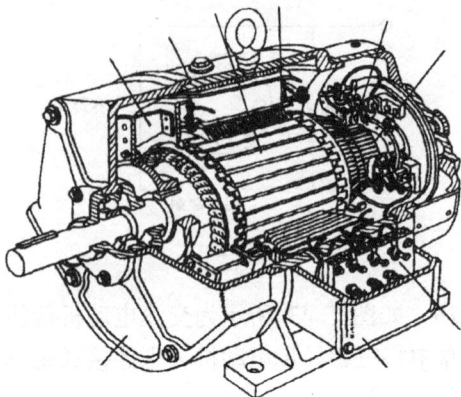

图 E-45

答： 直流电机各部分名称如图 E-46 中所标示。

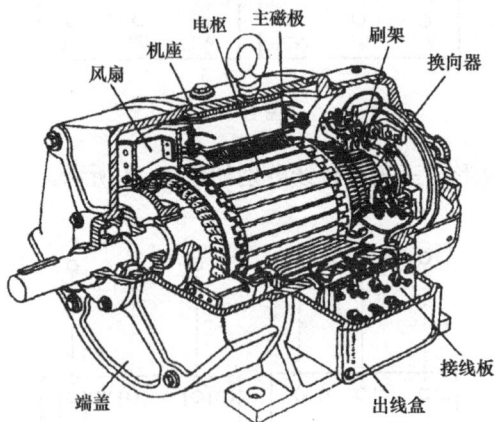

图 E-46

Je5E2031 画出 4 极 24 槽单层同心绕组展开图（只画一相并标出首尾端头）。

答： 4 极 24 槽单层同心绕组展开图如图 E-47 所示。

Je5E3032 画出开关直接起动三相异步电动机控制回路

原理接线图。

答：开关直接起动三相异步电动机控制回路原理接线图，如图 E-48 所示。

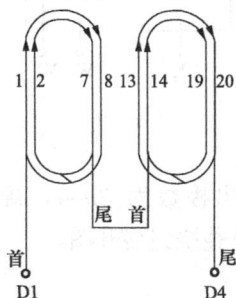

图 E-47

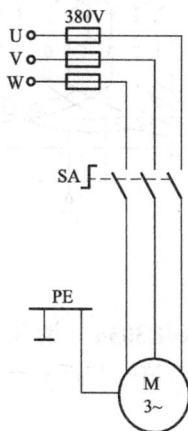

图 E-48

Je4E2033 请在图 E-49 上画出三相 2 极 24 槽单层同心式绕组展开图。

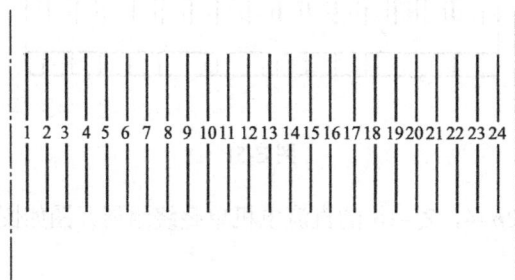

图 E-49

答：三相 2 极 24 槽单层同心式绕组展开图如图 E-50 所示。

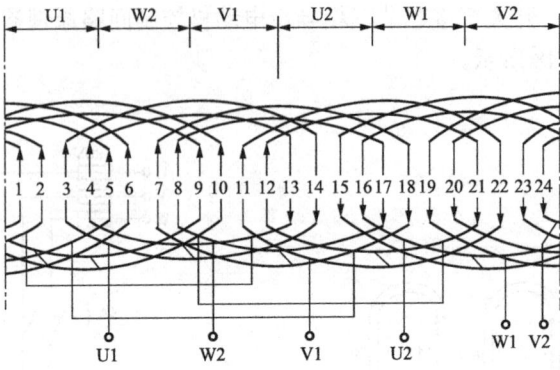

图 E-50

Je4E3034　请在图 E-51 上画出极数为 $2p=4$，虚槽数 $Z_e=16$，第一节距 $y_1=4$ 的直流电机单叠绕组展开图。

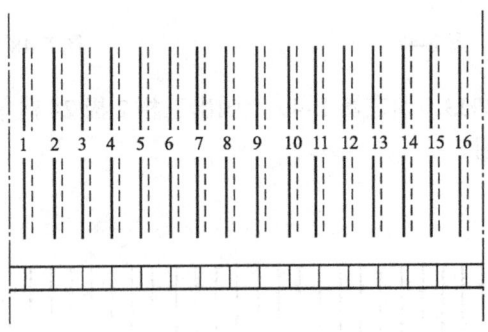

图 E-51

答：$2p=4$，$Z_e=16$ 的直流电机单叠绕组展开图如图 E-52 所示。

Je4E3035　在图 E-53 所示方框图中填写出发电机的组装工序流程。

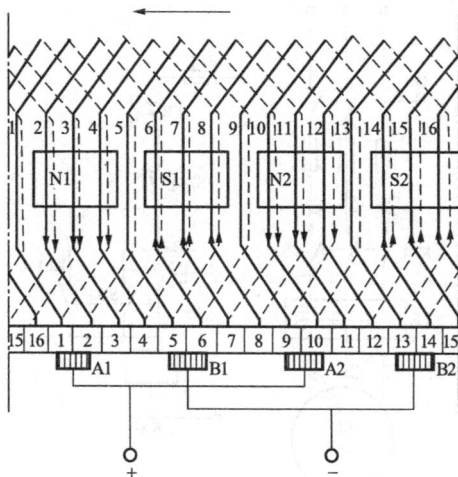

图 E-52

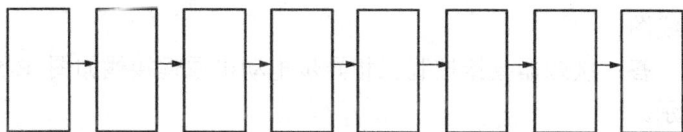

图 E-53

答：发电机的组装工序流程如图 E-54 所示。

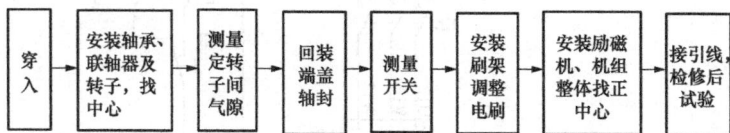

图 E-54

Je4E3036 绘出一种点动、长动控制的电动机原理接线图。

答：点动、长动控制的电动机原理接线图如图 E-55 所示。

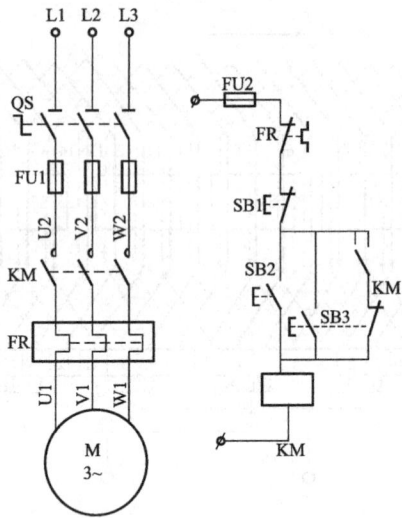

图 E-55

Je4E4037　试绘出接触器直接控制三相异步电动机原理
接线图。

答：接触器直接控制三相异步电动机原理接线如图 E-56
所示。

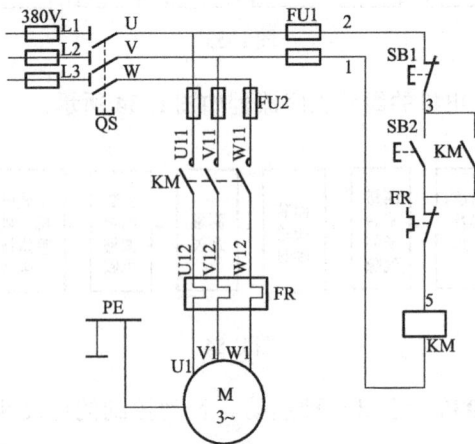

图 E-56

Je3E2038 QFSN-300-2 型汽轮发电机转子外形如图 E-57 所示，全长 10900mm，外径为 1100mm，转子轴正向中间 5150mm 长的部分是本体，两头其他部分为转轴，请在图中标注，将未标注出的尺寸补齐，并指出各部件名称。

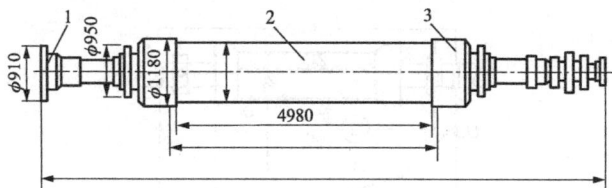

图 E-57

答：尺寸标注及部件名称如图 E-58 所示。

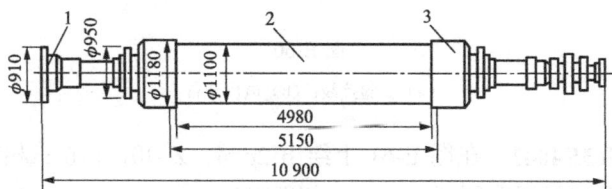

图 E-58

1—联轴器；2—铁心；3—护环

Je3E3039 试绘出检查直流电机电刷中性线位置的试验接线图。

答：检查直流电机电刷中性线位置的试验接线如图 E-59 所示。

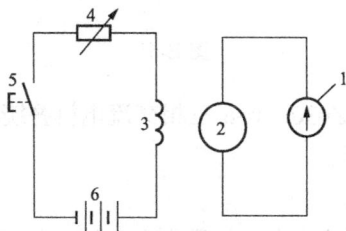

图 E-59

1—毫伏计；2—电枢；3—励磁线圈；4—可调电阻；
5—按钮；6—蓄电池（6～12V）

Je3E4040　试绘出用大电流法查找汽轮发电机转子接地点轴向位置的试验接线图。

答：大电流法查找汽轮发电机转子接地点轴向位置的试验接线如图 E-60 所示。

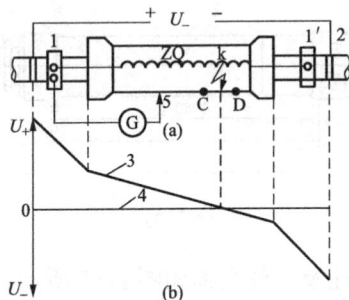

图 E-60

（a）试验接线；（b）电位分布

Je3E4041　在图 E-61 上绘出 $2p=4$，$Z=30$，$y=6$ 三相交流电机叠绕组展开图（仅画出一相即可）。

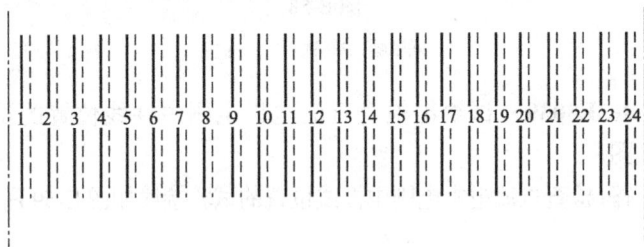

图 E-61

答：$2p=4$，$Z=30$，$y=6$ 三相交流电机叠绕组（一相）展开图如图 E-62 所示。

Je3E4042　试绘出三相异步电动机空载试验接线图。

答：三相异步电动机空载试验接线如图 E-63 所示。

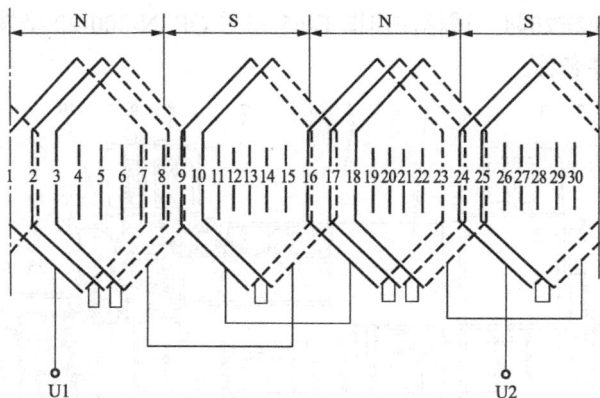

图 E-62

Je3E5043 试绘出绕线式异步电动机转子绕组串电阻起动控制线路原理图。

答：绕线式异步电动机转子绕组串电阻起动控制线路原理图如图 E-64 所示。

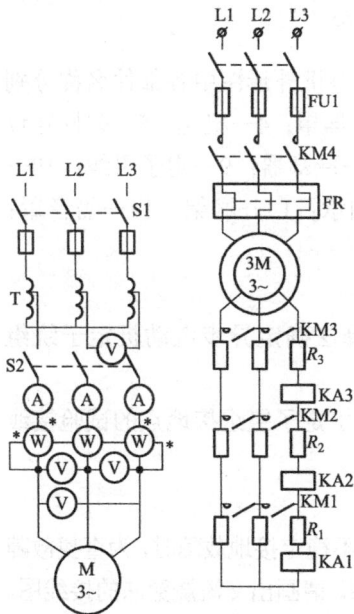

图 E-63

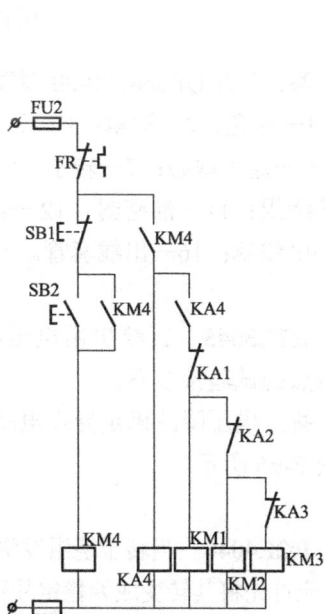

图 E-64

Je2E2044 试标注出图 E-65 东方 QFSN-300-20 型发电机各部件名称。

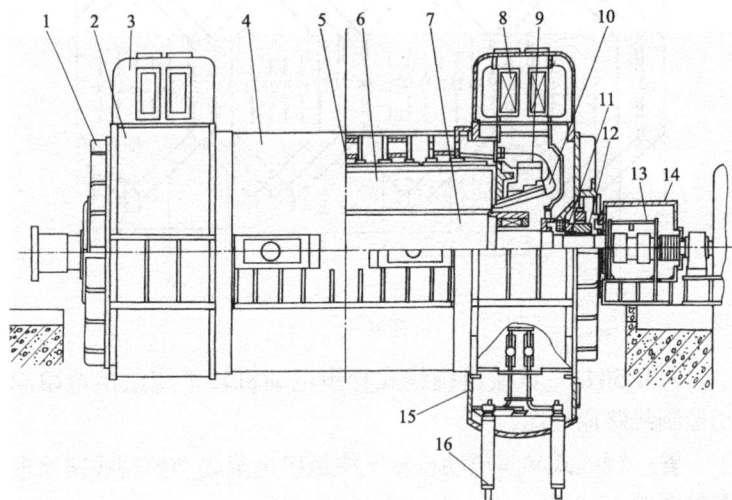

图 E-65

答：东方 QFSN-300-20 型发电机外形图中各部件名称分别是：1—端盖；2—端罩；3—冷却器罩；4—机座；5—弹性定位筋；6—定子铁心；7—转子；8—冷却器；9—定子引线；10—定子绕组；11—油密封；12—轴承；13—刷架；14—隔音罩；15—出线罩；16—出线套管。

Je2E3045 试绘出用电压降法确定异步电动机定子绕组接地点的试验接线图。

答：电压降法确定异步电动机定子绕组接地点的试验接线如图 E-66 所示。

Je2E4046 当转子绕组发生不稳定接地故障时，为查找故障点，应首先将其转变成为稳定故障，请画出交流烧穿法的接线图。

答：交流烧穿法的接线图如图 E-67 所示。

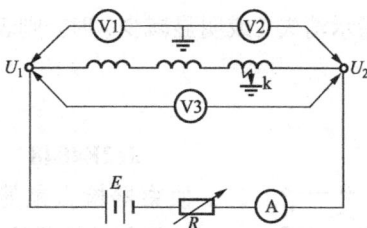

图 E-66

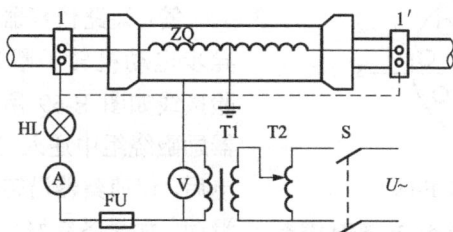

图 E-67

Je2E4047 绘出用开口变压器法确定异步电动机定子绕组接地点的试验接线图,并简述其工作原理。

答:故障相确定之后,在故障相首端与定子铁心间加一(36V)交流低电压,电流将经由故障相绕组首端、末端接地部分绕组、故障点、定子铁心所构成的闭合回路,而故障点以后的绕组中将无电流流过。可用如图E-68 所示开口变压器的绕组两端串接一只微安表,用开口变压器跨接在槽的上面,并沿轴向移

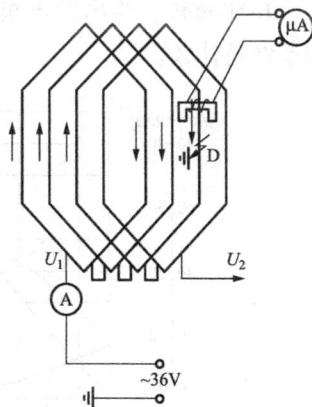

图 E-68

动,并逐槽测试。当全槽均有感应电动势产生,微安表的指示时,表明接地点不在该槽内;当开口变压器的在某槽移动,且

217

在 D 点微安表指示消失（或明显减少）时，则表明 D 点就是接地点。

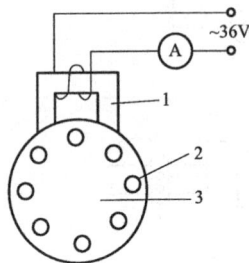

图 E-69

1—转子；2—导条；3—短路侦察器

Je2E4048 试绘出用短路侦察器检查鼠笼式异步电动机转子断条位置的试验接线，并简述其工作原理。

答：短路侦察器检查鼠笼式异步电动机转子断条位置的试验接线如图 E-69 所示。在侦察器励磁绕组中通入 36V 的交流电后，使侦察器沿转子圆周逐槽滑动，如导条完好，则电流表指示出正常的短路电流，若移动某槽时电流明显下降，则表明该槽导条断裂。

Je2E4049 绘出发电机干燥曲线并说明发电机干燥合格的条件是什么？

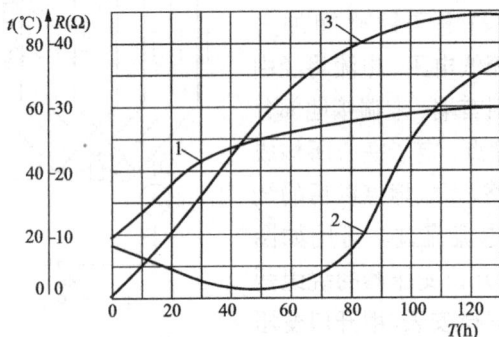

图 E-70

1—定子温度；2—定子绝缘电阻；3—转子绝缘电阻

答：发电机的干燥曲线如图 E-70 所示。发电机的干燥时间由受潮程度、干燥方法、机组容量和现场具体条件等多方面因素来决定，通常预热到 65～70℃，一般不少于 15～30h，全部干燥时间一般在大于 72h 以上。干燥过程中定时记录铁心温度与绝缘电阻等数据，并绘制其变化曲线——干燥曲线。当温度恒定后，测得定子绕组绝缘电阻也稳定时，将其换算到接近工作温度时的绝缘电阻，应大于 1MΩ/kV，吸收比 $R_{60s}/R_{30s} > 1.3$（对沥青烘卷云母绝缘、环氧粉云母绝缘应不小于 1.6），再经过 3～5h 不变；转子绝缘换算到 20℃时也大于 1MΩ，即可干燥认为合格。此时可测定空气的湿度，当出口空气的湿度等于入口空气和湿度时，即表明已无水分排出，干燥工作便可结束。

Je2E5050 试绘出用单开口变压器法进行发电机转子绕组匝间短路试验接线图。

答：单开口变压器法进行发电机转子绕组匝间短路试验接线如图 E-71 所示。

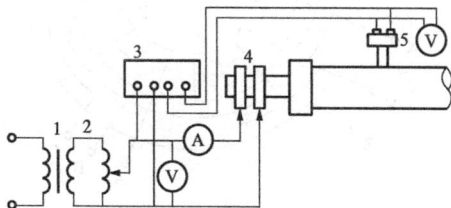

图 E-71

1—隔离变压器；2—自耦变压器；3—相位电压表；

4—转子滑环；5—开口变压器

Je1E5051 画出电容式电动机接线图及相量图。

答：如图 E-72 所示。

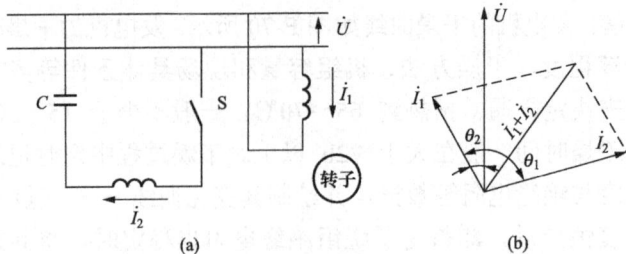

图 E-72

（a）接线图；（b）相量图

Je1E5052　一台三相交流异步电机，极数 $2p=4$，每相绕组并联支路数 $a=1$，绕组为三相双层迭绕组，绘出三相绕组端部圆形接线图。

答：如图 E-73 所示。

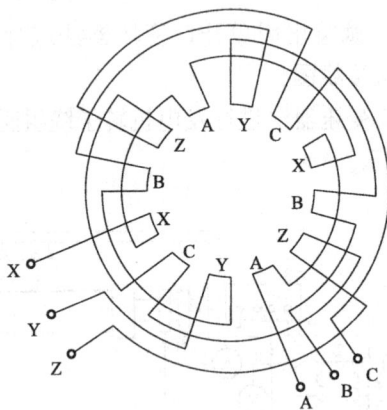

图 E-73

Je1E5053　画出发电机两点接地示意图。

答：如图 E-74 所示。

Je1E5054　绘出异步电动机Y—△降压启动电路图。

答：如图 E-75 所示。

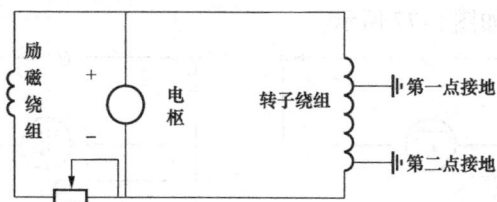

图 E-74

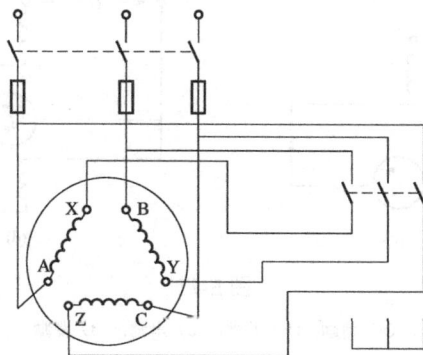

图 E-75

Je1E5055 画出同轴直流励磁机简单励磁回路接线图。
答：如图 E-76 所示。

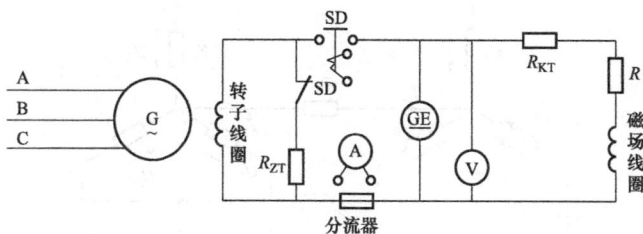

图 E-76

SD—灭磁开关；GE—励磁机；G—发电机

Je1E5056 绘出直流电机励磁方式接线路图。

答： 如图 E-77 所示。

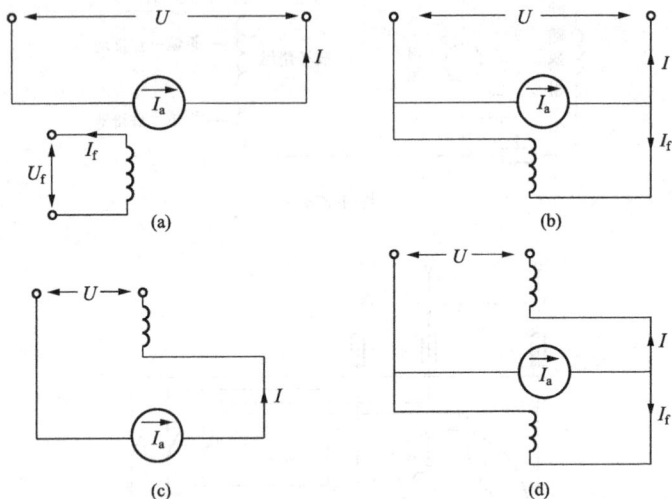

图 E-77

（a）他励；（b）并励；（c）串励；（d）复励

Je1E5057 画出三相电源与负载采用"三相四线制"连接的电路图。

答： 如图 E-78 所示。

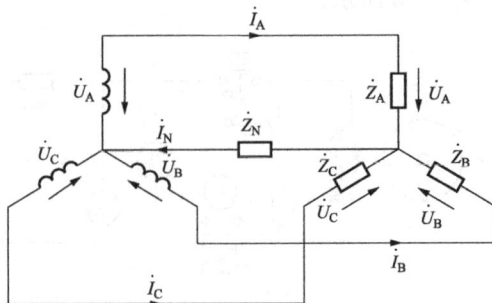

图 E-78

Je1E5058 用电流干燥法对三相异步电动机进行干燥，分別绘出电动机三相绕组串联干燥法接线图、并联干燥法接线图和短路干燥法接线图。

答：如图 E-79 所示。

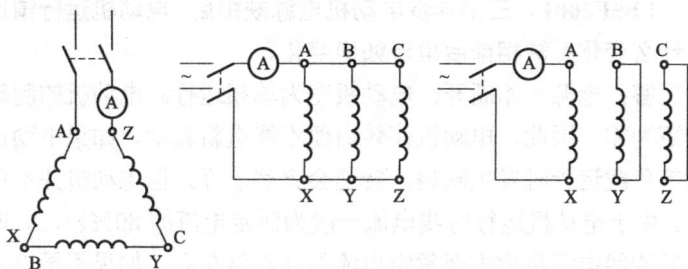

图 E-79

4.1.6　论述题

Lb5F2001　三相异步电动机电源缺相后，电动机运行情况有什么变化？缺相前后电流如何变化？

答：电源一相断开，电动机变为单相运行。电动机的起动转矩为零，因此，电动机停转后便不能重新起动。如果电动机在带负载运行时发生缺相，转速会突然下降，但电动机并不停转。由于电动机运行时线电流一般为额定电流的 80% 左右，断相后的线电流将增大至额定电流的 1.4 倍左右。如果不予以保护，缺相后电动机会因绕组过热而烧毁。

Lb4F2002　为什么直流电动机起动电流会很大？当运行中的并励直流电动机励磁回路开路时，会出现什么现象？

答：因为刚合上电源时，转子由于惯性作用来不及转动，此时转速为零，电枢绕组反电势不能建立，故起动电流 $I_{st}=U/R_a$，R_a 为电枢绕组内阻，其值很小，故起动电流很大。当运行中的并励直流电动机励磁回路断线，则励磁电流为零，由公式

$$n = \frac{U}{C_e\phi} - \frac{R_a}{C_e C_\phi \phi^2} M$$

可知，此时转子转速将迅速升高，出现"飞车"现象。

Lb4F2003　绕线式异步电动机起动时通常采用在转子回路串联适当起动电阻的方法来起动，能够获得较好的起动性能，如果将起动电阻改成电抗器效果是否一样？为什么？

答：不一样。起动时在绕线式异步电动机转子回路串入电抗与串入起动电阻虽然均能够增加起动时电动机的总阻抗，起到限制起动电流的目的，但串入电抗器之后，却不能够起到与串入起动电阻并增大转子回路功率因数一样的效果，反而大幅

度地降低了转子回路的功率因数，使转子电流的有功分量大大减小，因而造成起动转矩的减小，使电动机起动困难。

Lb4F2004　试比较异步电动机直接起动与降压起动的优缺点。

答：直接起动设备与操作均简单，但起动电流大，电机本身以及同一电源提供的其他电气设备，将会因为大电流引起电压下降过多而影响正常工作，在起动电流以及电压下降许可的情况下，对于异步电动机尽可能采用直接起动方法。降压起动电流小，但起动转矩也大幅下降，故一般适用于轻、空载状态下起动，同时，降压起动还需增加设备设施的投入，也增加了操作的复杂程度。

Lb4F3005　发电机定子端部加装磁屏蔽环的作用是什么？

答：磁屏蔽是由导磁率较高的薄硅钢片制成的圆环，装在定子端部齿压弧与压圈之间。其作用是减少垂直进入边端铁心的漏磁通量，使齿压板和边端铁心的发热下降。因为磁能总是企图通过磁阻最小的路径，因此大部分的漏磁通都挤入磁屏蔽环内，很小的漏磁通能够进入齿压板和边端铁心，起到了磁分路的作用。

Lb4F3006　试简析深槽式异步电动机是利用什么原理实现起动性能改善的？

答：深槽式异步电动机是利用集肤效应来实现起动性能改善的。电动机起动时，由于转子与定子磁场的相对速度最大，故转子绕组漏电抗最大。与之相比，此时转子绕组的内阻可忽略不计，转子电流沿导体截面的分布由转子绕组漏电抗分布决定，由于转子漏磁通沿槽深方向由底自上逐渐减少，故转子漏电抗也自下而上逐渐减小，因此转子电流的绝大多数自导体上部经过，而下部几乎无电流通过——即集肤效应（又称趋表效应），则导体的有效面积减小，转子绕组等值电阻相应增加，所以起到了限制起动电流，增加起动转矩的作用。双鼠笼式异步电动机的改善起动性能的原理与深槽式基本一致。

Lb3F3007　绕线式异步电动机通常采用转子回路串入电阻来改善起动性能，试问转子回路串入的电阻是不是越大越好？为什么？

答：不是越大越好，只有串入适当大小的电阻才能够既减小起动电流又增加起动转矩。

因为转子回路串入过大的电阻会使电动机等值阻抗增加而减小起动电流，但从电磁转矩公式

$$M=C_M\phi_M I'_2\cos\varphi$$

可见，转子电阻过大，造成转子电流下降过多，而使电磁转矩过小，因而电动机起动困难。

Lb2F3008　检修发电机、同期调相机必须做好哪些安全措施？

答：必须做好以下安全措施：

（1）断开发电机、同期调相机的断路器（开关）和隔离开关（刀闸）。

（2）待发电机和同期调相机完全停止后，再在操作把手、按钮、机组的起动装置、并车装置插座和盘车装置的操作把手上悬挂"禁止合闸，有人工作！"的标示牌。

（3）若本机尚可从其他电源获得励磁电流，则此项电源亦应必须断开，并悬挂"禁止合闸，有人工作！"的标示牌。

（4）断开断路器（开关）、隔离开关（刀闸）的操作电源。如调相机有起动用的电动机，还应断开此电动机的断路器（开关）和隔离开关（刀闸），并悬挂"禁止合闸，有人工作！"的标示牌。

（5）将电压互感器从高、低压两侧断开。

（6）经验明无电压后，在发电机和断路器（开关）间装设接地线。

（7）检修机组中性点与其他发电机的中性点连接在一起的，则在工作前必须与其他发电机的中性点分开。

（8）检修机组装有二氧化碳或蒸汽灭火装置的，则在风道内工作前，应采取防止灭火装置误动的必要措施。

（9）检修机组装有可以堵塞机内空气流通的自动闸板风门的，应采取措施保证风门不能关闭，以防窒息。

Lb2F4009　检修工作中为什么要特别重视解体质量？为提高解体质量应注意哪些方面？

答：检修工作中对检修设备的解体非常重要，要特别注意提高解体检查质量。因为只有通过解体检查才能进一步发现设备缺陷，进而采取措施加以消除；同时对原检修施工计划作必要修正，包括调整项目、材料备品、施工进度和决定施工技术措施，以便全面铺开检修工程。

由于解体检查所需时间一般约占检修工期的 1/3。因此在检修开工后应抓紧外部清扫、解体、清洗、检查与测试等工作。解体检查工作好坏的质量标准一是按期完成，二是查清缺陷，尤其对隐蔽部位的检查。为提高解体质量应注意：

（1）解体不漏项，对零部件仔细清洗，认真检查。

（2）发挥技术监督和技术诊断作用，查清缺陷。

（3）根据质量标准及时判断设备缺陷程度，以决定是修复还是更换，对频发缺陷要根治解决。

（4）要及早解体，不能拖后，否则将会延误工期。

Lb1F4010　什么是有功功率？什么是无功功率？什么是视在功率？

答：在交流电路中电阻是唯一消耗能量的元件，电阻元件中消耗的功率称为有功功率，它就是电阻元件在交流电的一个周期内所消耗瞬时功率的平均值。无功功率是指交流电路中电源与储能元件之间交换能量的能力，电机、变压器等一些电气设备的工作需要无功功率来建立电磁场，所以无功功率并不是无用之功。视在功率是交流电压和交流电流的乘积，它不仅仅是一个形式上的量，电气设备是按照一定的电压和电流来设计和使用的，电压超过了额定电压，电流超过了额定电流，设备就有可能损坏，所以交流电气设备都是以视在功率来表示它的容量。

Lb1F4011　什么叫直流电机的换向？什么是换向元件的电抗电动势？什么是换向元件的换向电动势？

答：当直流电机旋转时，电枢绕组元件从一条支路经过电刷进入另一个支路时，该元件中的电流改变了方向，这种电流方向的改变称为换向。

在换向周期内，换向元件中的电流由$+I_a$变为$-I_a$，导致和换向元件相交链的磁链发生变化，从而在换向元件中感应出电动势，这个电动势称为电抗电动势。

在换向区域内，实际上存在磁场，当换向元件切割这种磁场时，会产生感应电动势，这个电动势称为换向电动势。

Lc4F2012　检修高压电动机和起动装置时，应做好哪些安全措施？

答：应做好以下安全措施：

（1）断开电源断路器（开关）、隔离开关（刀闸），经验明确无电压后，装设接地线或在隔离开关（刀闸）间装绝缘隔板，小车开关应从成套配电装置内拉出并关门上锁。

（2）在断路器（开关）、隔离开关（刀闸）把手上悬挂"禁止合闸，有人工作！"的标示牌。

（3）拆开后的电缆头须三相短路接地。

（4）做好防止被其带动的机械（如水泵、空气压缩机、引风机等）引起电动机转动的措施，并在阀门上悬挂"禁止合闸，有人工作！"的标示牌。

Lc3F3013　根据《电业安全生产规程》规定，检修发电机、同期调相机必须做好哪些安全措施？

答：检修发电机、同期调相机必须做好下列安全措施：

（1）断开发电机、同期调相机的断路器（开关）和隔离开关（刀闸）。

（2）待发电机和同期调相机完全停止后，在操作把手、按钮、机组的起动装置、并车装置插座和盘车装置的操作把手上悬挂"禁止合闸，有人工作！"的标示牌。

（3）若本机尚可从其他电源获得励磁电流，则此项电源亦必须断开，并悬挂"禁止合闸，有人工作！"的标示牌。

（4）断开断路器（开关）、隔离开关（刀闸）的操作电源。如调相机有起动用的电动机，还应断开此电动机的断路器（开关）和隔离开关（刀闸），并悬挂"禁止合闸，有人工作！"的标示牌。

（5）将电压互感器从高、低压两侧断开。

（6）经验明无电压后，在发电机和断路器（开关）间装设接地线。

（7）检修机组中性点与其他发电机的中性点连在一起的，则在工作前必须将检修发电机的中性点分开。

（8）检修机组装有二氧化碳或蒸汽灭火装置的，则在风道内工作前，应采取防止灭火装置误动的必要措施。

（9）检修机组装有可以堵塞机内空气流通的自动闸板风门的，应采取措施保证使风门不能关闭，以防窒息。

Lc3F5014　检修工作的基本目标是什么？试述检修质量检验和验收的程序和方法。

答：检修工作的基本目标：

（1）质量好。设备检修后，消除了设备缺陷；达到各项质量标准；能在规定的检修工期内起动成功；能在一个大修间隔内安全、经济、满出力运行；可靠性、经济性比检修前有所提高；监测装置、安全保护装置、主要自动装置投入率较修前提高，动作可靠，各种信号、标志正确。

（2）工期短。完成全部规定标准项目和特殊项目，且检修停用日数不超过规定。

（3）检修费用低。材料、人工、费用不超过主管局批准的限额和合同规定数额。

（4）安全好。施工中严格执行安全规程，做到文明施工、安全作业，消灭人身重伤以上事故和设备严重损坏事故。

（5）检修管理好，能严格执行检修有关规程和规定，不断完善检修管理，各种检修技术文件齐全、正确、清晰，检修现场清洁。

检修质量检验：

（1）质量检验实行检修人员自检和验收人员检验相结合，简单工序以自检为主。

（2）质量检验以部颁和现场的工艺规程和质量标准为准则。

（3）验收人员必须深入现场，调查研究、随时掌握检修情况，不失时机地帮助检修人员解决质量问题。同时，必须坚持原则，坚持质量标准，把好质量关。

验收程序和方法：

（1）质量验收实行班组、车间（或分场、专业队、检修队）、厂部三级验收制度。

（2）厂（单位）的总工程师根据检修项目和工序的重要程度，制定质量验收管理制度，明确班组、车间和厂部三级验收的职责范围。

（3）由班组验收的项目，一般先由检修人员自检后交班组长进行检验，班组长要做好必要的技术记录。

（4）重要工序和重要项目及分段验收项目和技术监督项目由车间一级进行验收。检验后，应填好分段验收记录，其内容包括检修项目、技术记录、质量评价及检修和验收双方负责人的签名。

（5）各项技术监督的验收，应有专业人员参加。

（6）主要设备大修后的总验收，由厂总工程师主持进行厂部验收。

Lc3F4015　根据部颁《发电厂检修规程》规定汽轮发电机转子大修时的标准项目、特殊项目以及重大特殊项目分别有哪些？

答：根据部颁《发电厂检修规程》规定汽轮发电机转子大修时的标准项目有：

（1）测量空气间隙。

（2）抽转子（对通风系统严密性好的密闭式空冷和氢冷发电机可每两次大修，抽一次转子）。

（3）抽出转子时应进行下列工作：检查和吹扫转子端部绕组槽楔有无松动、位移、变色等，检查套箍嵌装情况；检查和测量套箍有无位移、变形，分段套箍的接缝处间隙有无变化；检查芯环、风扇、轴颈及平衡重块；检查内冷转子通风孔，应逐个检查流通情况。

（4）检查及清扫刷架、滑环、引线，调整电刷压力，更换电刷（包括接地电刷），打磨滑环，必要时进行车旋。

（5）水内冷发电机进行通水反冲洗与水压试验。

（6）更换水内冷机组的全部丁腈橡胶管或复合管。

（7）转子大轴中心孔探伤。

（8）电气预防性试验。

特殊项目有：

（1）移动发电机定子，调整空气间隙。

（2）处理绕组匝间短路，接电拉出套箍，清扫端部绕组。

（3）更换风扇叶片、转子槽楔、滑环及引线。

重大特殊项目有：

（1）更换转子绕组绝缘。

（2）更换转子套箍、芯环等重要部件。

Lc2F4016 根据 **DL 558—94**《电业生产事故调查规程》规定，设备事故调查报告书应包括哪些项目？

答：设备事故调查报告书应包括以下项目：① 事故单位；② 事故简述；③ 事故性质；④ 事故起止时间；⑤ 气象条件及自然灾害；⑥ 主设备规范；⑦ 设备制造厂和投运时间；⑧ 设备修复（更新）时间；⑨ 直接经济损失；⑩ 少发（送）电（热）；⑪ 设备损坏情况；⑫ 事故前工况；⑬ 事故经过（发生、扩大、处理情况）；⑭ 事故发生、扩大原因；⑮ 事故暴露的问题及有关评议；⑯ 对重要用户的影响；⑰ 事故责任及处理情况；⑱ 防止事故的对策、执行人及完成期限；⑲ 事故调查组成员姓名、单位、职务（职称）；⑳ 有关资料（包括图纸、资料、原始记录、事故照片、事故录像等）；㉑ 事故调查组成员签名；㉒ 主持事故调查单位代章；㉓ 报出日期。

Lc2F4017 根据《发电厂检修规程》规定，检修机构应做好哪些检修管理的基础工作？

答：检修机构应做好以下检修管理的基础工作：

（1）根据本规程和主管部门的有关规程制度，结合当地具体情况制订实施细则或作出补充规定（制度），如检修质量标准、工艺方法、验收制度、设备缺陷管理制度、设备异动管理办法、备品管理办法等。

（2）搞好设备和系统技术资料、技术状况的管理，要收集和整理好设备、系统原始资料，实行分级管理，明确各级职责。

（3）加强对检修工具、机具、仪器的管理，做到正确使用，加强保养，并努力进行研制或改进。

（4）加强材料和备品的管理工作。

（5）建立和健全大修人工、材料消耗和费用统计管理制度。

（6）建立设备状态监督制度。

（7）严格执行各项技术监督制度，做到方法正确、数字准确、结论明确。

（8）对建筑物、构筑物和管理，要做到定期观测、检查，并做好记录归档（水力发电厂的水工建筑按专门规定执行）。

（9）加强检修队伍的建设，提高职工素质，造就一支责任心强，懂得科学管理，有实践经验和技术经验、工作作风好的检修队伍。

（10）不断完善检修经济承包责任制。

Lc2F4018 ISO 是如何定义质量及质量管理的？部颁的《发电厂检修规程》中对检修质量提出怎样的要求？

答：ISO 系列标准是这样定义的："质量管理是指在质量体系范围内，确定和通过质量策划、质量控制、质量保证和质量改进,实施质量方针、目标和职责的全部管理职能的所有活动"。ISO 系列标准对"质量"的定义是：反映产品或服务，满足明确或隐含需要能力的特性和特征的总和。部颁布的《发电厂检修规程》对检修质量提出如下要求：设备检修后，消除了设备缺陷；达到各项质量标准；能在规定的检修工期内起动成功；能在一个大修间隔内安全、经济、满出力运行；可靠性、经济性比修前有所提高；监测装置、安全保护装置、主要自动装置投入率较修前提高，动作可靠；各信号、标志正确。

Lc2F5019 根据部颁《发电厂检修规程》规定，汽轮发电机定子大修时的标准项目、特殊项目以及重大特殊项目分别有哪些？

答：根据部颁《发电厂检修规程》规定汽轮发电机定子大修时的标准项目有：

（1）检查端盖、护板、导风板、衬垫等。

（2）检查和清扫定子绕组引出线和套管。

（3）检查和清扫铁心压板、绕组端部绝缘、绑线、隔木（垫块）、支持环或压紧螺栓，消除缺陷。

（4）更换少量隔木（垫块）。

（5）绕组端部喷漆。

（6）检查清扫通风沟处线棒绝缘，检查槽楔、铁心，必要时，更换少量不合格的槽楔。

（7）灭火装置检查清扫。

（8）检查和校验温度表（包括埋入式）。

（9）水内冷发电机进行反冲洗及水压试验。

（10）电气预防性试验。

特殊项目有：

（1）更换部分定子线棒或修理线棒绝缘。

（2）定子端部绕组接头重新焊接。

（3）更换 25%以上槽楔和端部隔木（垫块）或重扎绑线。

（4）铁心局部修理。

（5）改进绕组端部结构。

（6）抽查水内冷、氢内冷发电机大接头 6 个以上。

（7）更换水内冷发电机组 25%以上的引水管。

（8）更换测温元件。

重大特殊项目有：

（1）更换全部定子线棒。

（2）铁心解体重装。

Lc1F5020 说明通常在同步发电机中应装设的保护装置及其作用。

答：通常在同步发电机中应装设的保护装置及其作用为：

（1）纵差动保护，用于反映发电机线圈及其引出线的相间短路。

（2）横差动保护，用于反映发电机定子绕组的一相的同一分支匝间或两个分支间短路。

（3）过电流保护，用于切除发电机外部短路引起的过电流，并作为发电机内部故障的后备保护。

（4）单相接地保护，反映定子绕组单相接地故障，在不装设单相接地保护时，应用绝缘监视装置发出接地故障信号。

（5）不对称过负载保护，反映不对称负载引起的过电流，动作于信号。

（6）对称过负载保护，反映对称过负载引起的过电流。

（7）无负载过压保护，反映大型发电机突然甩负载时引起定子绕组的过电压。

（8）励磁回路的接地保护，用于反映发电机转子回路一点或两点接地故障。

（9）失磁保护，反映发电机由于励磁故障造成发电机失磁，根据失磁严重程度，使发电机减负载或切厂用电或将发电机断路器跳闸。

（10）发电机断水保护，装设在水冷发电机上，反映发电机冷却水中断。

Lc1F5021　汽轮发电机滑环损坏的主要原因有哪些？

答：发电机滑环损坏的主要原因为：

（1）滑环表面粗糙。

（2）碳粉堆积，通风不良。

（3）电刷更换不及时。

（4）刷握与滑环或刷握与电刷之间的间隙太大，电刷容易卡涩。

（5）由于振动，电刷被振坏，从而影响滑环。

（6）电刷质量不良或混用不同牌号的电刷。

（7）运行中碳粉和转子漏出的油混合在一起，不仅影响滑环的绝缘，还会过热起火，最终损坏滑环。

（8）高速旋转的转子引线的绑绳松脱，与静止的电刷搅在一起，影响了电刷和滑环的接触，形成环火。

（9）随着转子的冷却技术不断提高，转子的实际电流密度也有所增加，而相应的监测手段却未跟上。

Jd5F2022　怎样正确使用绝缘电阻表？

答：使用绝缘电阻表应：

（1）按电气设备的电压等级使用，测量 500V 以下的设备，应用 500V 绝缘电阻表；测量 500V 以上设备，可用 1000V 和 2500V 绝缘电阻表。

（2）绝缘电阻表的引线对地绝缘应良好，绝缘电阻表的"线路"（L）端和"接地"（E）端引线最好选用不同颜色，便于识别使用。

（3）测量前应将被试设备的电源切断，将设备的出线对地短路放电。

（4）测量前绝缘电阻表应放水平位置，检查绝缘电阻表开路摇动手柄表针指示"∞"，两线短接表针指示应为"0"处。

Jd5F2023　试述手拉葫芦（导链）使用要求有哪些？

答：手拉葫芦（导链）使用要求：

（1）在起吊物件前应估计一下重量，切勿超载使用。

（2）在使用前必须对吊钩、起重链条及制动部分等，进行认真仔细地检查，确认完好无损后，方可使用。

（3）起重前应检查上下用钩是否挂牢，不得偏歪。起重链条应垂直悬挂绝对不得绞扭。

（4）对上述各项检查确认无误后，操作者站在手拉链轮同一平面内，拉动手拉链条，使手拉链轮顺时针方向运动，重物即可上升。当重物离开地面约 0.2m 左右时，停留一段时间，检验制动器部分是否可靠并检查有无其他不正常现象，确认正常后，再继续起吊到需要高度。当需要降落时，拉动手拉链条的另一端，使手拉链轮反时针方向转动，重物即可缓慢下降。

（5）在起吊过程中，无论重物上升或下降，拉动手拉链条时用力应均匀和缓，防止手拉链条跳动或卡住。

Jd4F3024　为什么发电机转子一点接地后容易发生第二点接地？

答：发电机转子一点接地后励磁回路对地电压将有所升高，在正常情况下，励磁回路对地电约为励磁电压的一半。当励磁回路的一端发生金属性接地故障时，另一端对地电压将升高为全部励磁电压值，即比正常电压值高出一倍。在这种情况下运行，当切断励磁回路中的开关或一次回路的主断路器时，将在励磁回路中产生暂态过电压，在此电压作用下，可能将励磁回路中其他绝缘薄弱的地方击穿，从而导致第二点接地。

Jd4F3025　进行电焊前应做哪些准备工作？

答：焊接前的准备工作包括：

（1）清理焊口。焊接前必须认真清除焊口边缘的铁锈、油脂、油漆、水分、气割的熔渣与毛刺等，以保证焊接时电弧能稳定的燃烧和焊缝的质量。

（2）确定焊接接头和坡口的形式。在手工电弧焊中，应根据焊件的厚度、结构的形状和使用条件确定接头和坡口的形式。最常见的接头形式有：对接接头、角接接头、搭接接头和 T 型接头。在焊接结构中，还有其他接头形式，如十字接头、套管接头等。

（3）倒坡口的目的是保证电弧能深入接头根部，使接头根部能焊透，并调节焊缝金属中母材与填充金属的比例，从而提高焊缝的质量和性能。一般板厚大于 6mm 的钢板，焊前必须倒坡口。坡口形式分为 V 形坡口、X 形坡口和 U 形坡口三种。

Je5F2026　怎样通过测量绕组的绝缘电阻鉴别电动机的

好坏？

答：鉴别一台电动机的好坏，除了外观检查听声音、闻臭味、检查温升以外，可以通过测量绕组的绝缘电阻检查电动机的好坏。对 500V 以下的电动机的可用 500～1000V 绝缘电阻表测量，其绝缘电阻不应小于 0.5MΩ，对 1000V 及以上的电动机，可用 1000～2500V 绝缘电阻表测量。

在接近运行温度时的绝缘电阻，定子绕组每千伏工作电压一般不应小于 1MΩ，绕线型转子绕组不应小 0.5MΩ。对于每根有两个引出线头时，应分别测量绝缘电阻。如果测得的绝缘电阻值低于上述要求时，有可能是绕组绝缘受潮，或绝缘局部有缺陷。要分析查明原因，进行处理。

Je5F3027   三相异步电动机定子绕组接地点在槽口怎样修理？

答：如果接地点在槽口附近的地方，而且没有严重烧伤时，则可以按下述步骤进行修理：

（1）在接地的绕组中，通入低压电流加热，在绝缘软化后打出槽楔。

（2）用划线板把槽口的接地点撬开，使导线与铁心之间产生间隙，再将与电动机绝缘等级相同的绝缘材料（E 级电动机可用 0.3mm 厚的环氧酚醛玻璃布板 3240，B 级电动机可用天然云母板等）剪成适当的尺寸，插入接地处的导线与铁心之间，再用小锤子轻轻地将其打入。

（3）在接地位置垫放绝缘以后，再将绝缘纸对折起来，最后打入槽楔。

Je5F3028   三相异步电动机定子绕组端部接地怎样修理？

答：若接地故障点在绕组端部，修理的方法是：

（1）先把损坏的绝缘物刮掉并清洗干净。

（2）将电动机（定子）放进电热鼓风恒温干燥箱进行加热，使绝缘软化。

（3）用硬木做成的打板对绕组端部进行整形处理。整形时，用力要适当，以免损坏绕组的绝缘。

（4）在故障处包扎新的同等级的绝缘物，再涂刷一些绝缘漆，并进行干燥处理。

Je5F4029 空壳无铭牌无绕组的三相异步电动机怎样重绕？

答：无铭牌且无绕组的电动机重绕在修理电动机时，如果遇到丢失铭牌且无绕组的空壳电动机时，可以按以下办法决定绕组数据和电动机的功率：

（1）测量空壳电动机定子铁心外径 D_i、内径 D_{i1}、铁心长度 L_i、定子铁心槽数 Q_i。

（2）从技术数据表中查对系列异步电动机铁心和绕组数据。

（3）若找到某型号电动机铁心尺寸和测量的电动机一致，则按该型号电动机绕组数据配置新绕组。

（4）重绕电动机的功率则与上述电动机相同。

Je5F4030 直流电机怎样拆装？

答：直流电机的拆卸步骤（整圆机座）如下：

（1）拆去接至电机的所有连线。

（2）拆除电机的底脚螺钉。

（3）拆除与电机相连接的传动装置。

（4）拆去轴伸端的联轴器或带轮。

（5）拆去换向器端的轴承外盖。

（6）打开换向器端的视察窗，从刷盒中取出电刷，再拆下刷杆上的连接线。

（7）拆下换向器端的端盖，取出刷架。

（8）用纸板或白布把换向器包好。

（9）小型直流电机，可先把轴伸端端盖固定螺栓松掉，用木槌敲击前轴端，有退端盖螺孔的用螺栓拧入螺孔，使端盖止口与机座脱开；把带有端盖的电机转子从定子内小心地抽出。注意防止碰伤换向器和电枢绕组。

（10）将带后端盖的电枢放在木架上，再拆除轴伸端的轴承盖螺钉，取下轴承外盖及端盖。

（11）如发现轴承已经损坏，则用拉具将轴承取下。如无特殊原因，则不要拆卸。

（12）电机的电枢、定子的零部件如有损坏，则还需继续拆卸，并做好记录。

Je5F4031　怎样清洗电动机滚动轴承？

答：清洗电动机滚动轴承具体方法如下：

（1）用防锈油封存的轴承，使用前可用汽油或煤油清洗。

（2）用高黏度油和防锈油脂进行防护的轴承，可先将轴承放入油温不超过 100℃轻质矿物油（L-AN15 型机油或变压器油）中溶解，待防锈油脂完全溶化，再从油中取出，冷却后再用汽油或煤油清洗。

（3）用气相剂、防锈水和其他水溶性防锈材料防锈的轴承（只限黑色金属产品），可用皂类或其他清洗剂水溶液清洗。用油酸钠皂清洗时，要洗三次：第一次取油酸皂 2%～3%，配成水溶液，加热到 80～90℃，清洗 2～3min；第二次清洗，溶液成分和操作同前，温度为室温；第三次用水漂洗。用 664 清洗剂或其他清洗剂混合清洗时，第一次取 664，按 2%～3%配成水溶液，加热温度 75～80℃，清洗 2～3min，第二次同前；第三次用水漂洗。注意上述两种水溶液清洗的轴承，经漂洗后，均应立即进行防锈处理，如用防锈油脂防锈，应脱水后再涂油。两面带防尘盖或密封圈的轴承，出厂前已加入润滑剂，安装时不要进行清洗。另外，涂有防锈润滑两用油脂的轴承，也不需要清洗。

（4）清洗干净的轴承，不要直接放在工作台上不干净的地方，要用干净的布或纸垫在轴承下面。不要用手直接去拿。以防手汗使轴承生锈；而最好是戴上不易脱毛的帆布手套。

（5）不能用清洗干净的轴承检查与轴承配合的轴或轴承室的尺寸，以防止轴承受到损伤和污染。

Je4F2032　在大小修时怎样对水冷发电机定子进行正冲洗和反冲洗？冲洗的最后标准是什么？

答：正冲洗是从定子的总水管法兰通入凝结水和压缩空气冲洗，反冲洗是用压缩空气从定子的总出水管法兰吹净剩水，再通入清洁水冲洗、冲净。须经过正、反冲洗，反复进行，直到排出的水中无黄色杂质为止，这就是最后冲洗的标准。

Je4F2033　在直流电机检修时，对转子应做哪些检查？

答：在直流电机检修时，对转子应做以下检查：

（1）转子表面有无过热、生锈，通风孔是否堵塞。

（2）绕组端部绑线（钢丝）应无松弛、断裂、开焊等情况，绑线下的绝缘应完整无过热、变色等情况。

（3）转子线槽的压板应无构动、过热、断裂凸起现象。

（4）转子绕组与换向片的焊接处即整流子与整流子的升高片连接应无开焊、松脱、短路、过热、断裂情况。

Je4F2034　试分析汽轮发电机转子由制造方面引起绕组匝间短路的原因？

答：汽轮发电机转子制造方面引起绕组匝间短路的原因有：

（1）转子端部绕组固定不牢，垫块松动。发电机运行中由于铜铁温差引起的绕组相对位移，设计上未采取相应的有效措施。

（2）绕组铜导线加工成形后不严格的倒角与去毛刺；端部拐角整形不好和局部遗留褶皱或凸凹不平；匝间绝缘垫片垫偏、

漏垫或堵孔（直接冷却的绕组通风孔）；绕组导线的焊接头和相邻两套绕组间的连接线焊口整形不良；制造工艺粗糙留下的工艺性损伤；转子护环内残存加工后的金属切屑等异物。

Je4F3035　为什么励磁机整流子表面形成的氧化膜不能用砂纸研磨？

答：励磁机正常运行时，在整流子表面和炭刷之间形成了一层薄膜。由于这层薄膜电阻较大，使得换向接近于直线换向，这层薄膜由四层构成。第一层是整流子铜表面的氧化亚铜，铜表面在热状态下被很快氧化、生成磨光的棕色氧化亚铜。它不断被磨损，又不断产生。它的存在使整流子和炭刷表面具有一定的电阻，因而使换向接近于直线换向，它还可以减小炭刷和铜片表面的损蚀。第二层是附着在氧化亚铜上面的石墨薄膜，这是从炭刷上磨下来的炭粉，起着减少摩擦的作用。第三层是石墨薄膜上吸附着的氧气和潮气，起润滑作用。第四层是炭和整流子表面间的所有剩余空间充满着尘埃和空气。这些微粒使表面间的相对滑动摩擦减小。而且当空气电离时，还可以成为导电途径。根据上述情况，如果氧化铜薄膜被破坏，就会使换向发生困难，导致冒火，因此不允许用砂纸研磨。

Je4F3036　接地装置的埋设有哪些要求？

答：接地装置的埋入深度及布置方式应按设计要求施工，一般埋入地中的接地体顶端应距地面 0.5～0.8m。埋设时角钢的下端要削尖，钢管的下端要加工成尖状或将圆管打扁垂直打入地下，扁钢埋入地下要立放。埋设前先挖一宽 0.6m、深 1m 的地沟，再将接地体打入地下，上端露出沟底 0.1～0.2m，以便焊接接地线。埋设前要检查所有连接部分，必须用电焊或汽焊焊接牢固。其接触面一般不得小于 $10cm^2$，不得用锡焊。埋入后接地体周围要回填新土并夯实，不得填入砖石焦渣等。为测量接地电阻方便，应在适当位置加装接线卡子，以备测量接

地电阻之用。如利用地下水管或建筑物的金属构件做自然接地
体时，应保证在任何情况都有良好接触。

Je4F4037 解体检修鼠笼式异步电动机时，若用眼睛对外
观检查，不能查出断条处时，应如何检查转子断笼条位置？

答：按以下方法进行检查：

（1）在运行中，可从定子电流的变化中检查。当三相电流
不平衡而且表针摆动时高时低，说明转子有笼条断裂。若笼条
断裂槽数较多，电动机转速会突然下降或停止运行。停止运行
后即使空载条件下也起动不起来。

（2）电机在未分解时的检查方法：可用调压器将三相 380V
的电压降至 100V 左右，接在定子绕组上，并串接电流表，用
手转动转子，使转子慢慢转动。如果笼条是完好的，三相定子
电流基本不变，仅有均匀微弱的摆动；如果有断裂的笼条，电
流会突然下降。

（3）电机分解后的检查方法：外观检查法，即用眼睛对外
观检查，若查不出断条时，可用短路侦察器检查笼条断裂位置，
其方法如图 F-1 所示。如果转子笼条完好，电流表读数为正常
值。将短路侦察器转子圆周表面移动，使它的开口铁心逐一跨
在每一转子的槽口上，如果电流值突然下降或变小，则说明该
处损坏或断裂。

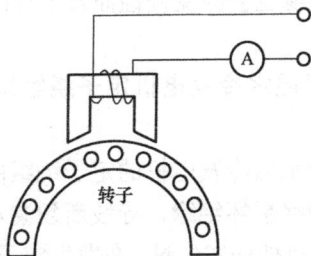

图 F-1

Je4F4038 试分析大型汽轮发电机定子绕组引出线与水接头绝缘短路故障的原因及故障点的特点？

答：发生在引出线与水接头绝缘的短路故障特点：

（1）短路发生在绕组电位较高处。

（2）短路点是绝缘相对薄弱的部位。

（3）发生短路的机组存在油污严重、湿度偏高的运行工况。

（4）短路点在油污容易溅上的一侧，励端为右侧，汽端为左侧，说明与油污有关。

（5）短路故障与制造厂的制造质量不稳定有关。

（6）短路故障在有些电厂反复发生，说明短路故障与运行条件有关。故障的主要原因是由于端部绝缘薄弱的部位经不起长期的油污与水分的侵蚀。故障部位的引线与过渡引线都是手包绝缘；水电接头绝缘是下线后包扎的，绝缘的整体性与槽部对地绝缘相比，有很大差距。制造工艺不稳定也比较容易使该部分绝缘质量下降。在运行中当油污与湿度严重时，整体性较差的绝缘被侵蚀，绝缘水平逐渐下降，使绝缘外的电位接近或等于导线电位，这时处于高电位的不同相引线间就开始放电，当氢气湿度偏高时，放电强度不断增强，直至相间短路造成严重故障。对于水电接头绝缘来说，还可能通过涤玻绳爬电，由粘满油污及水分的涤玻绳搭桥，使两相短路。高质量的绝缘可较好地抵御油污、水汽侵蚀，但当油污十分严重，氢气湿度高度饱和时，电机绝缘也会因受侵蚀而发生相间短路。

Je4F4039 试述水冷发电机定子绕组堵塞过热故障及原因分析？

答：（1）定子水内冷发电机的定子绕组由于空心导线堵塞导致局部过热，最终损坏绝缘，导线断裂漏水故障，在 600、300、125MW 等机组处均发生过。在发生定子线棒局部过热时，如不及时采取相应措施，线棒温度将继续升高，当阻塞段的温度升高到 130～140℃左右时（此时检温计往往还来不及指示），空心导线中的冷却水将迅速汽化，形成汽阻，造成冷却水中断，致使整个线棒的温升急剧升高，由于高温下铜的机械强度的降低和汽体的不断膨胀，最终可能使空心导线鼓泡胀裂，造成漏水、绝缘损坏和定子一点接地。

（2）此类故障的发生原因，可分为机械杂物堵塞和结垢性堵塞两种。机械杂物堵塞是由于橡皮垫和石棉条的碎末、树脂碎粒、进水滤网冲破后产生的碎块等机械杂质被冷水带入空心导线造成局部堵塞，使流经这些空心导线的冷却水流量大大减少，甚至中断，从而导致个别线棒的温度迅速升高。还有 300MW 发电机由于出线套管水接头处被变形的圆锥形垫片堵塞了 80% 的水路，加上被污染的斜纹布带结成团堵在已变形的铜垫圈与球头之间造成严重缺水，在满负荷起动试运时发生过渡引线铜管烧熔事故。结垢堵塞是由于冷却水质长期不合格，导电、硬度、pH 值、含氧量和含氮量超标。可能使钢的氧化物迅速生成（有关资料表明，冷却水的电导率从 5μS/cm 上升到 10μS/cm 时，铜在水中的溶解度上升约 10 倍），形成的胶状物质使空心导线的通流截面逐步减小，同时大幅度降低了其热交换的能力，长此下去，会使绕组温度普遍升高。故障的主要原因是机械杂物堵塞，有的则是机械杂物和结垢性堵塞两个因素同时作用的结果。即铜的氧化物形成的胶状物质粘附在空心导线内壁使其通流面积减小，这样混在冷却水中的机械杂质进入空心导线后就容易被卡住而形成堵塞，导致整个线棒冷却水流量大幅度减小，从而使该线棒的温度异常升高。制造上留下的缺陷也是堵塞产生的一个重要因素，有的故障阻塞部位是在线棒弯形处，空心导线已被挤扁，如果此处的空心导线正好又是一个接头，造成通流截面减小，情况更为严重。

Je4F4040　试分析如何校验电动机转子静平衡？

答：静平衡一般是在静平衡架上进行，如图 F-2 所示。静平衡架由两个保持水平的平行支架组成，这两支架间的距离可根据需要进行调整，使不同长度的转子均能在上面校静平衡。在支架上装有导轨，导轨截面有平刃形的、圆形的和棱柱形的。导轨的工作部分必须淬硬（55HRC～60HRC），而且磨光，以减少摩擦力，提高校平衡的精度。

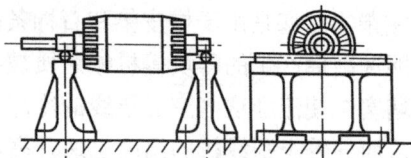

图 F-2

校静平衡方法如下：

（1）准备。在校静平衡之前，应将静平衡架、水平仪（支架校水平用）、平衡块或平衡垫圈准备好。再根据电动机转子两端轴颈间的距离，调好静平衡架两导轨间的距离和两导轨的水平度误差使之符合要求，便可以进行校静平衡。

（2）找出不平衡量的方位：吊起转子，将转子两端轴颈置于导轨上，轻轻推动一下，使转子在导轨上自由滚动，待静止后，记下转子的底下 M 位置。再轻轻推动一下，使转子又一次自由滚动，转子静止后，若仍然是这个 M 位置在转子底下，则表明 M 的方位就是不平衡量方位。

（3）试加平衡量。即在 M 的相对 N 位置试加平衡量（一般采用橡胶泥，或将平衡垫圈套在转子平衡柱上），直至转子在任何位置均能静止为止。

（4）安装平衡块或平衡垫圈，转子校正静平衡后，再将转子从静平衡架上取下，并根据试加的平衡量安装平衡块或平衡垫圈。平衡块或平衡垫圈必须安装牢固，以阻止在电动机运行时飞出，造成事故或产生位移而破坏平衡。常用的紧固方法如下：① 将平衡垫圈铆在铸铝转子的平衡柱上；② 将平衡块安装在平衡座的燕尾槽内，再用螺钉顶紧固定；③ 将平衡块焊在电枢铁心压圈的内圆处。

Je3F3041　试分析引起转子励磁绕组绝缘电阻过低或接地的常见原因有哪些？

答：引起转子励磁绕组绝缘电阻过低或接地的常见原因有：

（1）受潮，当发电机长期停用，尤其是梅雨季节长期停用，很快使发电机转子的绝缘电阻下降到允许值之下。

（2）滑环下有电刷粉或油污堆积、引出线绝缘损坏或滑环绝缘损坏时，也会使转子的绝缘电阻下降或造成接地。

（3）发电机长期运行时，多年来未进行冬天护环检修，使绕组端部大量积灰（一般大修中只能清除小部分积灰，护环里面的绕组端部的积灰则无法清除)，也会使转子的绝缘电阻下降等。

（4）由于运行中通风和热膨胀的影响，在槽口处云母也逐渐剥落、断裂、被吹掉，再加上槽口积灰，也会造成严重后果。

（5）转子的槽绝缘断裂造成转子绝缘过低或接地。

Je3F3042　运行中发电机定子绕组损坏都有哪些原因？

答：发电机定子绕组损坏的原因是：

（1）定子绕组绝缘老化、表面脏污、受潮及局部缺陷等，使绝缘在运行电压或过电压作用下被击穿。

（2）定子接头过热开焊、铁心局部过热，造成定子绝缘被烧毁、击穿。

（3）短路电流的电动力冲击造成绝缘损坏。

（4）在运行中因转子零件飞出，端部固定零件脱落等原因引起定子绝缘被损坏。

（5）定子线棒导线断股和机械损伤绝缘等。

Je3F3043　励磁机在运行中电刷冒火的一般原因和处理方法是什么？

答：常见原因主要有：

（1）整流子表面不清洁引起冒火，可通过擦拭整流子的方法清理干净。

（2）电刷压力不均或过小，通过调整电刷压力解决。

（3）使用的电刷牌号不对或质量不好引起冒火，应通过试换电刷解决。

（4）机组振动或其他机械原因引起，应设法消除振动。

（5）由于电磁方面原因，如电枢断线等，应停机做试验解决。

（6）整流子片间绝缘凸起，整流子失去了圆度，应停机刮研或研磨车旋整流子等。

Je3F4044　发电机定子线棒发生故障后，需要更换新线棒时如何施工？

答：如果故障发生在上层，则需取出故障线棒更换备用线棒即可；如果下层线棒发生故障，必须取出一个节距的上层线棒后，方能将故障线棒取出。对于沥青浸胶连续绝缘的线棒取出和嵌放时容易损坏，因此在取出和嵌放前，用直流电焊机向线棒通电流的方法，将线棒加热到80℃左右，对于环氧粉云母热弹性胶绝缘的线棒，则不必加热。故障线棒取出后，更换备用线棒的施工方法是：

（1）对备用线棒进行试验，检查合格否。

（2）嵌线前检查槽内是否清洁。

（3）分清线棒的上层、下层、汽侧、励侧。

（4）量好两端伸出槽口的长度，做好记号。

（5）嵌线时，使线棒的两侧面与铁心槽的两个侧面平行，防止绝缘被槽口擦伤。

（6）入槽时，将线棒一端入槽，再向直线部分加压，使整个线棒入槽，注意两端伸出的长度与原始记录相同。

（7）装上压紧线棒的专用工具，对槽的直线部分进行均匀的压紧，每隔 500～600mm 装设一个专用工具，如线棒还是热的，需待线棒冷却后再拆下专用工具。

（8）检查槽内无异物，垫好垫条，打紧槽楔，进行耐压试验，检查合格后，进行端头的焊接，测量直流电阻，包端头绝缘，即全部施工完成。

Je3F4045　试述 300MW 双水内冷发电机定子漏水的部位和改进方法。

答：漏水部位和改进方法为：

（1）定子端部塑料水管过长和发电机基础相碰引起水管磨损而漏水。可通过缩短塑料水管的长度，或凿去相碰水泥基础等方法以改进。

（2）定子端部塑料水管过长，水管之间隙，引起水管运行时发生电晕腐蚀而击穿。可通过严格控制水管长度，间隙小的水管间要加强绝缘和绑扎，严禁运行中相碰。

（3）定子端部塑料水管材质差，引起漏水，应加强质监，确保材质。

（4）定子端部塑料水管接头漏水（如垫圈坏、接头松等），加强安装和检修工艺水平和质监。

（5）定子绕组漏水，主要是制造厂绕组材质和焊接不良而引起，应注意到改进工艺，加强质量监控，杜绝此类事件的发生。

Je3F4046　电动机出现绕组接地故障时，接地点如何查找与处理？

答：常用方法有以下几种：

（1）用摇表测量：对于 500V 以下的电动机，若绕组对地的绝缘电阻在 0.5MΩ 以下，则说明绕组受潮或绝缘变坏；若为零，则为接地。

（2）用校验灯检查：拆开各相绕组，将 220V 灯泡串接在被测绕组一端和电动机外壳之间，在被测绕组两端接入 220V 交流电压。若灯泡发红，说明绝缘差，常称为"虚接"；若灯泡很亮，则说明有绕组接地，常称为"实接"。一般接地点多发生于槽口处，如为"实接"，其接地处的绝缘常有破裂和焦黑痕迹，可以通过观察寻找槽口处的接地点；如果为"虚接"，为了查找到接地点，可接入高电压将"虚接"部位击穿，通过火花或冒烟痕迹来判断接地点。只要接地点在槽口处，便可将绕组加热到 130℃左右，使绕组软化后，用竹片撬开接地处的绝缘，将接地或烧焦部位的绝缘清理干净，将新绝缘纸插入铁心与绕组之间，并涂以绝缘漆。若绕组引接绝缘损坏，可换上新绝缘套管或者说用绝缘布包扎。若槽绝缘损坏，也可将绕组加热软化，趁热抽出槽契，仔细拆出绕组重加绝缘，刷上绝缘漆，再将绕组嵌入槽内。

Je3F5047 发电机转子绕组接地故障怎样检查寻找？

答：发电机转子在运行中发生一点接地，大多是由于滑环绝缘或引线绝缘损坏，转子绕组端部积灰和槽口绝缘损伤所致，也有的是因槽绝缘损坏引起。转子绕组发生一点接地故障，分稳定接地（或称金属接地）和不稳定接地两种情况。对于不稳定接地故障，可将 220V 交流电压加在转子绕组与转子本体之间，使不稳定的接地故障成为明显的稳定的接地故障，以方便、准确寻找。要注意在进行这项工作时，一定要在送电回路中串联限流电阻，使接地电流不要太大，以免绕组过热，同时工作人员要注意防止触电，因为此时在转子本体上带有 220V 交流电。寻找一点接地的常用方法有两种：一种是电压降法，二是对地电位分布法：

（1）电压降法可以确定故障点发生的大致位置。具体步骤是：在两滑环间施以直流电压 U，然后分别测量两滑环对电动机转子本体之间的电压，设正滑环对转子本体测得电压为 U_1，负滑环对转子本体测得电压为 U_2。设发电机转子绕组的全长为

L，则接地点与正滑环间的绕组的长度为

$$L_1=LU_1U_1+U_2$$

这样可大致确定接地点在滑环、引线还是在绕组上以及绕组上的大体位置，以便确定是否需要拆除绕组的护环。

（2）对地电位分布法是在已初步确定故障的大体位置，并确定必须拆除绕组护环时，以进一步准确接地故障点的方法。具体步骤是：拆除一只护环，然后在滑环上施加直流电压，电压的大小以能准确地测出每一匝的电压降为原则，但电流不能过大。之后便可用较灵敏的多量程电压表测量每层线匝对转子本体的电压值。越靠近接地点的线匝对本体的电压越低，直至接地点的线匝上测得的电压值将变为零或接近于零。接地线匝的上、下线匝对地电压的符号相反。这样就可以很精确地测得故障点了。

Je3F4048　同步发电机的拆卸应做好哪些准备工作？

答：为了便于对发电机进行全面的检查和修理，每次大修时都必须把发电机拆开，并从转子膛内抽出转子。因此，同步发电机的拆卸是大修的重要环节，必须做好充分的准备工作，才能使解体检修有条不紊地进行。

（1）查阅档案，了解发电机的运行状况：① 查阅运行记录，了解上次大修投运以来所发现的缺陷和事故情况、原因分析、已采取的措施和尚存在的问题；② 查阅上次大修和历次小修的总结报告和技术档案，了解对本次大修的意见；③ 进行大修前的试验，确定附加检修项目。

（2）编制大修施工计划。其主要内容包括：① 人员组织及分工；② 检修项目及进度表；③ 重大特殊项目的施工方案；④ 确保施工安全、质量的技术措施和现场防火措施；⑤ 主要施工工具、设备明细表、主要材料明细表；⑥ 绘制必要的施工图纸。

（3）施工场地和工具的准备：① 清扫施工现场，并做好防

潮、防尘和消防措施，准备充足的施工电源及照明；② 检查专用搁架、托架、弧形垫块等是否完好和齐全，并将转子专用搁架按所需间距及位置放置在合适的检修场所；③ 检查专用起用工具如钢丝绳、起吊行车、电动葫芦、滑车、倒链等，应完好、齐全；④ 准备好检修材料、备品、备件、工具等。

Je3F4049 试分析直接水冷发电机漏水的主要原因有哪些？

答：直接水冷发电机漏水的主要原因如下：

（1）转子导线引水拐角在运行中除了承受离心力所引起的静应力外，还要承受转子挠度引起的交变应力，后者使拐角产生疲劳裂纹。进一步扩展后形成拐角断裂漏水。近年来制造厂将原铜拐角改为 U 型不锈钢三通引水接头后，抗疲劳安全系数提高了，断裂事故已基本不再发生。

（2）定子线棒及并头套处漏水的主要原因是水电接头质量及焊接工艺不良，有裂纹和砂眼漏水。此外，定子线棒在运行中由于振动大，导致空心导线、实心导线疲劳，空心导线断裂漏水。

（3）定子绝缘引水管老化破裂。主要原因是有些绝缘引水管的质量不稳定，使用寿命短，运行中老化破裂。如果安装时装配位置不当，使其受一定的内应力，在运行中也会断裂。

（4）转子进水通过大轴中心孔时用的石棉盘根磨损造成漏水等。

Je3F4050 何谓电腐蚀？防止电腐蚀的措施？

答：电腐蚀是指发电机槽内，定子线棒表面和槽壁之间，由于失去电接触而产生高能电容性放电。这种高能量的电容性放电所产生的加速电子，对定子线棒表面产生热和机械的作用，同时，放电使空气电离而产生臭氧（O_3）及氮的化合物（NO_2、NO、N_2O_4），这些化合物与气隙内的水分发生化学作用，因而引起线棒的表面防晕层、主绝缘、槽楔和垫条出现烧损和腐蚀的现象，轻则变色，重则防晕层变酥，主绝缘出现麻坑，这种现象统称为"电腐蚀"。防电腐蚀的措施有：

（1）保证线棒尺寸和定子槽尺寸紧密配合，可在线棒入槽后在侧面塞半导体垫条，使线棒表面防晕层和槽壁保持良好的接触。

（2）槽内采用半导体垫条，提高防晕性能。

（3）选用适当电阻系数的半导体漆喷于定子槽内，并保证定子铁心的其他性能符合技术要求。

（4）定子槽楔要压紧，可将长槽楔改为短槽楔。

（5）提高半导体漆的性能，选用附着能力强的半导体漆。

Je3F5051　大型汽轮发电机解体抽转子的主要方法有哪些？简要说明接假轴法抽转子的原理与操作步骤。

答：大型发电机常采用接假轴法和滑车法。接假轴法：这种方法是利用假轴接长发电机的转子，用双吊车或吊车（汽轮机侧）与卷扬机（励磁机侧）相配合的方法将转子重心移出定子后，再用吊车把转子吊出，如图 F-3 所示。接假轴抽出转手的操作过程如下：

（1）拆除励磁机侧轴承座地脚螺丝，用吊车微微抬起轴承座，至轴承座下垫片可以取出时，即停止起吊，并抽出全部轴承座垫片。拆去汽轮机侧轴瓦上半部分，用另一台吊车在汽轮机侧联轴器上微微起吊，抬高转子至下轴瓦松动时，推出下轴瓦并吊走，以便于转子的抽出，如图 F-3（a）所示。仔细调整好汽励两端定转子间的气隙，使汽励两端的吊车以相同的速度向励磁机倒移动，当钢丝绳紧靠汽轮机侧定子绕组端面时停止移动，稍微抬高汽轮机侧转子，将工字钢塞到联轮器下支撑转子，取出汽端钢丝绳，完成抽转子的第一阶段工作。

（2）在汽端联轴器装上接长假轴 5，将钢丝绳放在假轴 5 的最外端，如图 F-3（b）所示。用汽端吊车稍微抬起转子，取

出工字钢 4，重新调好定转子间的气隙，汽励两端的吊车再次
同步地向励磁机侧移动，直到转子重心移出走子膛外为止。此
时，励磁机侧的转子末端放到轴承座上或枕木垫块 6 上；汽轮
机侧的接长假轴末端放到工字钢支撑上，如图 F-3（c）所示。
这是抽转子的第二阶段工作。

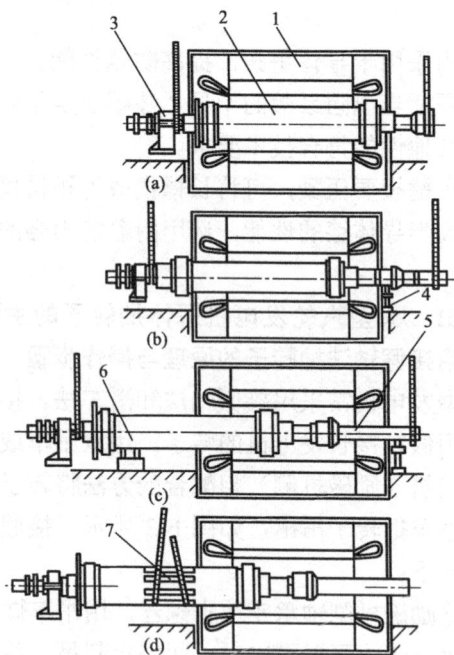

图 F-3　用接假轴法抽出转子

1—定子；2—转子；3—励磁机侧轴承座；4—工字钢；

5—接长假轴；6—枕木垫块；7—木板条

（3）撤去汽励两端的钢丝绳，在转子重心处安放木板条 7，
并用钢丝绳捆好，再将起吊专用钢丝绳绕在木板条上。用吊车
起吊转子，调整两根专用钢丝绳的距离和位置，使转子处于水
平状态时，将转子从走子膛内抽出，如图 F-3（d）所示。最后
将抽出的转子吊到检修场地的专用搁架上，抽转子工作全部完成。

Je3F5052　滑动轴承的轴瓦怎样刮研？

答：轴瓦的瓦衬一般都需要进行刮研。轴瓦刮研的目的是为了使瓦衬形成一定的几何形状，使轴瓦与轴颈间存在楔形缝隙，以保证轴颈旋转时，摩擦面间能形成楔形油膜，使轴颈上升离开瓦衬，在油膜的浮力作用下运转，以减轻与瓦衬的摩擦，降低其磨损与动力的消耗。轴瓦的检查与刮研采用着色法或干研法，大型电机常用干研法。用着色法检查时，先清扫轴瓦，检查轴瓦应无脱壳、裂纹、硬点及密集的砂眼等缺陷。然后在轴颈上涂一层薄而均匀的红丹或铅粉之类的显示剂，注意切勿涂得太浓，否则会影响检查工作的准确性。因为太浓时将使一些不需要刮研的地方"染色"。轴颈涂红丹后，再放到轴瓦的表面上并转动两、三圈。这样轴瓦上的凸出处将由涂料显示出来。然后提起转轴，取出轴瓦，检查轴瓦表面上染色点的分布情况。要求在轴瓦中心 60°～70°夹角内，每平方厘米有 2～3 点为合适，不宜过多或过少。若不合要求时，须进行刮研。用三角刮刀先将大点刮碎，密点刮稀，然后沿一个方向顺次普刮一遍，必要时可刮两遍。每遍之间刀痕方向应相交形成网络状、鱼鳞状。刮完后白布沾酒精或甲苯清洗瓦面及轴颈，重复上述研瓦及刮瓦方法，使轴瓦染色点越刮越细、越刮越多，直至符合要求。在轴瓦中心 70°夹角以外不允许有接触点，若有则应将它们刮去，并使轴瓦两侧逐步扩大成楔形间隙。轴瓦边缘的最大间隙为设计顶隙的 1/2。

Je2F3053　试述 300MW 双水内冷发电机转子漏水的部位和改进方法。

答：漏水部位和改进方法为：

（1）拐脚漏水，引起拐脚漏水的原因及相应的处理方法：① 拐脚材质差，可换不锈钢拐脚；② 拐脚与轴线焊缝漏水，若因气体钎焊工艺不成熟而引起多次漏水，可改用手工焊，并且由高级技师焊接，保证焊接质量；加强槽楔固定，防止拐脚运行时振动，以排除工艺等不稳定因素引起的漏水。

（2）转子绝缘引水管因材质耐高水压性能差而漏水，其改进方法有三：① 采用塑料复合管（外层丁腈橡胶，内层氟塑料），经过运行鉴定，可满足 300MW 机组一个大修周期（约 4 年）的使用寿命，且价格较低；②采用外层钢丝补强的绝缘管；③ 转子绝缘水管采用槽楔固定结构。不抽转子也可对绝缘水管进行检查与维护。

Je2F3054　怎样检查三相绕组的首末端？（任选一种方法均可）

答：检查三相绕组的首末端的方法，常用的有交流法和直流法。

（1）交流法的测量步骤是：① 先用万用表的欧姆档测量任意两个接线头之间的电阻，若有读数则表明这两个线头是同一相绕组的。② 先任意假定其中一相绕组的一端为始端 U1，另一端为末端 U2，把该相绕组和第二相绕组串联起来，接入不大于绕组额定电压的交流电压，然后测量第三相绕组的电压，若读数为零，则说明相串联的两个绕组是同名端相连接的。也就是说，作串联连接的两端是同极性端，同为首端或同为尾端。若读数不为零，则说明作串联连接的两端是异名端。这就确定了第二相绕组的首尾。用同样的方法再将第一根绕组和第三相绕组串联，测量第二相绕组的电压，进而确定第三相绕组的首尾端。

（2）直流法的测量步骤是：① 用万用表的欧姆档找出三相绕组各自的两个引线端。② 先假定一个绕组的两端分别为 U1 和末端 U2，并做好标志。万用表转至毫安档，将 U1 接表的正极，U2 接表的负极。把另一绕组的两个引线经过一个开关接至电池的正负极，在开关闭合的瞬间，观察指针的偏转。若指针向正偏转，则接至正极的一端是与接至万用表正极的 U1 端是同极性的，可确定为首端 V1，做上标志 V1；接至电池负极一端是与万用表负极的 U2 端是同极性的，做末端标志 V2。用同样的方法即能确定第三个绕组的首末端 W1 和 W2，这样 U1V1W1 为同极性端，而 U2V2W2 也为同极性端。

　　若当时当地电池或交流电源不方便时，也可以只用万用表进行测量，方法是：① 先用万用表的 Ω 档找出三相绕组各自的两个引线端（U、U；V、V；W、W），并做上标志。② 取三个绕组的两引线端中的任一引线端（U、V、W）接在一起，剩余的另三个接线端（U、V、W）也接在一起。万用表转至毫安档，并将这两个连接点分别与万用表两表线相连。然后用手转动电动机转子，若万用表指针不动，说明连在一起的三个引线端是同极性端（同为首端 U1、V1、W1，或同为尾端 U2、V2、W2）；若指针偏转，说明有一相的首尾接反了，可将其中的任一相的两端相对调，重新按 b 述过程测试，直到指针不动为止。三相绕组接线错误与嵌反一般有两种情况。一种是绕组在外部连线时将头尾接反，另一种是绕组内部个别线圈或极相组接线错误或嵌反。

Je2F4055　如何检查三相绕组内个别线圈或极相组的接线错误和嵌反故障？

　　答：检查三相绕组内个别线圈或极相组的接线错误和嵌反故障时，可用直流电源接入某相绕组，用指南针沿铁心内圆移动，逐槽进行检查。接线正常时，指南针在经过各极相组时，指针的指示方向应交替变化，若经过相邻极相组时，指南针的指向不变，说明该极相组接错。如果一个极相组内个别线圈嵌反，则在本极相组内指南针的方向是交替变化的。若指南针的指向不明显，可提高电源电压。

Je2F3056　电动机外壳带电是由哪些原因引起？

　　答：电动机外壳带电可能是由下列原因引起：

　　（1）电动机绕组引出线或电源线绝缘损坏在接线盒处碰壳，

因而使外壳带电，故应处理引出线或电源线绝缘。

（2）电动机绕组绝缘严重老化或受潮，使铁心或外壳带电。对绝缘老化的电机应更换绕组，对受潮电机应进行干燥。

（3）错将电源相线当作接地线接至外壳，使外壳直接带相电压。应检查接线，立即更正。

（4）线路中出现接线错误。如三相四线制低压系统中，个别设备接地而不接零，当设备发生碰壳时，不但碰壳的设备外壳对地有电压，而且所有与零线相连接的其他设备外壳均将带电，而且是危险的相电压。

Je2F4057　电动机绕组短路时，应如何检查处理？

答：电动机绕组短路时应在将各相绕组拆开的情况下进行检查。检查绕组短路有以下几种方法：

（1）外观检查。观察绕组有无冒烟变色之处，若有，常为短路处。

（2）用摇表测量每两相间的绝缘电阻，若为零，则说明该两相间短路。

（3）用短路测试器检查。短路测试器实际上是一个开口变压器，是电动机修理常用的简便测试工具，可以自己制作，如图 F-4 所示。测试时，可将测试器绕组与 36V 交流电源接通，将测试器跨在两个齿面上并沿铁心的圆周逐槽移动，同时观察电流表的变化情况。使用测试器时应注意：多路并联的绕组要先拆开连接点；三角形接法的电动机应先把三相拆开；双层绕组应先把上层和下层的绕组的各自对应元件边所在槽位区分清楚，然后分别测试和判断，找出故障处的短路绕组。最容易发生短路的地方是同极同相的两相邻绕组、上下层绕组间和绕组的槽外部分。若能明显看出短路点，可拨开两绕组垫上绝缘。若短路点在槽内，可将绕组加热软化并拆出绕组，重新处理绝缘，再仔细将绕组嵌入。如果整个绕组已经烧坏，则应重新绕制后换上。

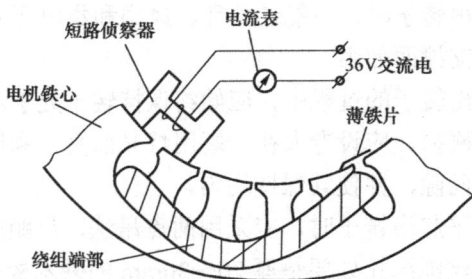

图 F-4 短路测试器检查短路故障

Je2F4058 进行发电机解体工作时，在抽转子前应先做哪些工作？应当注意什么？

答：进行发电机解体工作时，在抽转子前应先做拆开发电机的工作，即：

① 拆除盘车装置，解开发电机与汽轮机的联轴器。

② 拆下励磁机和集电环的电缆接线，并将电缆引线压入孔洞内。解开发电机与励磁机的联轴器，拆下励磁机的地脚螺栓，将励磁机和副架吊至检修场地。集电环的工作表面应用硬绝缘纸包好。

③ 拆开发电机两侧的大、小端盖。拆前要做好位置标记。起吊端盖时要稳妥，由于这些部件的形状不规则，要防止起吊时突然倾倒而碰坏定子绕组端部和风挡等部件。

④ 测量轴封与轴之间的间隙、励磁机磁极与电枢的间隙、风扇与端盖（或护板）之间的轴向和径向间隙，发电机定转子之间的间隙，做好记录，并与上次大修后所测数值进行比较，以便研究运行中的变动与磨损情况，供组装时参考。

Je2F4059 抽发电机转子时应当注意什么？

答：抽转子时的注意事项：

（1）在起吊和抽出转子的过程中，钢丝绳不能触及转子轴颈、风扇、集电环及引出线等处，以免损坏这些部件。

（2）起吊转子时，不能让护环、风扇和集电环受力，更不能将其作为支撑面使用。

（3）抽出转子的过程中，应始终保持转子处于水平状态，以免与转子碰撞。应设专人在一端用灯光照亮，利用透光法来监视定转子间隙，并使其保持均匀。

（4）水平起吊转子时，应采用两点吊法，吊距应在 700～800mm，钢丝绳绑扎处要垫厚 20～30mm 的硬木板条，以防钢丝绳滑动及损坏转子本体表面。

（5）当需要移动钢丝绳时，不得将转子直接放在转子铁心上，必须在铁心上垫以与转子内圆相吻合的厚钢板，并在钢板下衬橡皮或塑料垫，以免碰伤定子铁心。

（6）为给今后的检修工作创造有利条件，应把水平起吊转子时的合适吊点位置作可靠而醒目的标记，以便下次起吊时作为参考。

（7）拆下的全部零部件和螺栓要做好位置标记，并逐一进行清点，妥善保管。对定、转子的主要部位要严加防护，在不工作时，应用帆布盖好，贴上封条，以防脏污或发生意外。

Je2F5060 试述同步发电机在组装前的准备工作与组装步骤和注意事项。

答：发电机的检修工作完毕，各部件经验收符合质量和工艺标准的要求，各项试验结果均符合规程规定，组装调整的准备工作已全部就绪，才可进行组装、调整工作。组装前的准备工作包括：

（1）检查走子膛内、绕组端部有无遗留下的工具或其他杂物。

（2）用压缩空气对走子内、外表面和转子进行吹扫，检查铁心、绕组端部及通风道应清洁。

（3）组装用起吊设备、专用工具、材料等应准备齐全，并完好无损。

组装与调整的步骤：

（1）穿入转子。转子穿入走子膛内的工具和方法以及注意事项与抽出转子时相同，只是工序相反。

（2）装复轴承、联轴器及转子找中心。这项工作一般由汽机检修车间负责。但电气检修人员也应适当配合，一方面注意保护发电机，不使有关部分受损，同时还应配合进行间隙的测定与调整。在装复轴承、联轴器及转子找正后，分别在汽轮机侧和励磁机侧测量定转子之间的间隙，每侧测上、下、左、右四点，其最大偏差值与平均值之比不应超过5%。

（3）回装端盖。在装端盖之前，还应再用干净的压缩空气将走子和转子绕组端部吹扫一遍，并用灯光照亮的方法检查各侧的空气隙，防止有杂物遗留在其中。回装端盖时，要仔细检查大小端盖、轴封、护板等零部件，应无油泥、脏污，结合面应平整光洁。回装端盖与解体时的顺序相反，应逐一把护板、大端盖、小端盖、轴封按原标记装好，并按工序步骤逐一测量、记录调整好的各部间隙。各部间隙的调整及要求如下：① 安装调整大端盖，使端盖与风扇之间的径向间隙应四周均匀相等，一般为1～3mm；轴向间隙应考虑到投入运行后发电机与汽轮机转子受热膨胀的伸长，按制造厂规定的数值进行检查。② 安装调整小端盖，使轴封与轴的间隙基本均匀，紧固螺丝后用塞尺测量四周间隙一般为0.5～1mm，且上部间隙宜略大于下部间隙。调整好各部间隙以后，应拧紧所有螺丝并锁住，销钉、垫片应齐全，应特别注意端盖的所有接缝处的毛毡垫要正确接缝，以使发电机保持严密，减少漏风。

（4）安装刷架、更换调整电刷。将刷架及底座清扫干净，用吊车起吊刷架至集电环处，按原位将刷架安装紧固牢靠。粗调刷握与集电环间的距离，使大部分刷握与集电环距离在2～3mm之间，然后对粗调达不到要求的个别刷握进行单个调整，使距离达到2～3mm。在以上操作中不得碰伤集电环表面。将电刷及恒压弹簧装入刷握，更换过短的电刷并用砂纸研磨弧面。

电刷在刷握内上、下活动自如，且有 0.1～0.2mm 的间隙，若达不到要求时应将电刷适当磨小。

（5）安装励磁机。用吊车起吊已检修好的主、副励磁机，按原位装复，待整体找正中心后，紧固地脚螺栓。

（6）接引线。连接集电环励磁电缆线及励磁机和发电机出口引线，要求各接触面平整、光洁、接触良好，用 0.05mm 塞尺塞不进去，接头螺丝紧固、平垫、弹簧垫齐全。为了改善集电环的工作状态，每次大修接线时要调换集电环的极性。接线完毕，将整个机组表面清扫干净，进行一次检修后的试验。

Je2F5061　试述发电机轴电压的测量方法及注意事项。

答：（1）轴电压的测量：轴电压的测量应分满载、半载和空载三种状态下进行，分别测量转轴两端以及扩轴承与底座之间的电压值。

① 测量转轴间的电压 V1 接线见图 F-5（a）所示，测量是可选用 3～10V 的交流电压表，测量的连接线与转轴的接触必须用专用电刷，且电刷上应具有长达 300mm 以上的绝缘手柄。

② 测量轴承与底座之间的电压 V2 接线见图 F-5（b）。测量时应将轴承外壳和转轴之间用一个有标志的电刷的导线短路，否则由于轴承和转轴之间存在油膜而影响测量结果。

（2）测量轴电压时应注意：① 由于轴电压的测量是直接在高速转动的发电机转轴上进行，因此要特别注意安全，尤其是防止发生卷轧事故。② 为了减小测量误差，应尽量选择内阻大的电压表，并注意使电刷与旋转的轴表面触良好。③ 为了保证测量结果的正确性，应重复进行测定，观察各次测量值是否相同。④ 当轴承座与底座之间是双重绝缘垫片时，还应分别检查轴承与金属垫片、金属垫片与底座间的绝缘电阻。

（3）根据测量的轴电压判别轴承绝缘状况：比较测量的转轴两端电压 V1 和轴承与底座之间的电压 V2，就可判断出运行中轴承绝缘的好坏。① 当测得的转轴两端电压 V1 和轴承与底座间的电压 V2 相等时，则表明轴承绝缘良好。② 当转轴两端电压 V1 大于轴承与底座间的电压 V2,且超过 V2 值的 10%时，说明轴承绝缘不良。此时应更换轴承与底座间的绝缘垫。③ 转轴两端电压 V1,小于轴承与底座间的电压 V2 时，可认为测量不准确，应重测。

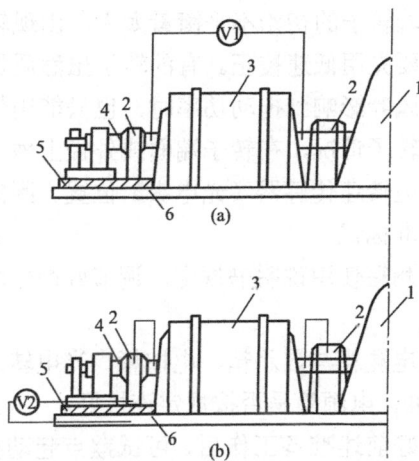

图 F-5　轴电压测量接线图

（a）测量转轴两端电压；（b）测量轴承与底座的电压

1—汽轮发电机；2—轴承；3—发电机；4—轴；

5—绝缘垫；6—底座

Je2F5062　电动机转子怎样校动平衡？

答：电动机转子一般在动平衡机上校动平衡：

（1）根据转子支承点间距离，调整两支承架相对位置。按转子的轴颈尺寸及转子的水平自由状态调节好支架高度，并加以固紧。

（2）做好清洁工作，特别是转子轴颈、支架和带传动处的外径等清洁工作。

（3）安装转子，这时一定避免转子与支架的撞击。转子安装后在轴颈和支架表面上加少许清洁的机油。

（4）调整好限位支架，以防止转子轴向移动，甚至窜出。

（5）选择转速，可根据工件质量、工件外径、初始不平衡量以及拖动功率决定。按平衡机规定的 mD_2n_2 和 mn_2（m 表示转子质量，D 表示转子直径，n 表示平衡转速）的限制位，选择好动平衡转速，并按转子的传动处直径和带轮大小，调整好带传动机构。若转子的初始不平衡量太大，出现转子在支承轴承上跳动时，要先用低速校正。有的转子虽然质量不大，但外径较大或带有风叶影响到拖动功率时，也只能用低速校正。

（6）根据转子情况，在转子端面或外径上做上黑色或白色标记，调整光电转速传感器（光电头）位置。照向转子的垂直中心线，并对准标记。

（7）按电测箱使用说明书规定，调节好操作面板上的各旋钮和开关。

（8）检查电测箱与显示箱、电控箱、光电转速传感器（光电头）、电动机、电源等是否按规定连接好。

（9）在做好前述准备工作后，可试揿点起动按钮，检查工件轴向移动情况。调节左、右支承架高度，使工件无轴向移动。

（10）开动平衡机、进行校平衡。

（11）注意事项如下：① 电测箱是平衡机的关键部分，必须妥善保管，避免强烈振动和受潮。箱内附有干燥剂，失效后应调换。工作完毕后应首先关断电测箱面板上的电源开关，再切断总电源，然后用防尘罩将其罩好。在长期不用的期间，电测箱要定期通电几小时。② 电测箱面板上所有旋钮与开关均不得任意拨动，以免损坏元件和产生测量误差。③ 电测箱后盖板上有电源插座、传感器插座、基准信号插座和熔丝座等。各插头、插座应一一对应，切勿插错。④ 在平衡机周围应无强烈振动的机器工作和强电磁场干扰。⑤ 带有叶片的转子，旋转时有风压负荷，有可能使拖动电动机过载，同时过大的风压产生的空气阻流将使传感器信号的噪声增大，电表晃动，影响平衡精度和效率。这时应先用纸封住进风口，再校验转子。

Je2F5063　试述电动机过负荷的类型，并解释各自特点。

答：电动机的过负荷，可按一定条件分为长期过负荷和短时过负荷。通常，也可称为小电流过负荷和大电流过负荷。短时过负荷可理解为过负荷电流是额定电流的 140%～500%，是较大的过负荷。这种大电流过负荷的时间短，所以叫做短时过负荷。短时过负荷所持续的时间，比电动机绕组的发热时间常数小很多。发生短时过负荷时，绕组温度迅速上升，但还来不及达到稳定值。否则，在达到稳定值之前绕组的绝缘已开始损坏。长期过负荷属于小电流过负荷，过负荷电流等于额定电流的 130%～135%。在这种过负荷作用下电动机继续运行，绕组的温升达到极限，但绝缘并未损坏。这种过负荷也是危险的，因为绝缘将因此而迅速老化，长期运行时电动机将损坏。长期过负荷时，绕组温度能达到稳定值。

故障的主要原因：端部绝缘薄弱的部位经不起长期的油污与水分的侵蚀。故障部位的引线与过渡引线都是手包绝缘；水电接头绝缘是下线后包扎的，绝缘的整体性与槽部对地绝缘相比，有很大差距。制造工艺不稳定也比较容易使该部分绝缘质量下降。在运行中当油污与湿度严重时，整体性较差的绝缘被侵蚀，绝缘水平逐渐下降，使绝缘外的电位接近或等于导线电位，这时处于高电位的不同相引线间就开始放电，当氢气湿度偏高时，放电强度不断增强，直至相间短路造成严重故障。对于水电接头绝缘来说，还可能通过涤玻绳爬电，由粘满油污及水分的涤玻绳搭桥，使两相短路。高质量的绝缘可较好地抵御油污、水汽侵蚀，但当油污十分严重，氢气湿度高度饱和时，电机绝缘也会因受侵蚀而发生相间短路。

Je1F5064　同步发电机转子励磁绕组匝间短路的原因有哪些？

答：同步发电机转子励磁绕组匝间短路一般有如下原因：

（1）转子端部绕组匝间绝缘薄弱，运行中在热应力和机械离心力的综合作用下，使绝缘损坏造成匝间短路。

（2）氢（空）内冷转子通风冷却不良，匝间绝缘过热损坏，造成匝间短路，严重时烧坏槽绝缘或护环下绝缘损坏造成转子绕组接地。

（3）由于制造时加工工艺不良，转子绕组铜线有毛刺，运行时在各种力的作用下刺伤绝缘，引起匝间短路。

（4）转子护环下线圈间绝缘垫块松动，在运行中受热应力和机械离心力的综合作用，垫块在转子绕组边缘产生往复运动，由于线棒侧面裸露，垫块与铜线摩擦下来的铜末导致匝间引弧发热，使匝间复合纸绝缘被烧伤、炭化，最后形成永久性匝间短路。

（5）发电机内湿度严重超标或密封油大量漏入机内，使转子绝缘状况恶化。

（6）制造过程遗留的金属物在运行中受热应力和机械应力的作用损坏转子绝缘造成匝间短路。

Je1F5065 简述交流电机定子铁心扇张的含义、危害及修理方法。

答：所谓扇张现象是指铁心在齿顶部位的铁心长度比在槽底部位的铁心长度要长，齿部形成向两侧张开的现象。

其危害是：向外扇张的齿部冲片在电磁力的作用下，经常产生振动，使电动机噪声加大，又由于振动时与线圈绝缘长期不间断地磨损，引起线圈接地故障；齿部冲片经受长期振动，引起疲劳而折断，断下的齿片又会刮伤线圈绝缘。

当扇张超过允许值时，采取的修理方法为：

（1）增加辅助压圈。

（2）采用环氧胶粘结冲片。用汽油将扇张的冲片内油污和锈迹冲洗干净，然后将配制好的环氧胶注入扇张冲片缝内（为了填入内部，可事先将铁心加热至 50～60℃），再用夹具将扇张冲片压紧到正常位置，在压力下室温固化 8～12h，固化后卸下压紧装置。

（3）如果是个别齿片被碰而翘起，可用铜棒将个别朝外张开的齿敲平即可。

Je1F5066　交流异步电动机鼠笼转子铜条断条时如何修理？

答：异步电动机铜条转子断条时的修理方法是：如果在槽外明显的地方铜条与短路环焊接处脱焊，可用锉刀清理后用银或磷银铜焊料焊接。如果槽内铜条断裂，且数量不多，可以在断条两端的短路环上开一个缺口，用凿子把断裂的铜条凿去，换上与原铜条相同截面的新铜条，然后用气焊焊牢，短路环的缺口处用银或磷银铜焊补上，堆积的高度必须略高于短路环面，焊好后在车床上将突出于短路环表面的高出部分车平，并校准转子的平衡。如果转子铜条断裂较多，要全部更换，可把转子放到车床上，将转子两端的短路环车去，抽出槽内的铜条，照原来铜条截面换上新铜条，清除铜条伸出端附近的油垢，用银或磷银铜焊条将铜条与短路环焊接焊接成两端短路环，再放到车床上车削短路环高出部分，并校准转子的静平衡或动平衡。

Je1F5067　鼠笼式异步电动机转子笼条断裂开焊有哪些特征？

答：鼠笼式异步电动机转子笼条断裂开焊的特征是：

（1）笼条断裂的断口呈疲劳状况。

（2）笼条断裂的发生与笼条在转子铁心槽内的夹紧程度密切相关，在槽内松动的笼条容易发生断裂。

（3）一台新电动机发生笼条断裂的起始时间与运行起动次数直接相关。起动频繁的，笼条断裂的时间就早，笼条故障多发生在电动机起动过程中。

（4）笼条断裂多发生在端环附近，且与笼条和端环的焊接工艺质量密切相关。

（5）双笼电动机笼条开焊或断裂一般都是从外笼开始。

（6）笼条截面和端环尺寸偏小的电动机笼条容易产生开焊和断裂。

（7）笼条断裂开焊故障多发生在负载重、启动频繁的拖动电动机上。

Je1F5068　对大型电动机进行干燥时应注意哪些事项？

答：对大型电动机进行干燥时应注意的事项有：

（1）电机干燥前必须将绕组清理干净，若采用通电干燥，外壳要接好地线，以防触电。

（2）为防止干燥时热量散失，干燥处理时电机应遮盖保温。但应有一定的通风以排除水分，特别是封闭型电机，还要将端盖打开一缝隙，使机内潮气易于散发出去。

（3）在干燥过程中，要用温度计或其他测温计检测加热温度，以防电机某点过热而造成损坏。

（4）干燥时，加热温度应逐步升高，特别是较潮湿的电机，应缓慢加热到50～60℃，并保温3～4h，再加热到最高允许温度。

（5）干燥过程中，应定时测量绕组温度和绝缘电阻，并做好记录，当绝缘电阻大于规定值，并稳定4～5h不变，说明绕组已干燥，即可停止干燥处理。

Je1F5069　分别简述直流电动机转速太快或太慢的各项原因及对应的处理措施。

答：直流电动机转速太快的各项原因及对应处理措施为：

（1）电源电压过高，应降低电源电压或在电枢回路串电阻。

（2）磁场回路中电阻过大，应减小磁场电阻。

（3）电刷不在正常位置，应将电刷位置调整到物理中性线上。

（4）励磁绕组有断路或短路，应查出故障点进行修理。

（5）积复励接成差复励，应调换串励绕组两端头。

转速太慢的各项原因及对应处理措施为：

（1）电源电压太低，应设法恢复电源电压，使电源电压适当提高。

（2）负载太重，应减轻电机负载或换大电机。

（3）电刷不在正常位置，应调整电刷位置。

（4）电枢或换向片有故障，应查出故障点进行处理。

Je1F5070　发电机运行中两侧汇流管屏蔽线为什么要接地？测发电机绝缘时为什么屏蔽线要接绝缘电阻表屏蔽端？

答：定子绕组采用水内冷的发电机，两侧汇流管管壁上分别焊接一根导线，通常叫做屏蔽线。并将其接至发电机接线盒内的专用端子，通常叫做屏蔽端子，运行中将两个屏蔽端子通过外部引线连在一起接在接地端子上，即运行中两侧汇流管屏蔽线接地，停机测发电机定子绕组绝缘时，将两个屏蔽端子通过外部引线连在一起接在绝缘电阻表屏蔽端，即停机测发电机定子绕组绝缘时将屏蔽线接绝缘电阻表屏蔽端。

发电机运行中两侧汇流管屏蔽线接地，主要是为了人身和设备的安全，因为汇流管距发电机线圈端部近，且汇流管周围埋很多测温元件，如果不接地，一旦线圈端部绝缘损坏或绝缘引水管绝缘击穿，使汇流管带电，对在测温回路工作的人员和测温设备都是危险的。

用绝缘电阻表测发电机定子绕组对地绝缘电阻，实际上是在定子绕组和地端之间加一直流电压，测量流过的电流及其变化情况，来判断绝缘好坏。电流越大，绝缘电阻表指针偏转角度越小，指示的绝缘电阻值越小。定子绕组采用水内冷的发电机，由于外部水系统管道是接地的，且水中含有导电离子，当绝缘电阻表的直流电压加在绕组和地端之间时，水中要产生漏泄电流，水中的漏泄电流流入绝缘电阻表的测量机构，将使绝缘电阻读数显著下降，引起错误判断。测发电机定子绕组绝缘时，若采用将两侧汇流管屏蔽线接到绝缘电阻表的屏蔽的接线方式，可使水中的泄漏电子表流经绝缘电阻表的屏蔽端直接流回绝缘电阻表的电流负极，不流过测量机构，也就不会带来误差，即消除水中泄漏电流的影响。

Jf5F3071　如何使用二氧化碳灭火器以及如何维护与保养？

答：二氧化碳灭火器的使用方法：① 二氧化碳灭火后不留痕迹，适宜于扑救贵重仪器设备、档案资料等引起的火灾。二氧化碳不导电。也适宜于扑救带电的低区电气设备火灾和油类火灾，但不可用它扑救钾、钠、铝、镁等物质的火灾。② 使用鸭嘴式灭火器时，先拔掉安全销，然后压紧压把，这时就有二氧化碳喷出。使用手轮式灭火器时，一手拿喷筒木柄将喇叭口对准着火物，另一只手将手轮按逆时针方向旋转，高压气体即自行喷出。③ 在喷射时，要注意不可直接触及喇叭筒，以防化雪时的强烈冷却使手冻伤。④ 当人体吸入一定量的二氧化碳时，就会窒息，因此在使用此灭火器时，人应站在上风位置；又因为灭火器喷射距离较近，故喷射时尽量靠近火源，要从火势蔓延最危险的一边喷起。

二氧化碳灭火器的维护与保养方法：① 对二氧化碳灭火器要定期检查，当二氧化碳重量减少5%时，应及时充装。② 应放置在明显、取用方便、干燥、阴凉的地方，应避免热源和阳光曝晒。③ 搬运中应轻拿轻放、防止撞击。

Jf4F4072　如果发生高压触电，应该如何救护？与低压触电救护有何不同？为什么？

答：高压和低压触电者的脱离电源方法不相同，因对于高压触电者来说，在使用解脱低压触电者的工具是不安全的，且高压电源距离很远，救护人不易直接切断电源等。因而对高压触电压者的救护应该：① 触电者触及高压带电设备时，救护人员应戴上绝缘手套，穿上绝缘靴拉开高压断路器；用相应等级的绝缘工具拉开高压跌落保险，切断电源，同时救护人员在抢救过程中，应注意保持自身与周围带电部分之间的安全距离。② 当有人在架空线路上触电时，应迅速拉开开关，或用电话告知当地供电部门停电。③ 如果触电发生在高压架空线杆塔上，又不能迅速切断电源开关时。可采用抛掷足够截面的适当长度的裸金属软导线，使其线路短路，造成保护装置动作，从而使电源开关跳闸的方法。抛掷前，将短路一端固定在铁塔或接地引下线上，另一端系重物，但抛掷时应注意防止电弧伤人或断线危及人员安全。同时，应做好防止高空摔跌的准备。④ 触电者触及断落在地上的带电高压导线时，救护人员在未做好安全措施前，不能接近断线点 8m 以内的范围。

Jf3F4073 根据表 F-1 所列工程进度，画出工序网络图，并找出关键路线及计算工期。

表 F-1

工　序	A	B	C	D	E	F
紧前工序	—	—	A	B	B	C、D
工时（天）	2	5	7	6	4	6

答：网络图及关键线如图 F-6 所示，工程工期为：17 天。

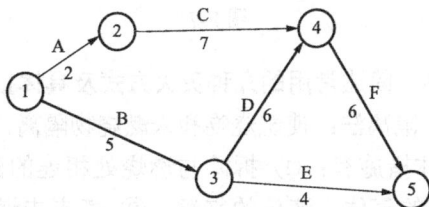

图 F-6

Jf2F4074 表 F-2 中所列为某火电工程所的作业项目、作业时间及作业之间的先后关系，试绘出该工程施工网络图，指出关键线路并计算工期。

表 F-2

工序编号	工序内容	先行工序	作业时间（月）
A	三通一平	—	6
B	设备订货	—	2
C	主厂房土建	A	12
D	辅助设施土建	A	8
E	设备到货、开箱检查组合	B	6
F	设备安装	C、E	12
G	辅助设施设备安装	D、E	8
H	试运	F、G	2

答：（1）绘制网络图，如图 F-7 所示。

（2）最短工期为：6+12+12+2=32 个月。

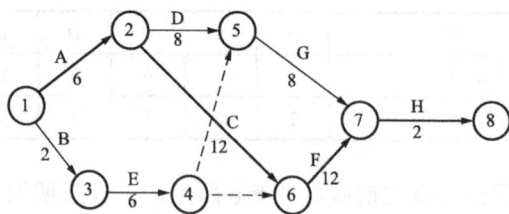

图 F-7

Jf1F4075 简述常用的几种灭火方式及具体措施。

答：（1）隔离法：使燃烧物和未燃烧物隔离，从而控制火灾范围。具体措施有：① 拆除与燃烧处相连的建筑及设备；② 断绝燃烧的气体、液体的来源；③ 搬走未燃烧的物质；

④ 堵截流散的燃烧液体。

（2）窒息法：就是减少燃烧区的氧气量，隔断新鲜空气进入燃烧区，从而使燃烧熄灭。具体措施有：① 往燃烧物上喷射氮气、二氧化碳、四氯化碳；② 往着火的空间灌惰性气体、水蒸气，喷洒雾状水泡沫；③ 用沙土埋没燃烧物；④ 用石棉被、湿麻袋、湿棉被等捂盖燃烧物；⑤ 封闭已着火的设备孔洞。

（3）冷却法：就是降低燃烧物的温度，使其低于燃点。具体措施有：① 用水直接喷射燃烧物；② 往火源附近的未燃烧物体上淋水；③ 喷射二氧化碳泡沫。

（4）抑制法：就是中断燃烧的连锁反应。具体措施是往燃烧物上喷射 1211 干粉灭火剂覆盖火焰。

4.2 技能操作试题

4.2.1 单项操作

行业：电力工程　　　　工种：电机检修工　　　　等级：初

编　　号	C05A001	行为领域	d	鉴定范围	4
考核时限	30min	题　　型	A	题　　分	20
试题正文	导线连接及连接后的绝缘恢复				
需　要 说明的问 题和要求	1. 用 10mm² 七股铜芯线作直线连接和 T 形分支连接各一个，并恢复绝缘 2. 考核时待接头连接好并评分后，再作绝缘的恢复				
工具、材料、 设备场地	1. 常用电工工具 2. 10mm² 七股铜芯（铝芯）线 1m 3. 绝缘黑胶布等				
评 分 标 准	项目	项　目　名　称			
	操作 步骤	1. 绝缘剖削 2. 导线连接 3. 绝缘恢复			
	质量 要求	1. 剖削导线绝缘方法正确，不损伤线芯 2. 导线连接牢固、整齐、规范 3. 绝缘包缠方法正确，叠压严密 4. 安全文明生产			
	得分或 扣分	1. 导线绝缘剖削方法不正确，扣 2 分；损伤线芯每根，扣 2 分 2. 导线缠绕方法不正确，扣 3 分；缠绕圈数不够，扣 2 分；缠绕不整齐，扣 1 分；连接不紧，扣 2 分；连接处变形，扣 2 分 3. 绝缘包缠方法不正确，扣 3 分；绝缘层压不够，扣 3 分 4. 造成人身伤亡事故，扣该操作总分，即本操作总分为零分；其他情况，视情节轻重酌情扣分；每超过 5min，扣 3 分			

行业：电力工程　　　　工种：电机检修工　　　　等级：初

编　号	C05A002	行为领域	e	鉴定范围	2
考核时限	30min	题　型	A	题　分	20
试题正文	三相异步电动机定子绕组首末端的判定				
需　要说明的问题和要求	用直流法判断三相鼠笼式异步电动机定子绕组首尾端				
工具、材料、设备场地	1. 常用电工工具 2. 万用表 3. 1 号电池两节 4. 三相鼠笼式异步电动机 1 台				

评分标准	项目	项　目　名　称
	操作步骤	1. 万用表的选用 2. 用万用表进行电动机定子绕组首尾判定
	质量要求	1. 万用表使用正确且使用前校准零位；档位选择正确；使用后万用表放置档位正确 2. 电动机定子绕组首尾判定测试方法正确；三个绕组及其绕组首尾端清楚 3. 安全文明生产
	得分或扣分	1. 万用表没有校准零位，扣 2 分；档位选择不正确，扣 3 分；使用后万用表放置档位不正确，扣 3 分；不会使用，扣 5 分 2. 三个绕组未分清，扣 15 分；绕组首尾端未分清，每一个绕组，扣 5 分；测试方法不正确，扣 5~15 分 3. 造成人身伤亡事故，扣该操作总分，即本操作总分为零分；其他情况，视情节轻重酌情扣分；每超过 5min，扣 3 分

行业：电力工程　　　　工种：电机检修工　　　　等级：初

编　号	C05A003	行为领域	d	鉴定范围	1
考核时限	30min	题　型	A	题　分	20
试题正文	锯割圆钢的操作				
需　要 说明的问 题和要求	按工艺要求进行锯割				
工具、材料、 设备场地	1. 手锯 2. 齿锯条（粗、中、细各一条） 3. 划线工具 4. 台虎钳 5. ∅30mm～∅40mm 圆钢 6. 钢直尺、塞尺等常用量具				

评 分 标 准	项目	项　目　名　称
	操作 步骤	1. 锯条的选用 2. 划线 3. 锯割
	质量 要求	1. 正确选择锯条，锯条安装方向正确且松紧适度 2. 根据图样要求正确划线 3. 正确使用手锯；锯割的基本尺寸为（12±0.4）mm；平行度 0.5；平面度 0.5 4. 安全文明生产
	得分或 扣分	1. 锯条装反，扣 3 分；松紧不适宜，扣 2 分；锯齿选择不当，扣 2 分 2. 划线位置不正确，一处扣 1 分 3. 锯割误差大，基本尺寸超差，扣 2～5 分；平行度每超差 0.5mm，扣 1 分；平面度超差，扣 1 分；手锯的握法、站姿以及锯割动作不规范，扣 2～5 分；锯条每折断一根，扣 2 分 4. 造成人身伤亡事故，扣该操作总分，即本操作总分为零分；其他情况，视情节轻重酌情扣分；每超过 5min，扣 3 分

行业：电力工程　　　　工种：电机检修工　　　　等级：初/中

编　　号	C05A004/C04A004	行为领域	d	鉴定范围	1/1
考核时限	30min	题　　型	A	题　　分	20
试题正文	工件的测量				

需　　要说　明　的问 题 和 要 求	1. 常用测量工具的正确使用 2. 分别用卡钳、游标卡尺、千分尺测量专用工件规定尺寸，并记录于表格中（参见表 CA-1）
工具、材料、设备场地	1. 测量专用件一件（如图 CA-1 所示） 2. 钢尺 3. 内、外卡钳 4. 游标卡尺（带深度尺） 5. 外径千分尺

评 分 标 准	项目	项　目　名　称
	操作步骤	1. 用卡钳测量 2. 用游标卡尺测量 3. 用千分尺测量 4. 数据记录
	质量要求	1. 正确使用卡钳测量，测量精度符合要求 2. 正确使用游标卡尺测量，测量精度符合要求 3. 正确使用千分尺测量，测量精度符合要求 4. 数据记录完整、正确 5. 安全文明生产
	得分或扣分	1. 不会使用卡钳测量，扣 5 分；使用方法不正确或测量结果误差超过标准，扣 2～5 分 　2. 不会使用游标卡尺测量，扣 5 分；使用方法不正确或测量结果误差超过标准，扣 2～5 分 　3. 不会使用千分尺测量，扣 5 分；使用方法不正确或测量结果误差超过标准，扣 2～5 分 　4. 记录数据不全或不正确，扣 2～5 分 　5. 造成人身伤亡事故，扣该操作总分，即本操作总分为零分；其他情况，视情节轻重酌情扣分；每超过 5min，扣 3 分

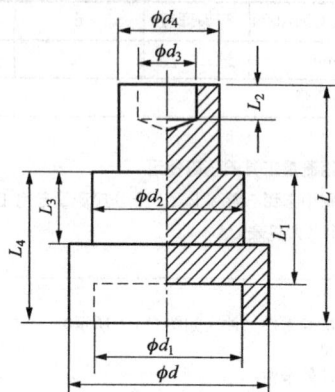

图 CA-1　测量专用件

表 CA-1　　　　　　　　**测 量 记 录 表**　　　　　单位（mm）

项目	量　　具	测　量　结　果									
		L	L_1	L_2	L_3	L_4	d	d_1	d_2	d_3	d_4
尺寸	卡　钳										
	游标卡尺										
	百 分 尺										
平行度	游标卡尺	最大值= L 最小值=				最大值= L_4 最小值=					

278

行业：电力工程　　　　工种：电机检修工　　　　等级：初/中

编　号	C05A005/C04A005	行为领域	d	鉴定范围	2/1
考核时限	60min	题　型	A	题　分	20
试题正文	组合开关的拆装及修理				

需　要说明的问题和要求	1. 拆卸要求：对组合开关解体拆卸。维修拆下的三对动、静触头，如有损坏部件，应恢复或更换 2. 装配要求：装配完毕的组合开关应该叠片连接紧密；手柄转动灵活；通、断位置正确，动作迅速；触头接触良好。质量检验：用万用表作通、断检查 3. 照校验电路图连接作通电校验（校验接线图如图 CA-2 所示）
工具、材料、设备场地	1. 常用电工工具 2. HZ10-25/3 型组合开关及备件 3. 万用表 4. 校验用灯、三相交流电源、活扳手、导线及接线端子板等

评分标准	项目	项　目　名　称
	操作步骤	1. 拆卸 2. 检修 3. 组装 4. 通电校验
	质量要求	1. 拆卸方法正确，无零件损坏、丢失 2. 烧伤严重的触头或其他部件己更换；于柄转动灵活，触头接触良好，通、断位置正确 3. 组装方法正确，无零件损坏、丢失、漏装 4. 通电检查 1min 内连续 5 次分、合试验成功为合格 5. 安全文明生产
	得分或扣分	1. 拆卸不正确，扣 2 分，损坏、丢失每件，扣 1 分 2. 检修方法不正确，扣 2 分；动、静触点检修不符合要求，触点接触不良，扣 2 分；迅速动、合功能不好，扣 1 分；手柄转动不灵活，扣 1 分；通、断位置不正确，扣 2 分 3. 组装方法不正确，扣 2 分；零件损坏、丢失、漏装每件，扣 1 分 4. 不能进行通电试验，扣 5 分；5 次通电中每一次不成功，扣 1 分 5. 造成人身伤亡事故，扣该操作总分，即本操作总分为零分；其他情况，视情节轻重酌情扣分；每超过 5min，扣 3 分

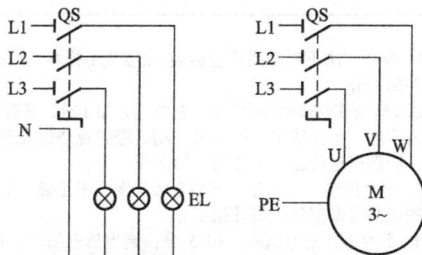

灯箱220V、25W、Y接法
校验电路电源须经前级
控制、保护后引入

图 CA-2　校验电路图

编　　号	C05A006/C04A006	行为领域		d	鉴定范围	2/1
考核时限	60min	题　　型		A	题　分	20
试题正文	交流接触器的拆装及检修					

需　要 说明的问 题和要求	1. 拆卸装配交流接触器 2. 对拆卸下的损坏部件作修复处理或更换 3. 对装配好的接触器作通电校验
工具、材料、 设备场地	1. 常用电工工具 2. 交流接触器及备件 3. 组合开关 4. 按钮、校验用灯、导线、三相交流电源等

	项目	项 目 名 称
评 分 标 准	操作 步骤	1. 拆卸 2. 检修 3. 组装 4. 通电校验
	质量 要求	1. 拆装方法正确，无零件损坏、丢失 2. 检修方法正确，动、静铁心端面平整、无污垢，弹簧无疲劳变形且有足够弹力；动、静触点无烧伤痕迹，对烧伤严重触点以及不能使用的弹簧已更换；短路环检查、线圈检修或更换 3. 组装方法正确，无零件损坏、丢失、漏装 4. 通电检查 1min 内连续 10 次分、合试验成功为合格 5. 安全文明生产
	得分或 扣分	1. 拆卸方法不正确或不会拆装，扣 2 分；损坏、丢失或漏装零部件，每件扣 1 分 2. 动、静铁心端面不平整或有污垢，扣 1 分；弹簧是否疲劳变形或弹力不够，不能使用，扣 2 分；动、静触点烧伤痕迹，未清除，扣 1 分；烧伤严重的触点未更换，扣 2 分 3. 不会组装，扣 5 分，组装方法或步骤不正确，扣 2～5 分；损坏、丢失或漏装零部件，每件扣 1 分 4. 不能进行通电试验，扣 5 分；通电后有振动、噪声扣 1 分；10 次通电中每一次不成功，扣 1 分 5. 造成人身伤亡事故，扣该操作总分，即本操作总分为零分；其他情况，视情节轻重酌情扣分；每超过 5min，扣 3 分

编　号	C05A007/C04A007	行为领域	e	鉴定范围	2/2
考核时限	60min	题　型	A	题　分	20
试题正文	三相异步电动机定子绕组的直流电阻测试				
需　要 说明的问 题和要求	1. 用电桥测试各相绕组直流电阻 2. 通过计算，分析测量结果，判断该电机是否良好或有存在问题的可能				
工具、材料、 设备场地	1. 常用电工工具 2. 万用表 3. 直流单臂电桥或直流双臂电桥 4. 三相异步电动机 5. 导线等				

	项目	项 目 名 称
评 分 标 准	操作 步骤	1. 测量电路接线 2. 使用电桥进行测量 3. r_{75} 计算 4. 故障分析判断
	质量 要求	1. 接线正确，接线端紧固良好 2. 电桥测量范围选用正确；被测电阻接入方法正确；使用方法、步骤正确；正确读数与记录；操作熟练 3. 正确应用 r_{75} 计算公式且计算结果正确 4. 依据计算与测量结果，正确分析原因；正确判断绕组状况 5. 安全文明生产
	得分或 扣分	1. 测量接线不正确，扣2～5分 2. 没有检查电桥和检流计调零，扣1分；量程范围选用不正确，扣1分；被测电阻接入方法不正确，扣2分；使用方法、步骤不正确，扣1分；不会读数或读数不正确，扣1分；操作不熟练扣1～2分 3. 不会应用 r_{75} 计算公式，扣5分；计算结果错误，扣2分 4. 分析原因有错误，扣2分；判断结果有错误，扣3分 5. 造成人身伤亡事故，扣该操作总分，即本操作总分为零分；其他情况，视情节轻重酌情扣分；每超过5min，扣3分

行业：电力工程　　　　工种：电机检修工　　　　等级：初

编　号	C05A008	行为领域	e	鉴定范围	2
考核时限	60min	题　型	A	题　分	20
试题正文	直流电枢绕组接地故障的查找				
需　要说明的问题和要求	照图接线，用毫伏表法寻找接地点（接线如图 CA-3 所示）				
工具、材料、设备场地	1. 常用电工工具 2. 直流电动机电枢 3. 毫伏表 4. 低压直流电源（干电池） 5. 试验用绝缘导线等				

评分标准	项目	项　目　名　称
	操作步骤	1. 照接线图接线 2. 用毫伏表法寻找电枢接地点 3. 接地点的确定
	质量要求	1. 用毫伏表进行电枢接地点寻找的接线正确、规范 2. 试验方法、步骤正确、规范，仪表与工具使用正确 3. 接地点判断正确 4. 安全文明生产
	得分或扣分	1. 试验接线不规范、有错误，扣 2～5 分 　2. 试验操作方法不正确或不规范、仪表仪器使用不正确或损坏等酌情扣分 　3. 接地点判断错误，扣 2～5 分 　4. 造成人身伤亡事故，扣该操作总分，即本操作总分为零分；其他情况，视情节轻重酌情扣分；每超过 5min，扣 3 分

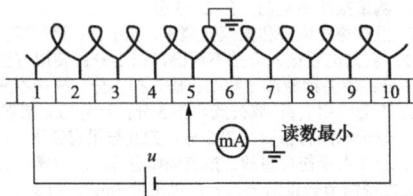

图 CA-3　用毫伏表法寻找接地点试验接线图

编　号	C05A009	行为领域		e	鉴定范围	1
考核时限	60min	题　型	A		题　分	20
试题正文	三相异步电动机定子绕组接地故障相的查找					
需　要 说明的问 题和要求	定子绕组接地故障的查找					
工具、材料、 设备场地	1. 常用电工工具 2. 三相感应式电动机 3. 绝缘电阻表 4. 导线等					

	项目	项　目　名　称
评 分 标 准	操作 步骤	1. 选用合适的电工用具、仪表 2. 利用绝缘电阻表寻找故障相
	质量 要求	1. 正确使用绝缘电阻表及其他电工用具、仪表，试验接线正确 2. 寻找接地相的步骤、方法、结论正确 3. 安全文明生产
	得分或 扣分	1. 选用仪表、电工用具不正确，扣 2～5 分 2. 寻找故障方法、步骤不正确，扣 5～15 分 3. 造成人身伤亡事故扣该操作总分，即本操作总分为零分；其他情况，视情节轻重酌情扣分；每超过 5min，扣 3 分

编　号	C05A010/C04A010	行为领域	e	鉴定范围	2/2
考核时限	60min	题　型	A	题　分	20
试题正文	电刷中性线位置调整				
需　要 说明的问 题和要求	1. 电刷装置按规范顺序安装 2. 通过试验进行中性线位置的查找 3. 电刷经调整，达到规范要求				
工具、材料、 设备场地	1. 直流电动机 2. 直流电池、直流毫伏表 3. 常用电工工具 4. 电刷装置				

评 分 标 准	项目	项　目　名　称
	操作 步骤	1. 安装电刷装置 2. 中性线位置的查找 3. 电刷的调整
	质量 要求	1. 电刷装置安装方法、步骤正确 2. 如图 CA-4 所示进行试验正确接线，正确测定中性线位置 3. 调整刷架，使电刷处于中性线位置能正确熟练测量电刷压力，整台电机压力一致 4. 安全文明生产
	得分或 扣分	1. 电刷装置安装步骤不对、方法不当，扣 2～5 分 2. 不会正确试验接线或不会测定中性线位置，扣 10 分；经提醒后测定，扣 5 分 3. 电刷复原不正确，扣 2～5 分，电刷压力测量、刷架调整不熟练或压力不一致，扣 2 分 4. 造成人身伤亡事故，扣该操作总分，即本操作总分为零分；其他情况，视情节轻重酌情扣分；每超过 5min，扣 3 分

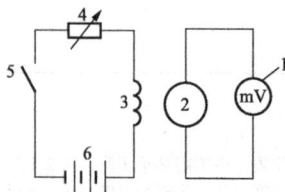

图 CA-4　检查电刷是否在中性线上用的接线图

1—毫伏表；2—电枢；3—励磁绕组；4—可变电阻；

5—刀闸；6—蓄电池（6～12V）

编　　号	C05A011/C04A011	行为领域	e	鉴定范围	2/2
考核时限	60min	题　型	A	题　　分	20
试题正文	直流电机电刷的研磨				

需　要说明的问题和要求	正确的方法进行电刷研磨

工具、材料、设备场地	1. 直流电动机 2. 直流电池、直流毫伏表 3. 拉具、锤子、木槌、扁凿、弹簧秤 4. 常用电工工具、布或厚纸木架等

评分标准	项目	项　目　名　称
	操作步骤	1. 需更换电刷的正确判断 2. 电刷的研磨 3. 复装电刷
	质量要求	1. 应正确查找与判断是否更换，并正确拆卸 2. 电刷研磨方法正确，研磨后电刷与换向器接触面达到70%以上 3. 复装电刷：应位置正确、压力合格 4. 安全文明生产
	得分或扣分	1. 需研磨的电刷判断错误，扣2～5分，拆卸时损坏电刷每个扣2～5分 2. 电刷研磨方法错误，扣2～5分，接触面不合格，扣2分 3. 复装电刷位置不正确或压力不合格，扣2～5分 4. 造成人身伤亡事故，扣该操作总分，即本操作总分为零分；其他情况，视情节轻重酌情扣分；每超过5min，扣3分

行业：电力工程　　　　工种：电机检修工　　　　等级：初

编　号	C05A012	行为领域	e	鉴定范围	2
考核时限	30min	题　型	A	题　分	20
试题正文	直流电动机电枢绕组绝缘电阻测试				
需　要 说明的问 题和要求	测试直流电动机电枢绕组绝缘电阻				
工具、材料、 设备场地	1. 直流电动机 2. 绝缘电阻表 3. 常用电工工具 4. 绝缘导线等				

	项目	项　目　名　称
评 分 标 准	操作 步骤	1. 绝缘电阻表的选择与检查 2. 试品准备 3. 接线 4. 测量 5. 结果分析
	质量 要求	1. 选用绝缘电阻表量程与电压的选择应符合规程要求，使用前应进行开路试验和短路试验，正确检查和判断表的性能 2. 试验前应将被试品与电源、非被试品断开，并正确地进行验电、放电、挂地线，并清洁被试品 3. 正确试验接线，E 端接线、G 端接线正确，接触良好；非测试部分接线接地良好、正确；L 端接线正确，接触良好 4. 测量时，应匀速转动绝缘电阻表，达到额定转速及时，正确地接通被试品；准确读数；及时、正确地断开绝缘电阻表与被试品的连接；测量操作顺序正确；记录全面、正确 5. 结论判断正确 6. 安全文明生产
	得分或 扣分	1. 绝缘电阻表选择不正确，扣 2 分；未检查表或未进行空载试验或短路试验，扣 2 分 2. 未断开被试品与电源或与非被试品的连接，扣 2 分，未清洁被试品，扣 1 分 3. 各端子每接错一次，扣 2 分，接触不良，扣 1 分 4. 转动绝缘电阻表不规范，扣 2 分，被试品的接通或断开不正确，扣 1～2 分，读数误差大，或测量操作顺序或记录有错误，扣 2～3 分 5. 结论错误扣 3 分，结论不准确扣 2 分 6. 造成人身伤亡事故，扣该操作总分，即本操作总分为零分；其他情况，视情节轻重酌情扣分；每超过 5min，扣 3 分

行业：电力工程　　　　　工种：电机检修工　　　　　等级：初

编　　号	C05A013	行为领域	e	鉴定范围	2
考核时限	60min	题　　型	A	题　　分	20
试题正文	直流电动机电枢绕组直流电阻测试				
需　　要 说明的问 题和要求	1. 用电桥测试各相绕组直流电阻 2. 通过计算，分析测量结果，判断该电机是否良好或存在问题的可能				
工具、材料、 设备场地	1. 常用电工工具 2. 万用表 3. 直流单臂电桥或直流双臂电桥 4. 三相异步电动机 5. 导线等				

评 分 标 准	项目	项　目　名　称
	操作 步骤	1. 测量电路接线 2. 使用电桥进行测量 3. 故障分析判断
	质量 要求	1. 测量电路接线正确，接线端紧固良好 2. 电桥测量范围选用正确；被测电阻接入方法正确；使用方法、步骤正确；正确读数；操作熟练 3. 根据测量数据正确判断绕组初步状况 4. 安全文明生产
	得分或 扣分	1. 接线不正确或接线端紧固不好，扣2~5分 2. 量程范围选用不正确，扣2分；没有检查电桥和检流计调零，扣1分；被测电阻接入方法不正确，扣2分；使用方法、步骤不正确，扣1~2分；不会读数或读数不正确，扣1~2分；操作不熟练，扣1~2分 3. 不知道如何判断绕组状况或有错误，扣2~5分 4. 造成人身伤亡事故，扣该操作总分，即本操作总分为零分；其他情况，视情节轻重酌情扣分；每超过5min，扣3分

行业：电力工程　　　　工种：电机检修工　　　　等级：中

编　号	C04A014	行为领域	d	鉴定范围	2
考核时限	30min	题　　型	A	题　　分	20
试题正文	刃磨标准麻花钻的操作				
需　要说明的问题和要求	刃磨后的钻头主要刃磨角度符合要求，两主切削刃长度相等且对称，两后刀面光滑，并通过试钻检验				
工具、材料、设备场地	1. ϕ8mm～ϕ12mm标准麻花钻（钻头已坏） 2. 砂轮机 3. 角度样板				

评分标准	项目	项　目　名　称
	操作步骤	用砂轮机刃磨麻花钻
	质量要求	1. 顶角：顶角 118°±2° 2. 横刃斜角：横刃斜角 50°～55° 3. 后角：后角 10°～14° 4. 后刀面：后刀面圆滑 5. 两切削刃尺寸：两切削刃尺寸相等 6. 试钻：排出屑应一致 7. 刃磨要领：刃磨要领掌握好，方法正确 8. 安全文明生产
	得分或扣分	1. 顶角与同型号的样板比较每超 0.10mm，扣 2 分；横刃斜角每超差 2°，扣 1 分；后角目测，酌情扣分；后角为零，扣 2 分；后刀面曲面时目测，酌情扣分；两切削刃尺寸用游标卡尺测量，每超差 0.10mm，扣 1 分；试钻排出屑不一致，扣 1 分；单刃切削，扣 2 分；刃磨要领酌情扣分 2. 造成人身伤亡事故，扣该操作总分，即本操作总分为零分；其他情况，视情节轻重酌情扣分；每超过 5min，扣 3 分

行业：电力工程　　　　工种：电机检修工　　　　等级：中

编　号	C04A015	行为领域	e	鉴定范围	2
考核时限	60min	题　型	A	题　分	20
试题正文	用校验灯法查找三相异步电动机定子绕组接地相				
需　要 说明的问 题和要求	定子绕组接地故障的查找				
工具、材料、 设备场地	1. 常用电工工具 2. 三相感应式电动机 3. 校验灯 4. 导线若干等				

评 分 标 准	项目	项　目　名　称
	操作 步骤	1. 用校验灯检查接地故障接线 2. 查找接地点
	质量 要求	1. 接线正确无误 2. 校验灯法检查接地相试验方法、步骤正确，接地相判断正确 3. 能够简要分析接地相判断的依据 4. 安全文明生产
	得分或 扣分	1. 不会用校验灯法接，扣 5～10 分，接线局部有错或不正确、不规范，扣 2～5 分 2. 试验方法、步骤不正确 2～3 分；接地点判断不正确，扣 2 分；不知道或解释不清楚用校验灯法判断的依据，扣 2～5 分 3. 造成人身伤亡事故，扣该操作总分，即本操作总分为零分；其他情况，视情节轻重酌情扣分；每超过 5min，扣 3 分

行业：电力工程　　　　工种：电机检修工　　　　等级：中

编　号	C04A016	行为领域	e	鉴定范围	2
考核时限	30min	题　型	A	题　分	20
试题正文	异步电动机定、转子气隙的测量				

需　要 说明的问 题和要求	用塞尺测量气隙尺寸

工具、材料、 设备场地	1. 异步电动机 2. 常用电工工具 3. 塞尺 4. 拉具等

评 分 标 准	项目	项　目　名　称
	操作 步骤	1. 拆卸靠背轮 2. 拆卸端盖 3. 用塞尺测量气隙尺寸，并计算
	质量 要求	1. 正确使用拉具拆卸靠背轮，在靠背套与轴结合较紧不容易拉出时，可用煤油浸润或火焊对靠背轮迅速加热，并用紫铜锤轻敲好 2. 拆卸端盖方法、步骤正确，并应注意在端盖接缝处打上记号，防止装配时出错 3. 用塞尺在四个直径位置上反复测量气隙 3 次，每次转动转子 120°，并记录数据，计算气隙最大偏差应合格 4. 安全文明生产
	得分或 扣分	1. 拆卸靠背轮方法或步骤不当，扣 2～5 分 2. 拆卸端盖方法、步骤不正确，扣 3 分，未在端盖接缝处打上记号，扣 2 分 3. 用塞尺测量气隙方法或步骤不正确，扣 5 分，数据记录不正确扣 2 分，不会计算气隙最大偏差或结果错误，扣 1～3 分 4. 造成人身伤亡事故，扣该操作总分，即本操作总分为零分；其他情况，视情节轻酌情扣分；每超过 5min，扣 3 分

编　号	C04A017	行为领域	e	鉴定范围	2
考核时限	30min	题　型	A	题　分	20
试题正文	绕组的制作				

需　要说明的问题和要求	利用万能绕线模绕制一个极相组绕组

工具、材料、设备场地	1. 低压异步电动机定子铁心（已拆除全部绕组） 2. 万能绕线模 3. 常用电工工具

评分标准	项目	项　目　名　称
	操作步骤	1. 确定绕线模尺寸 2. 制作绕组元件
	质量要求	1. 根据所修理电机型号或借用拆下来的完整绕组，正确确定线模形状与尺寸 2. 正确利用线模绕制一个极相组的合格的绕组元件 3. 安全文明生产
	得分或扣分	1. 不会使用绕线模，扣 10 分；绕线模的形状与尺寸不正确，扣 3～6 分 2. 绕制绕组的方法、步骤不正确，扣 5 分，绕组元件的尺寸不正确或不一致，扣 2～5 分 3. 造成人身伤亡事故，扣该操作总分，即本操作总分为零分；其他情况，视情节轻重酌情扣分；每超过 5min，扣 3 分

行业：电力工程　　　　　工种：电机检修工　　　　　等级：中

编　　号	C04A018	行为领域	e	鉴定范围	2
考核时限	120min	题　　型	A	题　　分	20
试题正文	异步电动机定子绕组下线（单层）的操作				

需　要 说明的问 题和要求	按工艺要求进行绕组下线

工具、材料、 设备场地	1. 低压异步电动机定子铁心（已拆除全部绕组） 2. 已绕制好的绕组元件 3. 嵌线专用工具 4. 常用电工工具 5. 已剪裁好的槽绝缘（0.15～0.20mm 黄蜡纸、青壳纸若干）等

评 分 标 准	项目	项　目　名　称
	操作 步骤	1. 清理定子铁心槽 2. 按工艺要求进行绕组下线
	质量 要求	1. 清理铁心线槽并达到下线的基本要求 2. 正确、按工艺要求，顺次嵌放绕组 3. 安全文明生产
	得分或 扣分	1. 铁心线槽清理不干净，酌情扣分 　2. 嵌放步骤、方法不正确，扣 3～10 分，绝缘尺寸不对或下线工艺 不合格，酌情扣分 　3. 造成人身伤亡事故，扣该操作总分，即本操作总分为零分；其他 情况，视情节轻重酌情扣分；每超过 10min，扣 5 分

行业：电力工程　　　　工种：电机检修工　　　　等级：中/高

编　号	C04A019/C03A019	行为领域		e	鉴定范围	2/3
考核时限	60min	题　型	A		题　分	20
试题正文	异步电动机绕组端部连接的操作					
需　要说明的问题和要求	1. 将已嵌放好绕组的双层绕组连接成为支路数 $a=2$ 的双层叠绕组 2. 将电动机接成星形连接					
工具、材料、设备场地	1. 常用电工工具 2. 嵌线、整理专用工具 3. 各种绝缘纸、带、管等					

评分标准	项目	项　目　名　称
	操作步骤	1. 绘制双层叠绕组展开图草图 2. 连接各相绕组 3. 电机引出线接到接线盒，并将三相电动机接成星形连接
	质量要求	1. 正确绘制双层叠绕组展开图草图 2. 按展开图正确连接各相绕组（$a=2$） 3. 电机引出线接到接线盒，并将三相电动机接成星形连接 4. 安全文明生产
	得分或扣分	1. 不会绘制双层叠绕组展开图草图，扣 5 分，展开图草图不正确酌情扣分 　2. 不会连接绕组，扣 10 分，连接不正确，扣 2～5 分 　3. 电机引出线接到接线盒不规范，扣 2 分，三相绕组连接错误，扣 3 分 　4. 造成人身伤亡事故，扣该操作总分，即本操作总分为零分；其他情况，视情节轻重酌情扣分；每超过 10min，扣 5 分

编　　号	C04A020	行为领域	e	鉴定范围	2
考核时限	60min	题　　型	A	题　　分	20
试题正文	三相异步电动机单层链式绕组的端部连接的操作				
需　要 说明的问 题和要求	将已嵌放入槽中的单层绕组元件连接成链式绕组				
工具、材料、 设备场地	1. 常用电工工具 2. 嵌线、整理专用工具 3. 各种绝缘纸、带、管等 4. 三相异步电动机定子				
评 分 标 准	项目	项　目　名　称			
	操作 步骤	1. 绘制三相单层链式绕组展开图草图 2. 连接各相绕组			
	质量 要求	1. 正确绘制单层链式绕组展开图草图 2. 按展开图正确连接各相绕组 3. 安全文明生产			
	得分或 扣分	1. 不会绘制单层链式绕组展开图草图，扣 10 分，展开图草图不正确，扣 2～5 分 2. 不会连接绕组端部，扣 10 分，连接不正确或工艺差，扣 2～8 分 3. 造成人身伤亡事故，扣该操作总分，即本操作总分为零分；其他情况，视情节轻重酌情扣分；每超过 10min，扣 5 分			

行业：电力工程　　　　工种：电机检修工　　　　等级：中/高/技师

编　　号	C04A021/C03A021 /C02A021	行为领域	e	鉴定范围	2/3/1
考核时限	60min	题　　型	A	题　　分	20
试题正文	菱形线模尺寸的确定				
需　要 说明的问 题和要求	测量一台机壳无铭牌的交流电动机定子铁心及旧绕组，通过计算确定菱形线模尺寸				
工具、材料、 设备场地	1. 低压异步电动机定子铁心（已拆除全部绕组） 2. 测量工具、清槽工具、常用电工工具等				

<table>
<tr><td rowspan="3">评
分
标
准</td><td>项目</td><td colspan="4">项　目　名　称</td></tr>
<tr><td>操作
步骤</td><td colspan="4">1. 测量定子铁心内径 D_1、铁心槽高度 h_0、铁心槽宽度 b_n、定子铁心槽数 Z、定子铁心长度 L、定子绕组伸出铁心的长度 b 以及旧绕组的节距 y 的尺寸
2. 计算线模各部分尺寸：A、B、C、D，菱形线模的形状与尺寸如图 CA-5 所示</td></tr>
<tr><td>质量
要求</td><td colspan="4">1. 正确测量定子铁心内径 D_1、铁心槽高度 h_0、铁心槽宽度 b_n、定子铁心槽数 Z、定子铁心长度 L、定子绕组伸出铁心的长度 b 以及旧绕组的节距 y 的尺寸
2. 正确计算线模各部分尺寸
$$A = y \frac{\pi(D_1 - h_0)}{Z}(\text{mm})$$
$$B = L + 2b(\text{mm})$$
$$C = \frac{A}{0.8 \times 2}(\text{mm})$$
$$D = 0.574 \times C(\text{mm})$$
绕组模的厚度一般取 10~20mm
3. 安全文明生产</td></tr>
<tr><td colspan="1"></td><td>得分或
扣分</td><td colspan="4">1. 测量方法、漏测数据或数据不正确，扣2~5分
2. 不会计算各数据，各扣3分，计算结果有错误，每个扣2分
3. 造成人身伤亡事故，扣该操作总分，即本操作总分为零分；其他情况，视情节轻重酌情扣分；每超过10min，扣5分</td></tr>
</table>

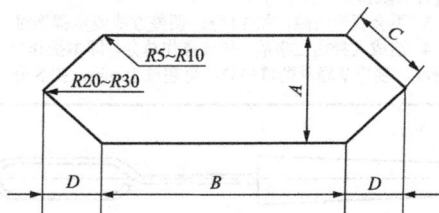

图 CA-5

编　号	C04A022/C03A022 /C02A022	行为领域	e	鉴定范围	2/3/1
考核时限	60min	题　型	A	题　分	20
试题正文	同步电机气隙调整				
需　要 说明的问 题和要求	测量气隙尺寸并计算误差，判断是否合格，若不合格，则必须进行 调整				
工具、材料、 设备场地	1. 同步电机 2. 塞尺或专用塞规（专用塞规形状如图 CA-6 所示） 3. 常用电工工具等				

评分标准	项目	项　目　名　称				
	操作 步骤	1. 用塞尺或专用塞规测量气隙尺寸 2. 计算气隙偏差，并判断是否需要进行气隙调整 3. 调整气隙				
	质量 要求	1. 用塞尺或专用塞规正确测量并调节气隙上下左右四个方向的尺寸 2. 按公式正确计算气隙偏差，并正确判断是否需要进行气隙调整 $$\frac{\delta_{max} - \delta_p}{\delta_p} \leqslant 5\% \ \text{或} \ \frac{\delta_p - \delta_{min}}{\delta_p} \leqslant 5\%$$ 式中 δ_{max}——气隙的最大值； δ_{min}——气隙的最小值； δ_p——气隙的平均值。 3. 正确调整气隙，通过调整两端轴承座，调节垫片厚度以调节上下气隙；待上下气隙均匀后，再松开定子与底架的紧固螺栓，调节左右气隙 4. 安全文明生产				
	得分或 扣分	1. 测量气隙方法或步骤不对，扣 3～5 分，尺寸误差大，扣 1～2 分 2. 不会计算气隙偏差或计算错误，扣 2～6 分，不能判断是否需要进行气隙调整，扣 5 分 3. 不会调整气隙，扣 10 分，调整方法或步骤不对，扣 3～5 分 4. 造成人身伤亡事故，扣该操作总分，即本操作总分为零分；其他情况，视情节轻重酌情扣分；每超过 10min，扣 5 分				

图 CA-6　圆锥形气隙塞规

行业：电力工程　　　工种：电机检修工　　　等级：高/技师

编　　号	C03A023/C02A023	行为领域		e	鉴定范围	3/1
考核时限	60min	题　　型	A		题　　分	20
试题正文	同步发电机定子铁心松动的修理					

需　要 说明的问 题和要求	修复已发现松动了的定子铁心，并能够分析铁心松动的现象与危害

工具、材料、 设备场地	1. 同步发电机铁心 2. 1～3mm 厚的层压绝缘板或 0.05～0.5mm 厚云母片 3. 木槌、探刀、常用电工工具等

评 分 标 准	项目	项　目　名　称
	操作 步骤	1. 分析铁心松动的现象与危害 2. 清理松动的铁心叠片处 3. 用层压绝缘板撑紧铁心
	质量 要求	1. 能够分析铁心松动的现象与危害，知道锈蚀红粉即为铁心松动处，且松动将会因片间绝缘的损坏而加剧，并造成铁心短路，严重时还将引起硅钢片振断或导致邻近线棒的绝缘过热而击穿 2. 应刮掉锈斑，吹去锈末 3. 用探刀插试硅钢片间的松紧程度，将层压板做的楔块用木槌打入缝隙，将铁心撑紧，且楔块塞入铁心后与铁心表面齐平 4. 安全文明生产
	得分或 扣分	1. 不知道铁心松动的现象与危害，扣 2～5 分 2. 铁心叠片松动处清理不干净，扣 2～5 分 3. 撑断硅钢片，扣 2～5 分，楔块塞入铁心的位置、长度等不合格或用铁锤打入楔块，扣 2～5 分 4. 造成人身伤亡事故，扣该操作总分，即本操作总分为零分；其他情况，视情节轻重酌情扣分；每超过 10min，扣 5 分

行业：电力工程　　　　工种：电机检修工　　　　等级：高/技师

编　号	C03A024/C02A024	行为领域	e	鉴定范围	3/1
考核时限	60min	题　型	A	题　分	20
试题正文	同步发电机定子线棒开焊的修理				
需　要说明的问题和要求	将原为锡焊的定子开焊线棒接头改为银焊或银磷铜焊				
工具、材料、设备场地	1. 同步发电机定子 2. 气焊机 3. 石棉布、石棉绳、石棉泥等耐热材料 4. 直流电桥 5. 锉或砂纸、常用电工工具等				

评分标准	项目	项目名称
	操作步骤	1. 焊接前的准备工作 　1.1　拆下绕组端部有关的固紧零件和垫块，并做好标记，以防装复时出错 　1.2　剥开接头的并头铜套绝缘物，并记录拆下来的绝缘材料的规格、包扎层数及包扎方法 　1.3　用石棉布、石棉绳、石棉泥等耐热材料包住端线及相邻的端线接头，以防烧坏周围的绝缘 2. 焊接 　2.1　用气焊（小火嘴）对并头套加热至200℃，取下楔块和并头铜套。用锉或砂纸清除每根扁铜线上的焊锡及氧化物，清除的长度约20mm左右。如扁铜线已烧断，应用银焊接长 　2.2　将扁铜线头弯曲，用气焊加热焊接，达到焊接工艺要求。一般最里、最外层铜线采用搭接，中间铜线采用对接 3. 测量直流电阻并装复
	质量要求	1. 焊接前按要求完成各项准备工作 2. 正确使用气焊机清除焊锡及氧化物；按工艺要求焊接开焊接头 3. 经直流电阻测试达到规范要求 4. 安全文明生产
	得分或扣分	1. 焊接前的准备工作未做好，酌情扣分 2. 不会使用气焊机，扣3分；用气焊清除焊锡及氧化物不干净或长度不够或损坏其他部件等，扣2～5分；焊接质量、工艺差，扣2～5分 3. 经直流电阻测试，不合格扣2～5分 4. 造成人身伤亡事故，该操作总分，即本操作总分为零分；其他情况，视情节轻重酌情扣分；每超过10min，扣5分

行业：电力工程　　　　工种：电机检修工　　　　等级：高/技师

编　号	C03A025/C02A025	行为领域	e	鉴定范围	3/1
考核时限	60min	题　型	A	题　分	20
试题正文	同步发电机灭磁开关的检修				

需　要说明的问题和要求	按工艺要求检查与修理同步发电机灭磁开关

工具、材料、设备场地	1. 同步发电机灭磁电阻 2. 锉刀 3. 直流电桥 4. 常用电工工具

	项目	项　目　名　称
评分标准	操作步骤	1. 检查主副触头，灭弧栅片及弧罩是否烧坏，如发现主副触头烧毛，则应用锉刀修整，如烧损严重，则应更换 2. 检查操作机构动作是否灵活，如发现动作受阻，则应进行修理 3. 检查各部件的连接线是否牢固，如有松动应拧紧螺栓 4. 检修灭磁电阻是否有熔断或短接现象 5. 测量合闸和分闸绕组的直流电阻
	质量要求	1. 主副触头应完好，其接触面达 75% 及以上 2. 操作机构应灵活 3. 各部件的连接线牢固 4. 灭磁电阻完好，无熔断或短接现象 5. 合闸和分闸绕组的直流电阻合格，与铭牌数据或上次试验数据相比较，其差值不得超过 10% 6. 安全文明生产
	得分或扣分	1. 主副触头有烧损或接触面达不到要求，扣 2~4 分 2. 操作机构不灵活，扣 2~4 分 3. 各部件的连接线有松动现象、不牢固，扣 2~4 分 4. 灭磁电阻有熔断或短接现象，扣 2~4 分 5. 合闸和分闸绕组的直流电阻不合格，与铭牌数据或上次试验数据相比较，其差值超过 10%，扣 2~4 分 6. 造成人身伤亡事故，扣该操作总分，即本操作总分为零分；其他情况，视情节轻重的情扣分；每超过 10min，扣 5 分

编　　号	C03A026/C02A06	行为领域	e	鉴定范围	3/1
考核时限	60min	题　型	A	题　　分	20
试题正文	抽大中型异步电动机转子的操作				
需　要说明的问题和要求	用接假轴法抽大中型异步电动机转子				
工具、材料、设备场地	1. 大、中型异步电动机2. 钢管（假轴，其直径较转子轴颈大 10～20mm）3. 垫木、垫纸、棉纱等4. 起重设备（如行车）				

评分标准	项目	项　目　名　称
	操作步骤	1. 在转轴的一端套入假轴，将轴接长，另一端放上与转子底沿等高的垫木2. 用钢丝绳套住转子两端的轴颈，如图 CA-7（a）所示，将转子微微吊起，经检查牢固可靠后，移动起吊设备，使转子慢慢地从定子内腔移出，暂时搁在垫木上3. 将钢丝绳改套住转子，如图 CA-7（b）所示，再慢慢将转子全部移出，吊至检修场地的垫木上放好
	质量要求	1. 可靠地套入假轴，并准备好在另一端放好合适的垫木备用2. 用钢丝绳套住转子两端的轴颈后，先将转子微微吊起，经检查牢固可靠后，才能移动起吊设备，起吊转子不得直接将钢丝绳与轴颈接触，应用纸板或棉纱将轴颈保护好3. 正式起吊转子时，应注意不得使转子碰及定子铁心与绕组，钢丝绳与转子间应垫纸板，且钢丝绳不要放在铁心风道内，防止损伤转子，起吊平稳，放置安全4. 安全文明生产
	得分或扣分	1. 起吊前的准备工作未做好，酌情扣分2. 起吊不牢固、不可靠，扣 4 分；起吊时钢丝绳与轴颈直接接触，扣 2～4 分3. 转子碰及定子铁心与绕组，或钢丝绳与转子直接接触或钢丝绳放在铁心风道内造成对转子的损伤，扣 2～4 分，起吊不平稳，放置不安全，扣 2～4 分4. 造成人身伤亡事故，扣该操作总分，即本操作总分为零分；其他情况，视情节轻重酌情扣分；每超过 10min，扣 5 分

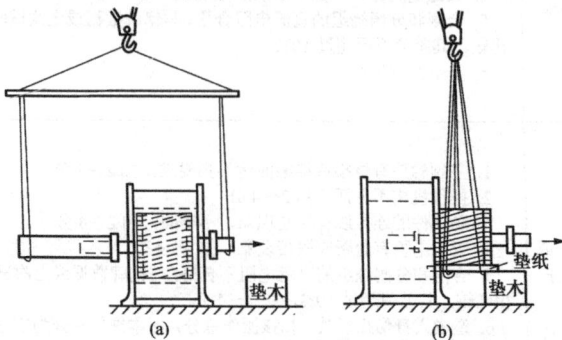

图 CA-7　接假轴抽转子法
（a）钢丝绳套住轴颈；（b）钢丝绳套住转子

4.2.2 多项操作

行业：电力工程　　　　工种：电机检修工　　　　等级：初

编　号	C05B001	行为领域	d	鉴定范围	4
考核时限	60min	题　型	B	题　分	30
试题正文	木制配电板安装				
需　要说明的问题和要求	1. 绘出原理接线图并在木制配电板上按工艺要求安装给定设备 2. 应能够通过通电试验				
工具、材料、设备场地	1. 两极胶壳闸刀开关一只 2. 瓷插保险 RC1 系列一只 3. 漏电保护器一个 4. 平口灯座一个 5. 电工常用工具 6. 导线、固定螺丝若干				

评分标准	项目	项 目 名 称
	操作步骤	1. 绘原理接线图 2. 木制配电板的安装 2.1　设备选择 2.2　设备安装与布线 3. 通电试验
	质量要求	1. 原理接线草图电气关系正确 2. 设备选择、安装正确、无漏装；接线正确且符合工艺要求、各部分设备安装质量高，线路布置美观 3. 通电试验操作合格 4. 安全文明生产
	得分或扣分	1. 原理图每有一处错误，扣2分 2. 安装与接线每错一处，扣2分，安装工艺差、线路布置不美观，扣3～8分 3. 送电时一次未成功，每重复一次，扣5分 4. 造成人身伤亡事故，扣该项目总分，即本项目总分为零分；其他情况，视情节轻重扣5～30分；每超过5min，扣5分

编　号	C05B002/C04B002	行为领域		d	鉴定范围		1
考核时限	60min	题　　型		B	题　　分		30
试题正文	中性碳钢板上攻螺孔						
需　要 说明的问 题和要求	按图样要求在中性碳钢上攻出 M10×1.5、M12×1.75 螺孔，并用 M10、M12 螺栓配检						
工具、材料、 设备场地	1. 丝锥 2. 丝锥扳手 3. 角尺 4. 平锉 5. 游标卡尺 6. 冷却润滑液 7. 台式钻床 8. M10、M12 检验螺栓（长度 60mm） 9. 加工钢件（厚度约 10mm）（如图 CB-1 所示）						

	项目	项 目 名 称
评 分 标 准	操作 步骤	1. 根据图样要求划出孔位中心线、孔圆、孔距正确划线 2. 钻底孔 2.1　正确写出确定底孔直径经验公式 2.2　正确选择钻底孔钻头的直径 2.3　孔距测量符合精度要求 3. 用锥形锪钻或普通钻头进行正确倒角 4. 用丝锥及丝锥扳手正确攻丝
	质量 要求	1. 根据图样划线 2. 底孔直径的经验公式 $$D_{钻}=D-P$$ 式中　$D_{钻}$——钻底孔的钻头直径，mm； 　　　　D——螺纹大径，mm； 　　　　P——螺距，mm。 3. 倒角尺寸略大于直径，倒角呈 90° 4. 攻丝时，应保证螺孔与平面垂直且螺孔牙型完整 5. 安全文明生产
	得分或 扣分	1. 划线位置不正确，一处扣 1 分 　　2. 底孔直径选择不正确，扣 3 分；孔径扩大、孔径不圆、孔径偏心、歪斜等，一项扣 1 分；孔距测量不符合精度要求，扣 2～5 分 　　3. 倒角尺寸过大或倒角角度不合格，每处扣 1 分 　　4. 丝锥与丝锥扳手选择不当，扣 2 分；丝锥使用不当，扣 2 分；丝锥折断，扣 10 分；未使用机油冷却，扣 2 分；垂直度不合格，扣 5 分；螺孔牙型不完整，视程度不同扣 5～10 分 　　5. 造成人身伤亡事故，扣该项目总分，即本项目总分为零分；其他情况，视情节轻重扣 5～30 分；每超过 5min，扣 5 分

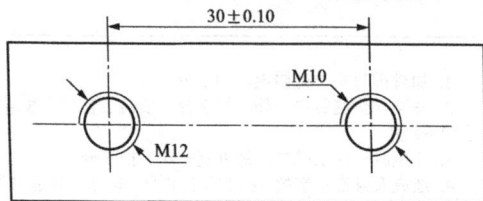

图 CB-1　加工钢件

行业：电力工程　　　　工种：电机检修工　　　　等级：初

编　　号	C05B003	行为领域	d	鉴定范围	4
考核时限	60min	题　　型	B	题　　分	30
试题正文	日光灯线路安装				

需　要 说明的问 题和要求	施工前先绘出原理接线图，按工艺要求正确布置日光灯线路，且线路美观

工具、材料、 设备场地	1. 双眼插座（电源侧） 2. 开关 3. 20W 镇流器 4. 日光灯灯座一副 5. 启辉器及启辉器座 6. 20W 日光灯管 7. 瓷夹及导线若干、电工常用工具、固定螺丝若干、接线板一块

评 分 标 准	项目	项　目　名　称
	操作 步骤	1. 绘制日光灯线路原理图 2. 日光灯线路安装
	质量 要求	1. 日光灯线路原理接线草图电气关系正确 2. 日光灯线路安装正确、各部分安装规范、工艺质量高，线路布置美观 3. 安全文明生产
	得分或 扣分	1. 原理接线图每处错误，扣 2 分 2. 安装接线错误，导致通电故障，扣 10 分；镇流器、灯座、启辉器座安装松动，每个扣 2 分；接触不良，导致日光灯不亮，扣 2 分；火线未进开关，扣 10 分；插座安装不正确，扣 2 分；线路布置零乱，扣 2～5 分 3. 造成人身伤亡事故，扣该项目总分，即本项目总分为零分；其他情况，视情节轻重扣 5～30 分；每超过 10min，扣 5 分

编　号	C05B004/C05B004	行为领域	e	鉴定范围	2/2
考核时限	60min	题　型	B	题　分	30
试题正文	更换直流电机的电刷的操作				
需　要 说明的问 题和要求	1. 确定应更换的电刷，并选用相同型号的新电刷 2. 通过加工调整，使换上的新电刷与刷握配合符合要求，且新电刷与换向器的接触面达到电刷截面的 70%以上 3. 用弹簧秤测试调整电刷压力，应使更换的电刷与整台电机的其他电刷压力一致				
工具、材料、 设备场地	1. 常用电工工具 2. 直流电动机 3. 弹簧秤 4. 电刷 5. 胶布、00 号玻璃砂纸等				

	项目	项　目　名　称
评 分 标 准	操作 步骤	1. 确定应更换的电刷 2. 选用与换上电刷型号相同的新电刷 3. 调整与研磨电刷 3.1　更换电刷 3.2　调整新电刷与刷握配合 3.3　研磨电刷 3.4　调整电刷压力
	质量 要求	1. 正确确定需更换的电刷 2. 正确选用型号相同的新电刷；若无同型号时，能正确选用代用型号的电刷 3. 正确进行更换电刷操作；电刷在刷握中的尺寸符合技术要求，刷握与换向器间距符合要求；研磨电刷的方法、步骤正确，不得损坏电刷，且研磨后电刷与换向器表面的接触面应达到电刷截面的 70%以上；电刷压力调整方法与步骤正确，针对测试电刷压力，且电刷压力符合要求 4. 安全文明生产
	得分或 扣分	1. 需更换电刷的确定不正确，每处扣 3 分 2. 选用新电刷型号不对，每处扣 2 分；若采用代用型号电刷不适当，每处扣 2 分 3. 电刷更换方法、步骤不正确，扣 3 分；安装电刷在刷握中移动不自由或过松，扣 2 分；刷握边缘距离换向器表面过大或过小，扣 2 分；研磨方法不正确，扣 2～5 分；损坏电刷或其他部件，扣 5 分；研磨后电刷与换向器表面接触面小，扣 2 分；调整压力方法不正确，扣 2～5 分；电刷压力过大或过小，扣 2 分，整台电机电刷压力不均，扣 2 分 4. 造成人身伤亡事故，扣该项目总分，即本项目总分为零分；其他情况，视情节轻重，扣 5～30 分；每超过 10min，扣 5 分

行业：电力工程　　　工种：电机检修工　　　等级：初/中

编　　号	C05B005/C05B005	行为领域	d	鉴定范围	1/2
考核时限	60min	题　　型	B	题　　分	30
试题正文	用绝缘电阻表测量交流接触器、三相异步电动机的绝缘电阻				
需　　要 说明的问 题和要求	1. 分别测量交流接触器、三相异步电动机的绝缘电阻 2. 试验后根据测量数据进行绝缘性能的综合判断				
工具、材料、 设备场地	1. 绝缘电阻表 2. 交流接触器 3. 三相异步电动机 4. 电工常用工具				

评分标准	项目	项 目 名 称
	操作 步骤	1. 根据规程要求选择合适的绝缘电阻表 2. 使用前对绝缘电阻表进行全面检查 3. 试验前对被试品做好准备工作 4. 正确连接绝缘电阻测试接线 5. 匀速转动绝缘电阻表，达到额定转速时，接通被试品，正确进行绝缘电阻测量及绝缘电阻的记录，试验毕，断开绝缘电阻表与被试品的连接 6. 结果分析
	质量 要求	1. 绝缘电阻表量程与电压的选择应符合规程要求 　2. 绝缘电阻表使用前应进行开路试验和短路试验，正确检查和判断表的性能 　3. 被试品试验前应与电源、非被试品断开，并正确地进行验电、放电、挂地线，并清洁被试品 　4. 绝缘电阻表 E 端接线、G 端接线正确，接触良好；非测试部分接线接地良好、正确，L 端接线正确，接触良好 　5. 测量时，应匀速转动绝缘电阻表，达到额定转速及时、正确地接通被试品；准确读数；及时、正确地断开绝缘电阻表与被试品的连接；测量操作顺序正确；记录全面、正确 　6. 结合试验数据，判断被试品的绝缘性能的结论正确 　7. 安全文明生产
	得分或 扣分	1. 每选表计错一次，扣 1 分 　2. 未检查表，扣 3 分，未进行空载试验或短路试验，扣 2 分 　3. 未断开被试品与电源或与非被试品的连接，扣 3 分，未清洁被试品，扣 2 分 　4. 各端子每接错一次，扣 2 分，接触不良，扣 1 分 　5. 转动绝缘电阻表不规范，扣 2 分，被试品的接通或断开不正确，每次扣 2 分，不及时每次扣 1 分，读数误差大，扣 2~5 分，测量操作顺序不正确，每次扣 2 分，记录不完整或有错误，扣 2~5 分 　6. 结论错误，扣 5 分，结论不准确，扣 2 分 　7. 造成人身伤亡事故，扣该项目总分，即本项目总分为零分；其他情况，视情节轻重，扣 5~30 分；每超过 5min，扣 5 分

行业：电力工程　　　　工种：电机检修工　　　　等级：初/中

编　号	C05B006/C04B006	行为领域		e	鉴定范围	2/2
考核时限	60min	题　型		B	题　分	30
试题正文	异步电动机滚动轴承的装配的操作					
需　要说明的问题和要求	分别用冷套法、热套法进行滚动轴承的装配					
工具、材料、设备场地	1. 异步电动机转子 2. 钢管（比转轴外径略大，比滚动轴承内圈略小） 3. 油、油槽以及加热设备 4. 手锤、煤油、润滑脂、白布等					

评分标准	项目	项　目　名　称
	操作步骤	1. 滚动轴承在装配前的准备工作 1.1　用煤油将轴承和内轴承盖清洗 1.2　检查轴承转动情况 1.3　检查轴承内圈与轴、外圈与端盖轴承孔之间的公差和光洁度 2. 用冷套法装配滚动轴承：将轴承套到轴上，用钢管抵住轴承内圈，如图 CB-2 所示，用手锤敲打钢管的另一端，将轴承打入至轴肩止 3. 用热套法装配滚动轴承：将轴承放入油槽的支架中，给油槽逐渐加热至油温 70℃左右后停止加热，保持 30～40min，再继续加热至 90～100℃左右，便可将轴承取出，热套在转子轴颈上，热套时应迅速将轴承推到预定位置，套好轴承后，应用压缩空气吹去轴承内的油，再用白布擦拭干净 4. 给装好的滚动轴承内加足润滑脂

	项目	项 目 名 称
评 分 标 准	质量 要求	1. 轴承和内轴承盖清洗干净,且轴承转动情况,轴承内圈与轴、外圈与端盖轴承孔之间的公差和光洁度符合要求 2. 用冷套法装配滚动轴承时操作方法、步骤正确,用力平衡,轴承准确到位 3. 用热套法装配滚动轴承时的操作方法与步骤正确,油温合适,轴承准确到位 4. 滚动轴承加润滑脂量满足:2 个极的电机应装满 $\frac{1}{3} \sim \frac{1}{2}$ 的空腔容积;对于 4 个极及以上的电动机应装满轴承空腔的 $\frac{2}{3}$ 5. 安全文明生产
	得分或 扣分	1. 轴承清洗不干净或轴承转动不灵活,扣 1～3 分,轴承内圈与轴、外圈与端盖轴承孔之间的公差和光洁度不符合要求,扣 1～3 分 2. 冷套法装配滚动轴承时,操作方法、步骤不正确或用力不平衡或轴承不到位,扣 2～5 分;损坏轴承或损伤转轴,扣 2～10 分 3. 用热套法装配滚动轴承时的操作方法与步骤正确不正确或加热油温不合适、轴承准确到位不正确,扣 2～5 分,损坏轴承或损伤轴,扣 2～10 分 4. 滚动轴承加润滑脂量不满足规定标准,扣 2～5 分 5. 造成人身伤亡事故,扣该操作总分,即本操作总分为零分;其他情况,视情节轻重酌情扣分;每超过 10min,扣 5 分

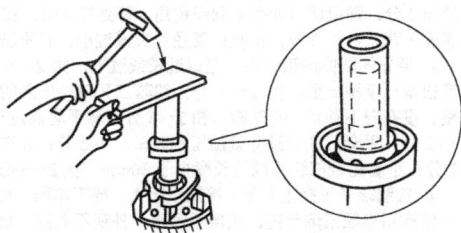

图 CB-2　用钢管装配轴承

行业：电力工程　　　　工种：电机检修工　　　　等级：初/中

编　号	C05B007/C04B007	行为领域	e	鉴定范围	2/2
考核时限	180min	题　型	B	题　分	30
试题正文	干包电缆终端头的制作				
需　要说明的问题和要求	16kV油浸电缆终端头的制作（采用表中材料制作）				
工具、材料、设备场地	1. 加热器具、专用工具、压接钳、钢锯、铁皮剪刀、钢尺 2. 常用电工工具、绝缘电阻表 3. 主要材料（见表CB-1） 4. 软手套干包头式电缆终端头结构尺寸图（如图CB-3所示）				

	项目	项目名称
评分标准	操作步骤	1. 制作前的材料、工具准备 2. 剖剥电缆 3. 装配绝缘件 4. 外接件施工
	质量要求	1. 制作前准备好干包电缆头制作的材料、工具准备齐全、规格符合要求；并检查电缆绝缘且方法正确 2. 电缆剥切方法正确，无损伤；接地线焊接牢固；剖切面铅包、胀喇叭口符合规程规定，无损伤绝缘层 3. 装配绝缘件时，电缆芯线绝缘带包缠紧密；软手套套入到位，无间隙；塑料管采用热套，温度控制在100～120℃；工艺正确 4. 外接件施工时，芯线与线耳压接规范、紧密、无毛刺；外包层绝缘带包缠紧密；绝缘带符合规定 5. 安全文明生产
	得分或扣分	1. 材料、工具准备不齐全或规格不符合要求或没有检查绝缘是否受潮或判断有误，扣2～5分；使用绝缘电阻表不正确，扣5分，此项最高扣分5分 2. 电缆剥切尺寸超过±5mm时，每处扣2分；剥伤线芯绝缘层，每处扣3分；钢铠切口处有毛刺或锐角，每处扣2分；接地线焊接不可靠或工艺差，扣2分；喇叭口直径过大或过小，且不圆滑，扣2分 3. 半导体纸伸出铅（铝）包口过长或过短，扣2～5分；包缠绝缘带松紧程度不一致，扣2～5分；线芯三叉口处压入的风车置放不平整、没有向下勒紧，有空隙，扣2～5分；套手套前没有刷凡士林油，扣2分；手套三叉口没有紧贴压芯风车，扣2分；风车数量不够，扣2分；手套结合部绑扎线的长度少于30mm，扣2～5分 4. 接线端子压接工艺差、接触电阻大、或不牢固，每个扣2分；没有依次用聚氯乙烯包缠，包缠不紧密，外观不美观，每处扣1～3分 5. 造成人身伤亡事故，扣该项目总分，即本项目总分为零分；其他情况，视情节轻重扣5～30分；每超过5min，扣5分

制作干包头主要材料

序号	材　料　名　称	规　格	每一终端头需用量
1	聚氯乙烯薄膜手套	与电缆截面同	1 只
2	铝线耳	与电缆截面同	3 只
3	聚氯乙烯管	25×0.2	25m
4	塑料管		2m
5	黄蜡带（浸渍玻璃纤维带）	25×0.17	25m
6	白棉绳	ϕ1.5mm	8m
7	硬脂酸		0.1kg
8	凡士林油	中性	0.02kg
9	接地线	铜 $S \geqslant 10mm^2$	1m

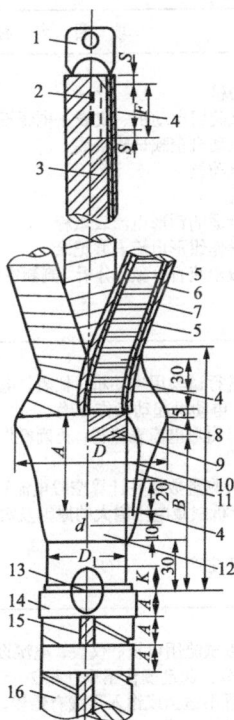

图 CB-3　软手套干包头式电缆终端头结构尺寸图

1—线鼻子；2—压坑内填以环氧-聚酰腻子（或聚氯乙烯带）；3—电缆芯线绝缘；

4—白线绳绑扎；5—耐油橡胶管或聚氯乙烯管；6—黄（黑）蜡带二层；

7—相色塑料胶粘带；8—聚氯乙烯带及黄（黑）腊带或聚氯乙；9—统包绝缘纸；

10—聚氯乙烯内包层；11—聚氯乙烯软手套；12—预留铅（铝）包；13—接地线封头；

14—电缆钢带卡子；15—接地线；16—电缆钢带

行业：电力工程　　　　工种：电机检修工　　　　等级：中

编　号	C04B008	行为领域	e	鉴定范围	2
考核时限	60min	题　型	B	题　分	30
试题正文	三相异步电动机空载电流的测量				
需　要说明的问题和要求	1. 用钳形电流表测量电动机空载电流2. 分析空载电流				
工具、材料、设备场地	1. 常用电工工具2. 星形系列电动机3. 钳形电流表4. 试验用导线等				

评分标准	操作步骤	1. 起动电动机 1.1 检查试验用电动机、仪表、电源设备正常 1.2 进行电动机空载试验接线 1.3 起动电动机 2. 空载试验 2.1 选择合适的钳形电流表量程 2.2 正确操作钳形电流表并记录 3. 计算空载电流百分数，分析、判断空载电流增大的原因及对运行的影响
	质量要求	1. 起动应进行试验用电动机、仪表、电源设备的检查，试验接线应正确、规范；电动机起动操作正确 　2. 正确选择钳形电流表量程；正确操作钳形电流表且熟练、准确读数 　3. 正确分析测量数据并计算空载电流百分数，能与标准正确比较与分析；正确分析空载电流增大的原因及对运行的影响；记录完整、规范、正确 　4. 安全文明生产
	得分或扣分	1. 没有检查试验用电机、仪表、电源设备，扣 2 分；试验接线不正确，扣 2～5 分；起动操作错误，扣 2～5 分 　2. 量程位置不适当或钳入导线有错误，扣 5 分；被测导线没有置于钳口中央，扣 2～5 分；测量读数不熟练或数据有错误，扣 2～5 分；记录不完整、不规范、有错误，扣 2～5 分 　3. 不会分析引起空载电流增大的原因，扣 5 分；不会计算空载电流百分比，扣 2～5 分 　4. 造成人身伤亡事故，扣该项目总分，即本项目总分为零分；其他情况，视情节轻重，扣 5～30 分；每超过 5min，扣 5 分

行业：电力工程　　　　工种：电机检修工　　　　等级：中/高

编　号	C04B009/C03B009	行为领域	e	鉴定范围	2/1
考核时限	180min	题　型	B	题　分	30
试题正文	高压异步电动机定子绕组的局部修理				
需　要说明的问题和要求	1. 定子绕组上层绕组的修理 2. 绝缘电阻、直流电阻测试				
工具、材料、设备场地	1. 高压交流电动机定子 2. 交流电焊机（380V/220V，150A） 3. 交流电源380V/220V 4. 电机嵌线专用工具 5. 电气测量仪表、常用电工工具、自粘性硅橡胶三角带和其他绝缘材料、绝缘导线				

评分标准	项目	项 目 名 称
	操作步骤	1. 修理前的工具、材料、设备的准备工作 2. 包扎绕组绝缘 2.1 通电加热软化并取下需更换的绕组 2.2 检查并正确修补故障绕组铜线匝，并用绝缘带包扎 3. 绕组嵌装 3.1 清理线槽 3.2 绕组嵌装 3.3 装配槽楔并进行连线焊接、连线绝缘包扎与端部绝缘处理 4. 进行电动机绝缘电阻、直流电阻测试
	质量要求	1. 修理前做好绕组绝缘材料、绑扎线、槽楔、各种专用工具等的准备工作，并检查电源设备、电焊机正常，各端头接触良好；正确选用测试仪表 2. 通电加热软化绕组的方法正确，无过热现象；取出故障绕组时不得损坏其他绕组；检查并正确修补故障绕组铜线匝；绝缘带包扎工艺好，无空气隙，厚度与原绝缘一致 3. 清理线槽应无杂物和毛刺，不能用硬物重击于绕组硅橡胶绝缘或割伤绕组绝缘；装配槽楔工艺正确，松紧一致；连线焊接工艺好、牢固；连线绝缘包扎紧密，端部绝缘垫块无遗漏，绑扎牢固、规范 4. 绝缘电阻、直流电阻测试合格 5. 安全文明生产
	得分或扣分	1. 主绝缘规格、数量有错，每处扣2分；常用工具、专用工具选用不当，每处扣2分；使用电焊机不正确或接线错误，扣2分；仪表未检查，影响使用者，扣2分 2. 加热温度过低或超过100~130℃或操作不当，电流超过规定值，扣5分；剔出槽楔工艺差，损坏其他绕组、修补故障线匝焊接温度控制不当，焊接不平整或包扎绝缘不规范等，每处扣2~5分 3. 未清除铁心槽杂物与毛刺，每处扣2~5分；嵌线时违规操作、损伤绕组，扣5~10分；装配槽楔、连线的焊接、绝缘包扎等工艺质量差，每处扣2分 4. 绝缘电阻测试每千伏低于0.5MΩ；直流电阻相差超过2%；每项扣5分 5. 造成人身伤亡事故，扣该项目总分，即本项目总分为零分；其他情况，视情节轻重，扣5~50分；每超过10min，扣5分

311

行业：电力工程　　　　工种：电机检修工　　　　等级：中/高

编　　号	C04B010/C03B010	行为领域	e	鉴定范围	2/1
考核时限	120min	题　型	B	题　　分	30

试题正文	三相异步电动机定子绕组嵌线（部分绕组）的操作
需　　要 说明的问 题和要求	1. 按工艺要求完成已知技术数据的星形系列 B 级绝缘交流电动机定子绕组（部分），重新嵌线和端部连接 2. 测试直流电阻、绝缘电阻绕组 3. 判断绕组相序与同名端
工具、材料、 设备场地	1. 常用电工工具 2. 星形系列电动机 3. 电机嵌线专用工具 4. 工作台 5. 万用表、绝缘电阻表、直流电桥 6. 定子绕组备件电机嵌线所需绝缘材料、槽契、引出线及各种规格的螺钉、螺帽等

评 分 标 准	项目	项　目　名　称
	操作 步骤	1. 嵌线前的准备工作 1.1　记录技术数 1.2　清理、修理定子铁心槽 2. 嵌线 3. 端部连接与绑扎
	质量 要求	1. 嵌线前应正确记录技术数据，无涂改、无遗漏；清理、修理定子铁心槽，清洁无毛刺；裁剪绝缘材料规范 2. 嵌线专用工具使用以及嵌线工艺正确；线匝在槽内排列整齐；不得损伤导线及导线绝缘、槽绝缘；槽契完好，比槽长 10～16mm；端部略低于铁心并成喇叭形 3. 端部连接与绑扎工艺工序规范，极相组连接正确；各相引出线相差电角度120°，极性一致；端部绕组绑扎紧密均匀，引出线及标记正确；经测试各技术指标合格 4. 安全文明生产
	得分或 扣分	1. 记录的技术数据错误或涂改，每处扣 2 分；铁心槽的毛刺、槽内不清洁，扣 3 分；槽绝缘裁剪长度超过±2mm，每张扣 1 分；宽度不够，每张扣 1 分 2. 嵌线工具使用不正确，扣 2 分；工序错误每处扣 2 分；槽内线匝排列不整齐，扣 2 分；损伤导线或槽绝缘，每处扣 3 分；造成短路、接地者，扣 10 分；槽契松动或折断、长度不规范超过±2mm，每处扣 2 分；端部绕组整形尺寸不够或没有整形，扣 2～5 分 3. 没有穿绝缘管、导线接头不规范、焊接不良、绝缘带包缠不紧密，每处扣 1～3 分；引出线不规范扣 2～5 分；相序标号错误、同名端错误、直流电阻三相比较＞2%，每项扣 5 分；绕组连接错误或绝缘电阻接近零，扣 10 分 4. 造成人身伤亡事故，扣该项目总分，即本项目总分为零分；其他情况，视情节轻重，扣 5～30 分；每超过 5min，扣 5 分

编　号	C04B011/C03B011	行为领域	e	鉴定范围	2/3
考核时限	60min	题　型	B	题　分	30
试题正文	三相异步电动机的绝缘测试及首末端判断				

需　要 说明的问 题和要求	1. 测量定子绕组间和绕组对地的绝缘电阻后将测试结果填入表内 2. 判别定子绕组首、末端 3. 将电动机接成三角形（或作星形连接）
工具、材料、 设备场地	1. 常用电工工具 2. 万用表、绝缘电阻表 3. 三相异步电动机（应事先从接线盒引出六根无编号的导线） 4. 36V 灯泡、干电池（或用 220V/36V 变压器）、三相交流电源等

	项目	项　目　名　称
评 分 标 准	操作 步骤	1. 选用试验仪表 2. 绝缘测试 2.1 区分电动机三相绕组 2.2 测试绝缘电阻测试 3. 判断三相绕组首末端并接线 3.1 判断首末端 3.2 分别将电动机连接成三角形和星形
	质量 要求	1. 正确选用万用表、绝缘电阻表 2. 绝缘测试方法、步骤正确，正确判断电动机三相绕组 3. 首末端判别方法、步骤正确；首末端标记清楚；正确进行电动机 三角形和星形连接
	得分或 扣分	1. 不会选择万用表档位或电阻 Ω 不调零，每处扣 2 分；绝缘电阻 表使用前未做开、短路试验，E、L 接线错误，每处扣 3 分 2. 三相绕组分不清，扣 5 分；测试方法不正确，扣 5 分；读数不正 确或填写数据错误，每处扣 2 分；相对地绝缘测试时，接触面未清理 干净者，扣 5 分 3. 首末端判别方法不正确、标记不清楚，扣 5 分；首末端判断错误， 扣 5 分；不会三角形或星形连接，每项扣 5 分 4. 造成人身伤亡事故，扣该项目总分，即本项目总分为零分；其他 情况，视情节轻重，扣 5～30 分；每超过 5min，扣 5 分

行业：电力工程　　　　工种：电机检修工　　　　等级：中/高

编　号	C04B012/C03B012	行为领域	e	鉴定范围	2/3
考核时限	120min	题　型	B	题　分	30
试题正文	异步电动机定子绕组下线（双层绕组）的操作				

需　要说明的问题和要求	按工艺要求进行绕组下线

工具、材料、设备场地	1. 低压异步电动机定子铁心（已拆除全部绕组） 2. 已绕制好的绕组元件 3. 嵌线专用工具 4. 常用电工工具 5. 已剪裁好的槽绝缘（0.15～0.20mm 黄蜡纸、青壳纸若干）等

评分标准	项目	项　目　名　称
	操作步骤	1. 清理定子铁心槽 2. 只需按工艺要求完成三相全部绕组下线，不要求连接端部
	质量要求	1. 清理铁心线槽并达到下线的基本要求 2. 正确、按工艺要求，顺次嵌放三相绕组 3. 安全文明生产
	得分或扣分	1. 铁心线槽清理不干净，酌情扣分 　2. 嵌放步骤、方法不正确，扣 5～10 分，绝缘尺寸不对或工艺不正确，扣 5 分，下线工艺不合格，扣 5～10 分 　3. 造成人身伤亡事故，扣该操作总分，即本操作总分为零分；其他情况，视情节轻重酌情扣分；每超过 10min，扣 5 分

编　号	C04B013	行为领域	e	鉴定范围	2
考核时限	60min	题　型	B	题　分	30
试题正文	用电压降法查找三相异步电动机定子绕组接地故障点				
需　要说明的问题和要求	定子绕组接地故障的查找				
工具、材料、设备场地	1. 常用电工工具 2. 三相感应式电动机 3. 绝缘电阻表、电压表、电流表 4. 导线若干等				

评分标准	项目	项　目　名　称
	操作步骤	1. 用绝缘电阻表寻找故障相 2. 按图 CB-4 所示接线 3. 查找接地点
	质量要求	1. 正确使用绝缘电阻表寻找接地相，步骤、方法正确 2. 按图接线正确接线 3. 试验方法、步骤正确，接线点判断正确 4. 安全文明生产
	得分或扣分	1. 使用绝缘电阻表不正确，扣 2～5 分；接地相判断不正确，扣 3～5 分 2. 不会试验接线，扣 10 分，试验接线不正确或不规范，扣 2～8 分 3. 不会试验，扣 10 分，试验方法或步骤不正确，扣 2～5 分，接地点判断不正确，扣 5 分 4. 造成人身伤亡事故，扣该操作总分，即本操作总分为零分；其他情况，视情节轻重酌情扣分；每超过 10min，扣 5 分

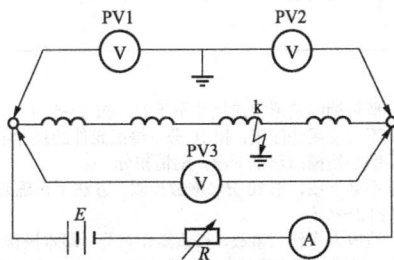

图 CB-4　电压降法试验接线

行业：电力工程　　　　工种：电机检修工　　　　等级：高

编　　号	C03B014	行为领域	e	鉴定范围	3
考核时限	120min	题　　型	A	题　分	30
试题正文	更换异步电动机定子绕组（双层）的操作				
需　要说明的问题和要求	1. 绕组的制作（只须示范性制作一个极相组绕组即可） 2. 绕组下线（一个极相组）				
工具、材料、设备场地	1. 低压异步电动机定子铁心（已拆除全部绕组） 2. 万能绕线模 3. 嵌线专用工具 4. 常用电工工具 5. 0.15～0.20mm黄蜡纸、青壳纸若干等				

评分标准	项目	项目名称
	操作步骤	1. 剪裁与放置槽绝缘 2. 制作绕组元件 3. 清理定子铁心槽 4. 绕组下线（一个极相组）
	质量要求	1. 合理剪裁绝缘的形状和尺寸，并正确放置槽绝缘（槽绝缘两端伸出槽5～10mm，宽度等于槽的内周长；双层绕组槽内上下两层层间绝缘长度比槽长10～15mm，宽比槽宽4～6mm） 2. 正确利用线模绕制一个极相组合格的绕组元件 3. 清理铁心线槽并达到下线的基本要求 4. 正确、按工艺要求，顺次嵌放一个极相组 5. 安全文明生产
	得分或扣分	1. 剪裁绝缘的形状或尺寸不正确，扣2～5分 2. 不会使用绕线模，扣10分，绕组元件的尺寸不正确，扣2～8分 3. 铁心线槽清理不干净，酌情扣分 4. 不会下线，扣10分，嵌放步骤、方法不正确或下线工艺不合格，酌情扣2～5分 5. 造成人身伤亡事故，扣该操作总分，即本操作总分为零分；其他情况，视情节轻重酌情扣分；每超过10min，扣5分

行业：电力工程		工种：电机检修工		等级：中/高	
编　号	C04B015/C03B015	行为领域	e	鉴定范围	2/3
考核时限	60min	题　型	B	题　分	30
试题正文	并励直流电动机经变阻器起动的操作				
需　要 说明的问 题和要求	绘出并励直流电动机经变阻器起动接线图，并按图接线与起动电动机				
工具、材料、 设备场地	1. 直流电动机（4kW 以上大中型直流电动机） 2. 起动变阻器（如图 CB-5 所示） 3. 常用电工工具、导线等				

评 分 标 准	项目	项 目 名 称
	操作 步骤	1. 绘出并励直流电动机电枢绕组经变阻器起动接线原理图 2. 并励直流电动机起动 2.1　按图进行试验接线 2.2　起动电动机
	质量 要求	1. 正确绘出并励直流电动机电枢绕组经变阻器起动接线原理图，并解释变阻器的作用 2. 按图正确接线，各接线端连接规范，起动操作方法、步骤正确；能够正确解释并励回路断线的危害 3. 安全文明生产
	得分或 扣分	1. 不会绘并励直流电动机电枢绕组经变阻器起动接线原理图，扣 5 分；接线错误酌情扣分；不知变阻器的作用，扣 5 分 2. 不会按图接线或接线错误，扣 2~10 分；接线不规范或起动操作方法、步骤不正确，扣 2~5 分；不能解释并励回路断线的危害，扣 5 分 3. 造成人身伤亡事故，扣该操作总分，即本操作总分为零分；其他情况，视情节轻重酌情扣分；每超过 10min，扣 5 分

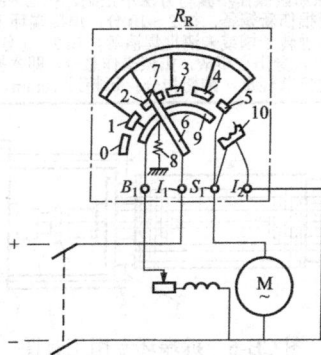

图 CB-5　并励电动机的起动线路

行业：电力工程　　　　工种：电机检修工　　　　等级：中/高

编　号	C04B016/C03B016	行为领域	e	鉴定范围	2/3
考核时限	60min	题　型	B	题　分	30
试题正文	异步电动机铜条转子断条后的修理				
需　要 说明的问 题和要求	根据转子断条数量决定合适的修理方案并进行修复				
工具、材料、 设备场地	1. 异步电动机转子（断条位置明显或已事先确定） 2. 拆端环专用工具 3. 焊炬（氧-乙炔焰火炬） 4. 新笼条、软金属垫块、圆钢条、常用电工工具等				

评 分 标 准	项目	项　目　名　称
	操作 步骤	1. 检查断条情况，确定修理方案，选用与原笼条材质和几何尺寸相同的笼条 2. 断条故障的处理 　2.1　少量断条时，可加热靠断条较长部分的端环焊缝处，使焊剂熔化后，打出此断条长段，然后用加热法除去短段，再将新笼条插入槽内，再进行焊接 　2.2　大量笼条断裂时，可先用数把焊炬（一般用4～6把氧-乙炔焰火炬），加热端环。待焊缝全部熔化后，再用拆端环专用工具（如图CB-6所示）将端环卸下；同时用圆钢（比笼条直径略小2～4mm）将断条打出，再按原笼条的材质和几何尺寸配制新笼条。用大锤将新笼条打入槽内，全部笼条插入完毕，再按原始记录套入端环
	质量 要求	1. 检查记录断条情况，正确选择处理方案，正确选用新笼条 2. 根据断条多少，按正确的操作步骤与方法去拆除断条，将新笼条正确打入转子槽中，并按工艺要求焊接端环，修复转子；修理过程中注意对转子槽的清理，新笼条打入转子槽时，应注意在笼条端部垫上软金属后进行，以保证新笼条的可靠性能 3. 安全文明生产
	得分或 扣分	1. 转子断条情况未检查或检查有遗漏，扣2～3分；处理方案非最佳，扣1～2分；新笼条选用不正确，扣2分 2. 拆除断条操作步骤与方法不正确，扣2～8分；新笼条打入方法不正确或损伤新笼条，扣2～10分；焊接端环工艺质量差、打入新笼条前未清理转子槽或未清理焊渣等，扣2～5分 3. 造成人身伤亡事故，扣该操作总分，即本操作总分为零分；其他情况，视情节轻重，酌情扣分；每超过10min，扣5分

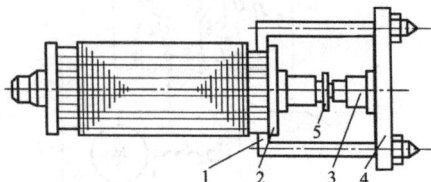

图 CB-6　拆端环专用工具图

1—铜爪；2—端环；3—千斤顶；4—铁板；5—垫板

行业：电力工程　　　　工种：电机检修工　　　　等级：高/技师

编　号	C03B017/C02B017	行为领域		e	鉴定范围	3/1
考核时限	60min	题　型		B	题　分	20
试题正文	异步电动机定子绕组的干燥					
需　要 说明的问 题和要求	用铜损干燥法干燥异步电动机定子绕组					
工具、材料、 设备场地	1. 异步电动机定子（25～75kW） 2. 电焊变压器 3. 电流表 4. 常用电工工具、导线等					

评 分 标 准	项目		项 目 名 称
	操作 步骤		1. 用并联加热法进行干燥 1.1 绘并联加热法原理接线图，并按图接线 1.2 通电进行干燥（可仅作示范性操作即可） 2. 用串联加热法进行干燥 2.1 绘串联加热法原理接线图，并按图接线 2.2 通电进行干燥（可仅作示范性操作即可） 3. 用星形加热法进行干燥 3.1 绘星形加热法原理接线图，并按图接线 3.2 通电进行干燥（可仅作示范性操作即可） 4. 用三角形加热法进行干燥 4.1 绘三角形加热法原理接线图，并按图接线 4.2 通电进行干燥（可仅作示范性操作即可）
	质量 要求		1. 并联加热原理图与接线正确，通电干燥操作方法与步骤正确，加热电流控制在额定电流的 50%～70%，干燥应通过断续供电，控制绕组温度一般在 70～80℃为宜 2. 串联加热原理图与接线正确，通电干燥操作方法与步骤正确，加热电流控制在额定电流的 50%～70%，干燥应通过断续供电，控制绕组温度一般在 70～80℃为宜 3. 星形加热原理图与接线正确，通电干燥操作方法与步骤正确，加热电流控制在额定电流的 50%～70%，干燥应通过断续供电，控制绕组温度一般在 70～80℃为宜 4. 三角形加热原理图与接线正确，通电干燥操作方法与步骤正确，加热电流控制在额定电流的 50%～70%，干燥应通过断续供电，控制绕组温度一般在 70～80℃为宜 5. 安全文明生产
	得分或 扣分		1. 并联加热原理图与接线不正确，扣 2～5 分，通电干燥操作方法与步骤不正确或加热电流与绕组温度不合适，扣 2～5 分 2. 串联加热原理图与接线不正确，扣 2～5 分，通电干燥操作方法与步骤不正确或加热电流与绕组温度不合适，扣 2～5 分 3. 星形加热原理图与接线不正确，扣 2～5 分，通电干燥操作方法与步骤不正确或加热电流与绕组温度不合适，扣 2～5 分 4. 三角形加热原理图与接线不正确，扣 2～5 分，通电干燥操作方法与步骤不正确或加热电流与绕组温度不合适，扣 2～5 分 5. 造成人身伤亡事故则该操作总分，即本操作总分为零分；其他情况，视情节轻重酌情扣分；每超过 10min，扣 5 分

4.2.3 综合操作

行业：电力工程　　　　工种：电机检修工　　　　等级：中

编　号	C04C001	行为领域	f	鉴定范围	4
考核时限	120min	题　型	C	题　分	50
试题正文	照明配线的安装				
需　要 说明的问 题和要求	1. 绘出单相电能表原理接线图 2. 用给定设备或灯具进行照明配线安装				
工具、材料、 设备场地	1. 单相电能表 1 只 2. 瓷插保险 1 只 3. 胶盖闸刀 1 只 4. 拉线开关 1 只 5. 木制配电板 1 块 6. 螺口灯座 1 个 7. 暗装三眼插座 1 个（电源侧） 8. 线管及导线若干 9. 电工常用工具 10. 固定螺丝若干				

评 分 标 准	项目	项 目 名 称
	操作 步骤	1. 绘单相电能表原理接线图 2. 按工艺要求进行照明配线安装
	质量 要求	1. 原理接线草图电气关系正确 2. 接线正确、各部分安装质量高，线路布置美观 3. 安全文明生产
	得分或 扣分	1. 原理图每处错误，扣 2 分 　2. 单相电能表安装倾斜度超过 5°或安装不牢固，扣 5 分；单相电能表进、出线端接错，扣 10 分；胶盖闸刀、瓷插保险安装不符合要求，扣 5 分；配线不满足工艺要求，扣 10 分；接线错误，每处扣 2 分共 5 分；火线应进开关，扣 5 分；插座安装不正确，扣 5 分 　3. 造成人身伤亡事故，扣该项目总分，即本项目总分为零分；其他情况，视情节轻重扣 5~50 分；每超过 5min，扣 5 分

行业：电力工程　　　　工种：电机检修工　　　　等级：中/高

编　号	C04C002/C03C002	行为领域	e	鉴定范围	2/1
考核时限	120min	题　型	C	题　分	50
试题正文	直流电机的装配				
需要说明的问题和要求	1. 装配直流电机 2. 电刷压力测量并调整 3. 电刷中性线位置调整				
工具、材料、设备场地	1. 直流电池 2. 直流毫伏表 3. 拉具、弹簧秤、锤子、木槌、扁凿 4. 中、小型直流电动机 5. 常用电工工具、布或厚纸木架等				

评分标准	项目	项　目　名　称
	操作步骤	1. 装配直流电动机 2. 对电刷压力进行调整 3. 调整电刷中性线位置
	质量要求	1. 装配方法、步骤正确；接线正确；电刷装置安装位置正确；转子转动灵活；固定螺栓紧固好；不损伤各部件 2. 测量电刷压力正常，并使整台电机压力一致 3. 测定中性线位置；调整刷架，使电刷处于中性线位置 4. 安全文明生产
	得分或扣分	1. 装配方法、步骤不正确，每处扣2～5分；接线错误，每处扣2～5分；电刷复原不在原位，扣2～5分；转动不灵活，扣2～5分；固定螺栓未拧紧，扣2～5分，损伤部件，扣2～5分；损伤绕组、换向器，扣5～10分 2. 测量、调整不熟练，扣2～5分；电刷压力不正常，每处扣2～5分；整台电机压力不一致，扣5～8分 3. 不会测定电刷位置，扣8分；经提醒后测定，扣5分；调整不熟练，扣5分；不会调整，扣8分；调整后达不到要求，扣5分 4. 造成人身伤亡事故，扣该项目总分，即本项目总分为零分；其他情况，视情节轻重扣5～50分；每超过10min，扣5分

行业：电力工程　　　　工种：电机检修工　　　　等级：初

编　号	C05C003	行为领域	e	鉴定范围	2
考核时限	120min	题　型	C	题　分	50
试题正文	三相鼠笼式异步电动机转子断条故障的查找				
需　要 说明的问 题和要求	1. 异步电动机的拆卸（根据需要） 2. 用铁粉法分别进行鼠笼转子断条位置的查找（试验接线如图 CC-1所示）				
工具、材料、 设备场地	1. 常用电工工具 2. 三相鼠笼式异步电动机 3. 自耦调压器 4. 大电流发生器（300A） 5. 记录型电流表（5A） 6. 拆卸电机专用工具 7. 试验用绝缘导线				

评 分 标 准	项目	项　目　名　称
	操作 步骤	1. 电动机拆卸 2. 铁粉法进行转子断条故障的查找
	质量 要求	1. 拆卸步骤、方法正确，不碰伤定子绕组和损坏零部件；拆卸前做好标记，正确使用工具 2. 用铁粉法进行转子断条故障查找的试验接线规范、正确；操作规范、撒铁粉均匀；故障判断正确 3. 安全检查文明生产
	得分或 扣分	1. 拆卸时使用工具方法不正确，扣5分；拆卸步骤、方法不正确，扣2～5分；损坏零部件，每只扣2分；碰伤定子绕组，扣5～15分；装配标记不清楚，扣5分 2. 不会试验方法，扣30分，试验接线不规范、不正确，扣5～10分；电流未达到规定值、铁粉不均匀，扣2～8分；故障点判断错误，扣5～10分 3. 造成人身伤亡事故，扣该项目总分，即本项目总分为零分；其他情况，视情节轻重扣5～50分；每超过10min，扣5分

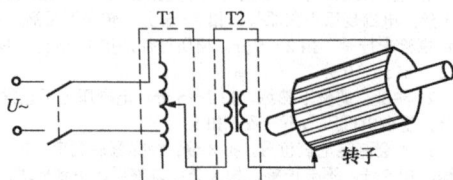

图 CC-1　铁粉法检查转子接线及铁粉分布示意

T1—自耦调压器；T2—升流器，次级电流300～500A

行业：电力工程　　　　工种：电机检修工　　　　等级：中

编　　号	C04C004	行为领域	e	鉴定范围	2
考核时限	180min	题　　型	C	题　　分	50
试题正文	小型三相感应式异步电动机的拆装				
需　　要 说明的问 题和要求	1. 拆除三相异步电动机并清洗零部件，复装三相异步电动机 2. 测试装配后电动机电枢绕组相间绝缘和相对地绝缘 3. 通电试运转				
工具、材料、 设备场地	1. 三相感应式电动机 2. 万用表、绝缘电阻表、钳形电流表 3. 常用电工工具 4. 拆卸器、皮老虎（或电吹风）、清洗剂、润滑剂、锤子、木槌、铜棒 5. 通电试转工作台				

评 分 标 准	项目	项　目　名　称
	操作 步骤	1. 拆卸电动机 2. 清洗轴承 3. 装配电动机并作三相绕组的连接 4. 通电试验
	质量 要求	1. 拆卸步骤、方法正确，不碰伤定子绕组和损坏零部件；拆卸前做好标记，正确使用工具 2. 轴承清洗方法正确、干净，零部件齐全 3. 装配方法、步骤正确，装配质量符合要求；各相绕组接线正确 4. 装配后测试相间绝缘、相对地绝缘合格；绝缘电阻方法正确；通电试转一次成功 5. 安全文明生产
	得分或 扣分	1. 使用拆卸工具方法不正确，扣 5 分；拆卸步骤、方法不正确，扣 2～5 分；损坏零部件，每只扣 2 分；碰伤定子绕组，扣 10 分；装配标记不清楚，扣 5 分 2. 轴承清洗不干净，扣 2～5 分；丢失零部件，每只扣 3 分 3. 装配步骤、方法错误，扣 10 分；紧固螺钉未紧，每只扣 2 分；各相绕组接线不正确，扣 5 分 4. 绝缘电阻测试方法不正确，扣 2～5 分；绝缘电阻不合格，不知原因及处理方法，扣 5 分；装配通电后，转子不灵活或不成功，扣 2～5 分 5. 造成人身伤亡事故，扣该项目总分，即本项目总分为零分；其他情况，视情节轻重扣 5～50 分；每超过 10min，扣 5 分

编　　号	C04C005/C03C005	行为领域	e	鉴定范围	2/1
考核时限	150min	题　　型	C	题　　分	50
试题正文	用交流接触器控制三相异步电动机的接线				
需　要 说明的问 题和要求	1. 绘交流接触器控制三相异步电动机原理接线图，并照图安装（如图 CC-2 所示） 2. 应能够通过通电试验				
工具、材料、 设备场地	1. 三相异步电动机 2. 交流接触器 3. 控制按钮 4. 电工常用工具 5. 导线、固定螺丝若干				

评 分 标 准	项目	项　目　名　称
	操作 步骤	1. 绘交流接触器控制三相异步电动机电气原理接线图 2. 按图进行安装接线 3. 通电试验
	质量 要求	1. 交流接触器控制三相异步电动机电气原理接线草图电气关系正确 2. 设备选择及安装正确；主回路、控制回路、自保持回路接线正确且符合工艺要求，各部分设备安装质量高，线路布置美观 3. 通电试验一次成功 4. 安全文明生产
	得分或 扣分	1. 原理接线图每处错误，扣 2 分；不会画电气原理接线图，扣 10 分 2. 安装时，每错一处，扣 5 分（不会画电气接线图者可提供电气原理接线图，如图 CC-2 所示，本栏操作不扣分） 3. 通电一次不成功，每重复一次，扣 5 分 4. 造成人身伤亡事故，扣该项目总分，即本项目总分为零分；其他情况，视情节轻重扣 5～50 分；每超过 10min，扣 5 分

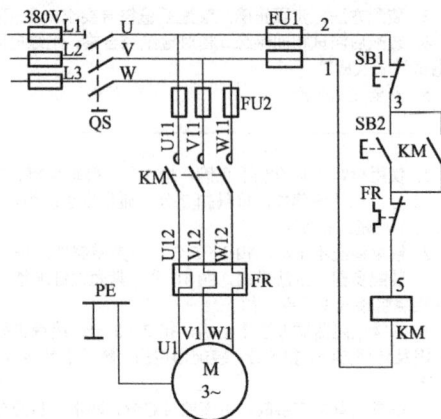

图 CC-2　交流接触器控制三相异步电动机原理接线图

行业：电力工程　　　　工种：电机检修工　　　　等级：中/高

编　　号	C04C006/C03C006	行为领域	e	鉴定范围	2/1
考核时限	150min	题　　型	C	题　分	50
试题正文	三相异步电动机的正反转控制线路接线				

需　要说明的问题和要求	1. 按原理接线图选择并检查各设备及零部件（原理接线如图 CC-3 所示） 2. 按原理接线图进行控制线路安装 3. 应能够通过通电试验

工具、材料、设备场地	1. 三相异步电动机 2. 交流接触器 3. 控制按钮 4. 导线若干 5. 常用电工工具 电气安装板（650mm×500mm）

评分标准		项目	项　目　名　称
	操作步骤		1. 安装前的准备工作 2. 三相异步电动机的正反转控制电气线路安装 3. 通电试验
	质量要求		1. 按图正确选择并检查各设备及零部件 　2. 设备选择、安装正确；主回路、控制回路接线正确且符合工艺要求，各部分设备安装质量高，线路布置美观 　3. 通电前电动机、电源线的接线以及通电后的拆线顺序规范正确；通电试运转一次成功；正反转控制正确 　4. 安全文明生产

项目	项 目 名 称
评 分 标 准	得分或 扣分	1. 检查方法不正确或未进行设备及零部件的检查，扣2～5分 2. 因元件质量问题影响通电一次，扣2～5分；元件松动、不整齐、少装固定螺钉，每处扣1分；损坏元件每件，扣5分；不按图接线，扣5～20分；线路敷设不合格，每处扣2分；导线压接处松动，线芯裸露过长、压绝缘层，损伤线芯，每处扣1分 3. 电源线、电动机接线与拆线不规范、顺序不正确，每错一次扣2分；通电试运转一次不成功，扣5分，二次不成功，扣10分，三次及以上次数不成功，本项不得分；正反转控制不灵活，扣5～10分 4. 造成人身伤亡事故，扣该项目总分，即本项目总分为零分；其他情况，视情节轻重扣5～50分；每超过10min，扣5分

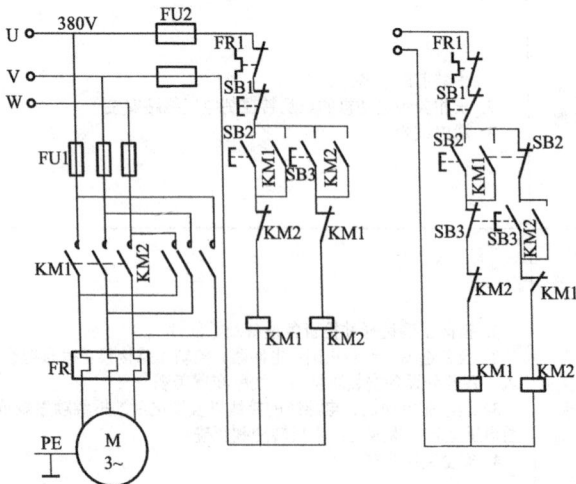

图 CC-3　三相异步电动机的正反转控制线路接线

行业：电力工程　　　　工种：电机检修工　　　等级：中/高/技师

编　号	C04C007/C03C007/C02C007	行为领域	e	鉴定范围	2/1/1
考核时限	120min	题　型	C	题　分	50
试题正文	直流电枢绕组接地故障的修理				
需　要说明的问题和要求	1. 照图接线，用毫伏表法寻找接地点（接线如图 CC-4 所示） 2. 根据接地点故障状态进行修理				
工具、材料、设备场地	1. 常用电工工具 2. 直流电动机电枢 3. 低压直流电源（干电池） 4. 毫伏表、试验用绝缘导线等				

	项目	项　目　名　称
评 分 标 准	操作步骤	1. 用毫伏表进行电枢接地点寻找的接线 2. 试验及接地点判断 3. 故障的修理
	质量要求	1. 照图接线正确、规范；能解释其工作原理 2. 试验方法正确、规范；接地点判断正确；正确、安全使用仪表与工具 3. 根据接地点的状态及部位正确处理故障；操作正确、规范，修理质量符合工艺要求；不扩大故障 4. 安全文明生产
	得分或扣分	1. 不能够解释试验工作原理，扣 5 分；试验接线不规范、有错误，扣 2～5 分 2. 试验操作方法不正确或不规范，扣 2～5 分；接地点判断错误，扣 5 分；仪器仪表使用方法不当，扣 2～5 分；损坏仪表、工具，每件扣 10 分 3. 处理修理方法不对，或不能正确处理接地故障，扣 5～10 分；扩大故障，扣 10～20 分 4. 造成人身伤亡事故，扣该项目总分，即本项目总分为零分；其他情况，视情节轻重扣 5～50 分；每超过 5min，扣 5 分

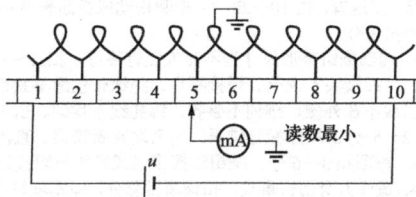

图 CC-4　用毫伏表法寻找接地点试验接线图

行业：电力工程　　　　工种：电机检修工　　　等级：中/高/技师

编　　号	C04C008/C03C008 /C02C008	行为领域	e	鉴定范围	2/1/1
考核时限	240min	题　　型	B	题　　分	50
试题正文	三相异步电动机定子绕组的修理				
需　　要 说明的问 题和要求	1. 按工艺完成已知技术数据的星形系列 B 级绝缘交流电动机定子 重新嵌线和端部连接 2. 经仪表测试，直流电阻、绝缘电阻、绕组相序与同名端正确				
工具、材料、 设备场地	1. 常用电工工具 2. 星形系列电动机定子绕组备件 3. 电机嵌线专用工具 4. 万用表、绝缘电阻表、直流电桥 5. 工作台、电机嵌线所需绝缘材料、槽楔、引出线以及各种规格的 螺钉、螺帽等				

评 分 标 准	项目	项　目　名　称
	操作 步骤	1. 嵌线前的准备工作 2. 嵌线 3. 端部连接与绑扎
	质量 要求	1. 正确记录技术数据，无涂改，无遗漏；清理、修理定子铁心槽，清洁并无毛刺；裁剪绝缘材料规范 2. 嵌线专用工具使用以及嵌线工艺正确；线匝在槽内排列整齐；不得损伤导线及导线绝缘、槽绝缘；槽楔完好，比槽长 10～16mm；端部略低于铁心并呈喇叭形，工艺、工序规范，极相组内绕组连接正确；各相引出线相差电角度120°，同名端一致 3. 端部绕组绑扎紧密均匀，引出线及其标记正确；经仪表测试各项技术指标达标准 4. 安全文明生产
	得分或 扣分	1. 记录的技术数据错误、有涂改，每处扣 1～3 分；铁心槽的毛刺、槽内不清洁，扣 3～6 分；槽绝缘裁剪长度超过±2mm，每张扣 1～2 分；宽度不够，每张扣 1～3 分 2. 嵌线工具使用不正确，工序错误，每处扣 2～5 分；槽内线匝排列不整齐，每处扣 2～5 分；损伤导线或槽绝缘，每处扣 5 分；造成短路、接地者，扣 10～20 分；槽楔松动或折断长度不规范超过±2mm，每处扣 3 分 3. 端部绕组整形尺寸为不够或没有整形，扣 2～5 分；没有穿绝缘管、导线接头不规范、焊接不良、绝缘带包缠不紧密，每处扣 2 分；引出线不在外侧、排列不整齐、绑扎线不均匀、引出线固定不规范，扣 2～5 分；相序标号错误、同名端判断错误、直流电阻三相比较＞2%，每项扣 3～6 分；绕组连接错误或绝缘电阻接近零，扣 15 分 4. 造成人身伤亡事故，扣该项目总分，即本项目总分为零分；其他情况，视情节轻重，扣 5～50 分；每超过 10min，扣 5 分

行业：电力工程　　　　工种：电机检修工　　　　等级：高/技师

编　　号	C03C009/C02C009	行为领域	e	鉴定范围	1/1
考核时限	240min	题　型	C	题　分	50
试题正文	三相异步电动机定子绕组接地故障的处理				
需　要说明的问题和要求	1. 电动机的拆卸（根据需要） 2. 定子绕组接地故障的查找 3. 定子绕组接地故障的排除				
工具、材料、设备场地	1. 常用电工工具 2. 三相感应式电动机 3. 绝缘电阻表 4. 36V 校验表 5. 220V/36V 变压器 6. 绝缘纸、绝缘漆、烘焙加热设备、导线等				

评分标准	项目	项　目　名　称				
	操作步骤	1. 电动机拆卸 2. 用绝缘电阻表、校验灯进行定子绕组接地故障点寻找 3. 故障的排除 4. 装复电动机				
	质量要求	1. 拆卸步骤、方法正确，不碰伤定子绕组和损坏零部件；拆卸前做好标记，正确使用工具 　2. 正确使用绝缘电阻表、校验灯，寻找接地相与接地绕组；寻找步骤、方法正确；电工用具、仪表使用正确 　3. 排除定子绕组接地故障；不扩大事故 　4. 正确恢复绕组接线；端部整形且刷漆且烘干；装复后绝缘电阻测试合格 　5. 安全文明生产				
	得分或扣分	1. 使用工具方法不正确、拆卸步骤或方法不正确，扣 2～5 分；损坏零部件，每只扣 2 分；碰伤定子绕组，扣 10 分；装配标记不清楚，扣 2 分 　2. 使用仪表、电工用具不正确，扣 2～5 分；寻找故障方法、步骤不正确，扣 5～10 分 　3. 每一次排除不成功，扣 5 分，扩大事故，扣 15 分 　4. 装复时，绕组接线不正确、端部整形不良、绝缘电阻测试不合格，扣 5～10 分 　5. 造成人身伤亡事故，扣该项目总分，即本项目总分为零分；其他情况，视情节轻重扣 5～50 分；每超过 10min，扣 5 分				

编　　号	C03C010/C02C010	行为领域	e	鉴定范围	1/2
考核时限	240min	题　型	C	题　　分	50
试题正文	直流电机电枢绕组的故障检修				

需　　要 说明的问 题和要求	1. 短路故障点的查找与处理 2. 断路故障点的查找与处理

工具、材料、 设备场地	1. 直流电动机 2. 直流毫伏表 3. 6V 直流电源 4. 常用电工工具、300W 烙铁、焊剂、焊锡、6V 校验灯、连接导线等

	项目	项　目　名　称
评 分 标 准	操作 步骤	1. 直流电机电枢短路故障的处理 1.1 查找直流电机电枢短路故障点 1.2 故障点的修理 2. 直流电机电枢断路故障的处理 2.1 查找直流电机电枢断路故障点 2.2 断路故障的修理
	质量 要求	1. 短路故障点查找方法选择恰当，操作正确；故障点分析正确，正确处理短路故障；需焊脱绕组与换向片间档头时，复原应正确且符合焊接质量；不扩大故障、安全使用仪表与工具 　2. 断路故障点查找方法选择恰当，操作正确；故障点分析正确，正确处理断路故障；需焊脱线圈与换向片间档头时，复原应正确且符合焊接质量；不扩大故障；正确、安全使用仪表与工具 　3. 安全文明生产
	得分或 扣分	1. 查找短路故障检查方法不正确，扣 5～10 分；短路故障点分析判断错误，扣 5 分；处理维修方法不对，每处扣 2～5 分；焊接质量、修理的工艺差，每处扣 2～5 分；扩大故障，扣 15 分；仪表使用方法不当，扣 2～5 分；损坏仪表、工具每件扣 10～20 分 　2. 查找断路故障，检查方法不正确，扣 5～10 分；断路故障点分析判断错误，扣 5 分；处理维修方法不对，每处扣 2～5 分；焊接质量、修理的工艺差，每处扣 2～5 分；扩大故障，扣 10～20 分；仪表使用方法不当，每处扣 2～5 分；损坏仪表、工具，每件扣 10～20 分 　3. 造成人身伤亡事故，扣该项目总分，即本项目总分为零分；其他情况，视情节轻重扣 5～50 分；每超过 5min，扣 5 分

编　号	C03C011/C02C011	行为领域	e	鉴定范围	1/1
考核时限	240min	题　型	C	题　分	50
试题正文	三相异步电动机转子断条故障的处理				

需　要 说明的问 题和要求	1. 异步电动机的拆卸（根据需要） 2. 用电流曲线法与铁粉法分别进行鼠笼转子断条位置的查找（如图CC-5所示） 3. 转子断条故障的处理
工具、材料、 设备场地	1　三相鼠笼式异步电动机 2. 自耦调压器 3. 大电流发生器（300A）、记录型电流表（5A） 4. 常用电工工具、拆卸电机专用工具、试验用绝缘导线等

评 分 标 准	项目	项　目　名　称
	操作 步骤	1. 电动机拆卸 2. 电流曲线法进行转子断条故障的查找 3. 铁粉法进行转子断条故障的查找 4. 转子断条故障的处理 5. 装复电动机并通电试验
	质量 要求	1. 电动机拆卸步骤、方法正确，不碰伤定子绕组和损坏零部件；拆卸前做好标记，正确使用工具 　2. 电流曲线法进行转子断条故障的查找试验接线规范、正确；操作规范、读数和记录正确；故障判断正确 　3. 铁粉法进行转子断条故障的查找试验接线规范、正确；操作规范、撒铁粉均匀；故障判断正确 　4. 转子断条故障的处理时，打出断条时不损伤转子铁心、转子槽清理干净；配制的铜条尺寸与槽尺寸相吻合；脱焊处清理干净；采用银焊或磷铜焊，焊接方法正确、牢固；用环氧树脂灌入转子槽间隙，固定转子导条牢固 　5. 装配方法、步骤正确，装配质量符合要求，通电试验一次成功 　6. 安全文明生产

项目		项 目 名 称
评 分 标 准	得分或 扣分	1. 使用工具方法不正确，扣 3 分；拆卸步骤、方法不正确，扣 5 分；损坏零部件，每只扣 2 分；碰伤定子绕组，扣 5～10 分；装配标记不清楚，扣 3 分 2. 电流曲线法试验接线不规范、不正确，扣 5～10 分；电流未达到规定值、记录不正确，扣 2～5 分；故障点判断错误，扣 2～5 分 3. 铁粉法试验接线不规范、不正确，扣 5～10 分；电流未达到规定值、铁粉不均匀，扣 2～5 分；故障判断错误，扣 2～5 分 4. 打出断条时损伤转子铁心，扣 5～10 分，转子槽清理不干净、脱焊工艺不好，扣 2～5 分 5. 装配步骤、方法错误或质量差，扣 2～5 分；装配通电后转子不灵活，扣 2 分，通电每一次不成功，扣 5 分 6. 造成人身伤亡事故，扣该项目总分，即本项目总分为零分；其他情况，视情节轻重扣 5～50 分；每超过 10min，扣 5 分

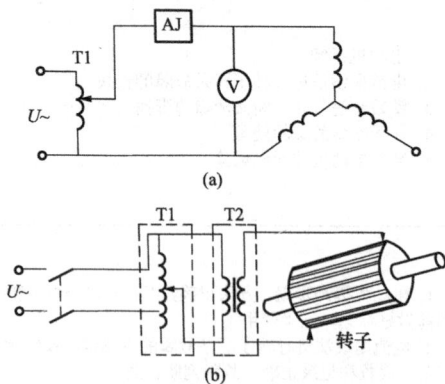

图 CC-5 查找鼠笼转子断

条位置的试验接线

（a）电流曲线法接线；（b）铁粉法检

查转子接线及铁粉分布示意

T1—自耦调压器；T2—升流器，

次级电流 300～500A

行业：电力工程　　　工种：电机检修工　　　等级：高/技师

编　号	C03C012/C02C012	行为领域	e	鉴定范围	1/1
考核时限	240min	题　型	C	题　分	50
试题正文	直流电机调试的操作				
需　要说明的问题和要求	1. 电刷中性线位置调整 2. 电刷压力测量并调整 3. 电刷研磨 4. 用单臂电桥测量励磁绕组的直流电阻 5. 拆卸、装配直流电机				
工具、材料、设备场地	1. 直流电动机 2. 直流电池、直流毫伏表 3. 拉具锤子、木槌、扁凿弹簧秤 4. 常用电工工具、布或厚纸木架等				

评分标准	项目	项　目　名　称
	操作步骤	1. 拆卸与清理 2. 组装 3. 测定中性线位置 4. 电刷压力调整 5. 电刷研磨 6. 直流电阻测量
	质量要求	1. 拆装方法、步骤正确；清洗零部件且未损伤或丢失零部件及各部分绕组、换向器 2. 装配时接线正确；电刷安装位置正确；转子转动灵活；固定螺栓紧固好 3. 调整刷架，使电刷处于中性线位置 4. 能正确熟练测量电刷压力，整台电机压力一致 5. 研磨方法正确，研磨后电刷与换向器接触面达到70%以上 6. 能正确、熟练使用单臂电桥测量，结果正确 7. 安全文明生产
	得分或扣分	1. 拆卸方法、步骤错误，扣2～5分；损伤各部件，扣2～6分，转子抽出未包好，扣2分 2. 装配方法、步骤不正确，扣2～5分；接线错误扣2～5分；电刷不在原位，扣2～5分；转动不灵活，扣2～5分；固定螺栓未拧紧，扣2～5分 3. 不会测定中性线位置，扣10分；经提醒后测定，扣5分；刷架调整不熟练或不会调整，扣2～5分 4. 电刷压力测量、调整不熟练或压力不一致，扣2～8分 5. 电刷研磨方法错误，扣2～5分，研磨后接触面不合格，扣2～5分 6. 不会使用单臂电桥，扣6分，使用不熟练，扣2～5分，读数错误，扣2～3分 7. 造成人身伤亡事故，扣该项目总分，即本项目总分为零分；其他情况，视情节轻重扣5～50分；每超过10min，扣5分

行业：电力工程　　　　工种：电机检修工　　　　等级：高/技师

编　号	C03C013/C02C013	行为领域	e	鉴定范围	1/1
考核时限	240min	题　型	C	题　分	50
试题正文	三相感应式异步电动机检修				

需　要 说明的问 题和要求	1. 清理一台异步电动机绕组，记录基本数据（槽数、极数、节距、槽距角等），画出绕组展开图 2. 对照展开图进行端部连接，端部绑扎（仅进行端部连接，不进行绕组嵌线） 3. 绝缘电阻、直流电组测试，并判断是否合格 4. 判断绕组首末端并装复异步电动机 5. 通电试运转
工具、材料、 设备场地	1. 常用电工工具 2. 三相感应式电动机通电试转工作台 3. 钳形电流表、绝缘电阻表、万用表 4. 拆卸器具、皮老虎（或电吹风）、清洗剂、润滑剂、锤子、木槌、铜棒等

评 分 标 准	项目	项　目　名　称
	操作 步骤	1. 绘制定子绕组展开图（草图） 2. 端部连接与绑扎 3. 绝缘电阻与直流电阻的测量 4. 定子绕组首末端判断 5. 电机装复 6. 通电试运转并测量转速
	质量 要求	1. 绕组的基本数据清楚；绕组展开图绘制正确 2. 绕组端部连接正确；绝缘层和引出线处理规范；端部绑扎规范整齐 3. 能正确使用绝缘电阻表、万用表和单臂电桥分别进行绝缘电阻与直流电阻的测量，并记录数据并判断是否正常 4. 用任意一种方法判断绕组首尾端；引出线接入接线盒并进行星形连接 5. 装复步骤正确，动作规范；定、转子无擦伤；转动灵活 6. 短时通电试运转一次成功；若无异常情况，测量电机转速 7. 安全文明生产
	得分或 扣分	1. 绕组参数数据不清楚，每个扣2分，每错一处，扣2分 2. 绕组端部连接有错或不规范，扣2～5分；绝缘层和引出线处理不规范扣2～4分 3. 绝缘电阻表未作开路、短路试验，扣2分；L、E端接错，扣2分；万用表和单臂电桥使用不规范、不熟练，扣2～4分，不能正确判断，扣2～5分 4. 首末端判断不出，扣5分；错误，扣2分；接线错误或不规范，扣2～5分 5. 电机装复每错一处，扣1～2分 6. 短时通电不正常，扣2～5分；转速测量不正确，扣1～2分 7. 造成人身伤亡事故，扣该项目总分，即本项目总分为零分；其他情况，视情节轻重扣5～50分；每超过10min，扣5分

编　号	C03C014	行为领域	e	鉴定范围	1
考核时限	240min	题　型	C	题　分	50
试题正文	三相异步电动机单向起动控制电气线路接线的操作				
需要说明的问题和要求	1. 按照单向起动控制电气原理图（见图 CC-6）及给定负荷选择电器元件 2. 列出元件明细表并检查配齐元件（元件明细表参见表 CC-1） 3. 按照元件布置图合理布置固定元件，安装元件应牢固、整齐 4. 按照安装接线图（见图 CC-7）在电气安装板上进行布线，导线应平直、整齐，走线合理、压接点压接紧固，并按规定套齐编码套管 5. 检查线路，通电试运转				
工具、材料、设备场地	1. 三相异步电动机 2. 万用表、木螺、编码套管、常用电工工具 3. 交流接触器、控制按钮、热继电器 4. 通电运转工作台 5. 电气安装板（650mm×500mm） 6. 导线以及元件明细表上所列元件				
评分标准	项目	项　目　名　称			
	操作步骤	1. 按单向起动控制电气原理图进行元件选择 2. 按照元件布置图安装元件 3. 按照安装接线图在电气安装板上进行线路敷设 4. 通电试验			
	质量要求	1. 元件选择正确、合理；元件明细表填写正确（结果参见表 CC-2） 2. 元件质量检查正确；按元件布置图安装正确；元件固定牢固、整齐；元件保持完好、无损 3. 按安装接线；线路敷设整齐、横平竖直，不交叉、不跨接；导线压接紧固、规范、不伤线芯；编码套管齐全 4. 热继电器整定正确；正确选配熔芯；通电前电动机、电源线的接线以及通电后的拆线顺序规范正确；通电试运转一次成功 5. 安全文明生产			

	项目	项 目 名 称
评分标准	得分或扣分	1. 元件选择每错一处，扣 2 分；明细表填写错误一处，扣 1 分 2. 因元件质量问题影响通电一次，扣 5 分；不按元件布置图安装，扣 5 分；元件松动、不整齐、少装固定螺钉，每处扣 1 分；损坏元件，每件扣 5 分 3. 不按图接线，扣 8 分；线路敷设不合格，导线压接处松动，线芯裸露过长、压绝缘层，损伤线芯，每处扣 1 分；编码套管每处缺一个，扣 0.5 分 4. 热继电器未整定或整定错误或熔芯错配，扣 3 分；接线与拆线不规范、顺序不正确，每错一次，扣 2 分；通电试运转一次不成功，扣 5 分，两次不成功，扣 8 分，三次不成功本项不得分 5. 造成人身伤亡事故，扣该项目总分，即本项目总分为零分；其他情况，视情节轻重扣 5～50 分；每超过 10min，扣 5 分

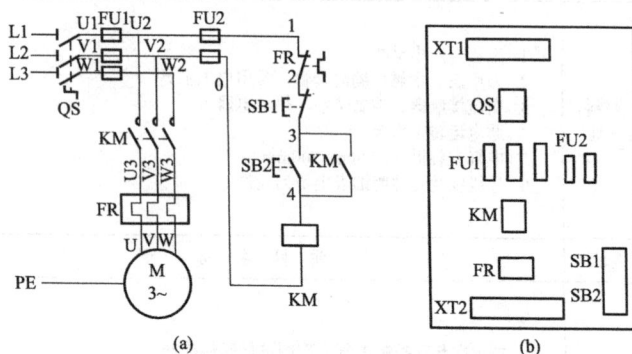

图 CC-6　单向起动控制电气原理图与电器元件布置图

（a）单向起动控制电气原理；（b）电器元件布置图

表 CC-1 　　　　　　　　**元 件 明 细 表**

序号	代号	元件名称	型号与规格	数量	作　用	备注
1						
2						
3						
4						
5						
6						
7						

表 CC-2　　　　　　　单向起动控制线路元件明细表

序号	代　号	元件名称	型　号　与　规　格	数量	作　　用	备注
1	QS	组合开关	HZ10-25/3 三极 25A	1	电源开关	
2	FU1	螺旋熔断器	RL1-60/20 配熔芯额定电流 20A	3	主回路短路保护	
3	FU2	螺旋熔断器	RL1-15/2 配熔芯额定电流 2A	2	控制回路短路保护	
4	KM	交流接触器	CJ10-20 绕组电压 380V	1	电机运行控制	
5	FR	热继电器	JR16-20/3 三极 20A，热元件 11A，整定在 8.8A	1	过载保护	
6	SB1～SB2	按钮	LA10-2H	1	SB2 起动，SB1 停止	
7	XT	端子排	JX2-1010	2	进出线连接	

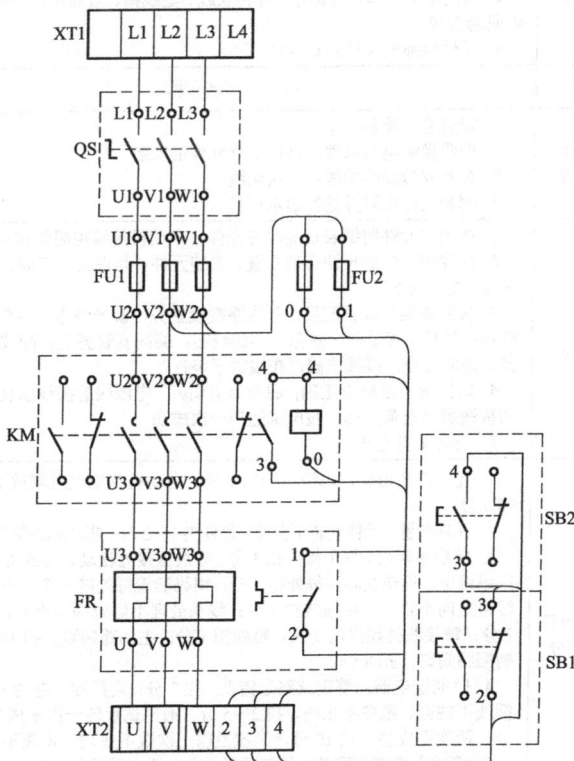

图 CC-7　单向起动控制安装接线图

337

编　号	C03C015/C02C015	行为领域	e	鉴定范围	1/1
考核时限	240min	题　型	C	题　分	50
试题正文	三相异步电动机星—三角自动降压起动控制电气线路的安装				
需　要 说明的问 题和要求	1. 按列出元件明细表检查配齐元件 2. 按照控制电气原理图合理布置、安装元件（接线如图 CC-8 所示） 3. 按照安装接线图在控制板上进行二次配线，配线应选用铜芯线，其截面积不小于 2.5mm² 且布线平直、整齐，走线合理、压接点压接紧固，并按规定套齐编码套管 4. 检查线路，绝缘电阻用摇表（1000V）测量应大于 0.5MΩ，通电试运转正常				
工具、材料、 设备场地	1. 三相异步电动机 2. 万用表、绝缘电阻表 3. 控制接线板 4. 常用电工工具、校验灯、各种软线、走线槽、紧固件、金属软管、编码套管等 5. 元件明细表（见表 CC-3）				
评 分 标 准	项目	项 目 名 称			
	操作 步骤	1. 安装前的准备工作 2. 按照控制电气原理图进行电气元件的安装 3. 按照安装接线图进行二次配线 4. 测量绝缘电阻并进行通电试验			
	质量 要求	1. 按列出元件明细表正确配齐元件；电动机绝缘电阻测试正确 2. 按控制电气原理图合理布置、安装元件；元件固定牢固、整齐并保持完好、无损 3. 按照安装接线图配线，且线路敷设整齐、横平竖直，不交叉，不跨接；导线压接紧固、规范、不伤线芯；编码套管齐全；配线工艺规范，走向合理，接线牢固，布线横平竖直 4. 时间继电器整定正确；通电前电动机、电源线的接线以及通电后的拆线顺序规范正确；通电试运转一次成功 5. 安全文明生产			
	得分或 扣分	1. 元件选择错误，每错一处扣 1 分；电动机绝缘电阻测试不正确，扣 5 分 2. 元件布置、元件安装不合理，每件扣 1~2 分；损坏元件每件扣 5 分 3. 接线不牢固，每个接头扣 1 分；导线压接处松动，线芯裸露过长、压绝缘层，损伤线芯，每处扣 1 分；编码套管每处缺一个，扣 0.5 分；线路走向不合理，每根线扣 1 分；线头处理不好或绕向不对，每个扣 1 分；每接线处超出两个头，每处扣 1 分；主回路错误，扣 10 分；控制回路短路，扣 8 分 4. 时间继电器未整定或整定错误，扣 3 分；电源线、电动机接线与拆线不规范，顺序不正确，扣 2~5 分；通电试运转一次不成功，扣 5 分，两次不成功，扣 10 分，三次及以上次数不成功，本项不得分 5. 造成人身伤亡事故，按该项目总分，即本项目总分为零分；其他情况，视情节轻重扣 5~50 分；每超过 10min，扣 5 分			

表 CC-3　　　　　　　元 件 明 细 表

代 号	名 称	型 号	规 格	数量
M	三相异步电动机	Y-132M-4	7.5kW、380V、15.4A、三角形接法、1440r/min	1
FU1	熔断器	RL1-60/35	60A、配熔体 35A	3
FU2	熔断器	RL1-15/2	15A、配熔体 2A	2
KM1、KM2 KM3	交流接触器	CJ10-20	20A、绕组电压 380V	3
FR	热继电器	JR16-20/3	三极、20A、整定电流 15.4A	1
KT	时间继电器	JS7-2A	绕组电压 380V(代用)	1
SB1、SB2	按钮	LA4-3H	保护式、按钮数 3(代用)	1
XT	端子板	JD$_0$-1020	380V、10A、20 节(代用)	1
	走线槽		18mm×25mm	若干
	控制板	自制	50mm×650mm×500mm	1

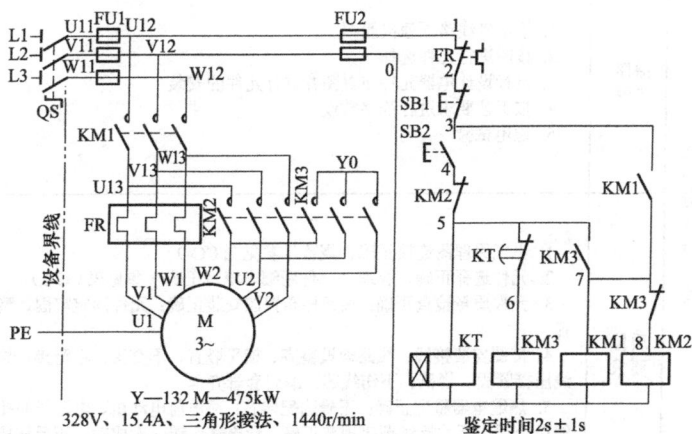

图 CC-8　Y-△自动降压起动控制电气原理图

行业：电力工程　　　　工种：电机检修工　　　　等级：技师

编　　号	C02C016	行为领域	e	鉴定范围	1
考核时限	240min	题　　型	C	题　　分	50
试题正文	双重联锁正反转控制电气线路的安装				
需　要说明的问题和要求	1. 绘出电气线路原理接线图 2. 列出元件明细表并检查配齐元件（见表CC-4） 　3. 自行设计电器元件布置图并照图、按工艺要求在木质安装板上明线板前布线。各导线压接处应紧固、规范，按规定套齐编码套管 　4. 检查线路，通电试运转				
工具、材料、设备场地	1. 三相异步电动机、通电运转工作台 2. 常用电工工具、万用表 3. 木螺、编码套管 4. 交流接触器、控制按钮、热继电器 5. 电气安装板（650mm×500mm）、导线以及元件明细表上所列元件				

评分标准	项目	项　目　名　称
	操作步骤	1. 绘电气线路原理接线图 2. 按图进行元件选择 3. 自行设计电器元件布置图并进行元件的安装 4. 按工艺要求进行线路敷设 5. 通电试验
	质量要求	1. 电气原理图连接正确、规范（参见图CC-9） 　2. 元件选择正确、合理；元件明细表填写正确（参见表CC-5） 　3. 元件质量检查正确；按元件布置图安装正确；元件固定牢固、整齐 　4. 按图安装接线；线路敷设整齐、横平竖直，不交叉，不跨接；导线压接紧固、规范、不伤线芯；编码套管齐全 　5. 热继电器整定正确；正确选配熔芯；通电前电动机、电源线的接线以及通电后的拆线顺序规范正确；通电试运转一次成功；正反转控制灵活

続表

	项目	项 目 名 称
评分标准	得分或扣分	1. 电气原理接线图每处错误，扣 2 分 2. 元件选择每错一处，扣 2 分；明细表填写错误一处，扣 0.5 分 3. 不按元件布置图安装，扣 5 分；元件安装不规范，扣 1～5 分；损坏元件，每件扣 5 分 4. 线路敷设不合格，每处扣 2 分；导线压接处松动、线芯裸露过长、压绝缘层，损伤线芯，每处扣 1 分；编码套管每处缺一个，扣 0.5 分 5. 热继电器未整定或整定错误，扣 2 分；熔芯错配，扣 2 分；电源线、电动机接线与拆线不规范、顺序不正确，扣 2～5 分；正反转控制不灵活，扣分 3～5 分；通电试运转一次不成功，扣 5 分，两次不成功，扣 10 分，三次不成功，本项不得分 6. 造成人身伤亡事故，扣该项目总分，即本项目总分为零分；其他情况，视情节轻重扣 5～50 分；每超过 10min，扣 5 分

表 CC-4　双重联锁正反转控制线路元件明细表

序号	代号	元件名称	型号与规格	数量	作用	备注
1						
2						
3						
4						
5						
6						
7						
8						

表 CC-5　双重联锁正反转控制线路元件明细表（参考）

序号	代号	元件名称	型号与规格	数量	作 用	备注
1	QS	组合开关	HZ10-25/3 三极 25A	1	电源开关	
2	FU1	螺旋熔断器	RL1-60/20 配熔芯额定电流 20A	3	主回路短路保护	
3	FU2	螺旋熔断器	RL1-15/2 配熔芯额定电流 2A	2	控制回路短路保护	
4	KM1	交流接触器	CJ10-20 绕组电压 380V	1	正转控制	
5	KM2	交流接触器	CJ10-20 绕组电压 380V	1	反转控制	
6	FR	热继电器	JR16-20/3 整定电流　8.8A	1	过载保护	
7	SB1～SB2	按钮	LA10-3H500V，5A	1	SB2 起动，SB1 停止	
8	XT	端子排	JX2-1010	2	进出线连接	

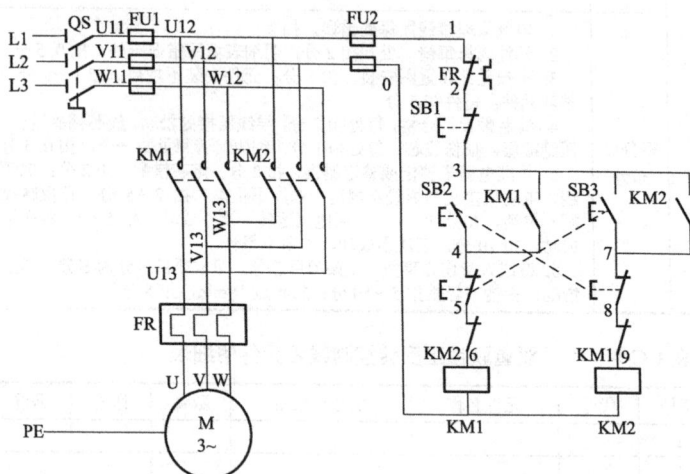

Y—112 M—4.4kW
328V、三角形接法、8.8A、1440r/min

(a)

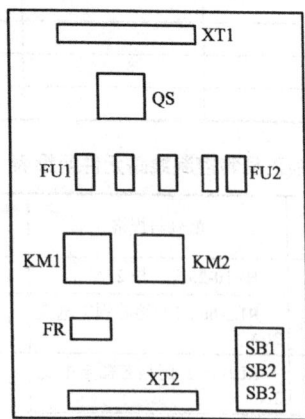

(b)

图 CC-9 双重联锁正反转控制电气原理图、电器元件布置图

（a）双重联锁正反转控制电气原理图；（b）电器元件布置图

行业：电力工程　　　　工种：电机检修工　　　　等级：技师

编　　号	C02C017	行为领域	e	鉴定范围	1
考核时限	240min	题　型	C	题　分	50
试题正文	三相异步电动机定子铁心故障判断与修理				

需　要说明的问题和要求	1. 试验前计算：定子铁耗试验中励磁绕组匝数、励磁电流、测量绕组匝数计算 2. 按图接线进行电动机定子铁耗试验，测量并计算定子单位重量的铁耗 P10、温升等（接线如图 CC-10 所示） 3. 通过测量与计算数据判断铁心状态，分析铁心缺陷原因，并处理

工具、材料、设备场地	1. 常用电工工具 2. 已拆卸的大型三相鼠笼式异步电动机定子 3. 绝缘电阻表、常用电气测量仪表、酒精温度计 4. 交流电源 380V/220V 5. 电气安全用具 6. 试验用绝缘导线等

评分标准	项目	项　目　名　称
	操作步骤	1. 试验前的准备工作 2. 计算定子铁耗试验中励磁绕组匝数、励磁电流、测量绕组匝数并进行定子铁心损耗试验 3. 利用试验数据与计算结果的分析，进行判断与处理
	质量要求	1. 测量仪表准备齐全，并进行检查，无缺损，会正确使用；测量电动机定子铁心尺寸的方法正确，数据正确无遗漏 2. 能正确计算，结果正确；试验接线正确、规范，设备、仪表布置合理；试验步骤方法正确；数据记录全面、正确（计算参考附录 CC-1） 3. 正确判断定子铁心有无故障；正确找出不合格电机定子铁心故障的原因；正确消除铁心缺陷 4. 安全文明生产
	得分或扣分	1. 准备工作不充分，仪表数量、型号错误，每处扣 2～5 分；检查方法不正确，每处扣 2 分；测量定子铁心尺寸部位不对，方法错误，每处扣 3 分；测量数据误差超过±5，每处扣 5 分 2. 不会计算，每处扣 5～10 分；计算结果错误，每处扣 5 分；设备、仪表布置不合理、接线不规范、操作不规范、记录错误每处扣 2～5 分；接线不正确、操作错误，每处扣 5～20 分 3. 不能知道公式 $P_{10} \leqslant 1.2 \Delta P$ 中各符号的意义，每处扣 3 分；不知道定子铁心最大温升 $\Delta \theta_{max} \leqslant 45℃$、其他部位温升应≤30℃的允许标准，每项扣 3 分；定子铁心状态的判断错误，扣 5～10 分；铁心缺陷原因分析错误，扣 10 分；不会消除铁心缺陷，扣 10 分 4. 造成人身伤亡事故，扣该项目总分，即本项目总分为零分；其他情况，视情节轻重扣 5～50 分；每超过 10min，扣 5 分

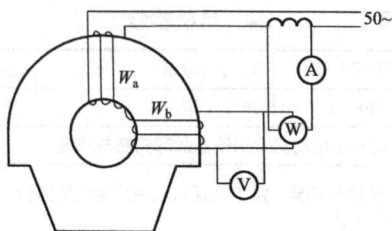

图 CC-10　铁耗试验接线图

附录 CC-1

一、试验前的计算

（1）定子铁心轭部截面积 S

$$S=Lh(\text{cm})^2$$

式中　L——定子铁心有效长度，cm；

　　　h——定子铁心轭部高度，cm。

（2）励磁绕组匝数 W_a

$$W_a = 45 \times \frac{U_1}{S}\ (\text{匝})$$

式中　U_1——加于励磁绕组的电压，V。

（3）励磁电流 I

$$I = \frac{\pi D_{av} H_0}{W_a}\ (\text{A})$$

式中　D_{av}——定子铁心平均直径，cm；

　　　H_0——单位长度安匝数，取 2.15～2.3 安匝/cm。

（4）测量绕组匝数 W_b

$$W_b = \frac{U_2}{U_1} \times W_a\ (\text{匝})$$

式中　U_2——加于测量绕组的电压，V。

二、试验结果分析

（1）试验时磁通密度的实际值

$$B' = \frac{45}{W_2 S} (T)$$

（2）定子铁心轭部单位铁损 P_{10}（折算到 1T 时）

$$P_{10} = \frac{P'}{G_c} \left(\frac{1}{B}\right)^2 (W/kg)$$

式中　P'——功率表读数，W；

　　　G_c——定子铁心质量，可查表或按公式 $G_c = 24.5 D_{av} S \times 10^{-3}$(kg)计算。

（3）故障分析

若 $P_{10} \geqslant 1.2\Delta P$，铁心最大温升 $\Delta\theta_{max} \geqslant 45℃$，而其他部位温升 $\geqslant 30℃$ 时可认为铁心不合格，应查明原因，予以消除。

5 试卷样例

中级电机检修工知识要求试卷

一、选择题（每题 2 分，共 40 分）

下列每题都有 4 个答案，其中只有一个是正确答案，将正确答案的代号填入括号内。

1. 电流互感器二次回路不允许接（   ）。

（A）测量仪表；（B）继电器；（C）短接线；（D）熔断器。

2. 异步电动机工作时，其转差率的范围为（   ）。

（A）$0<s\leq1$；（B）$1<s<\infty$；（C）$-\infty<s<0$；（D）$-\infty<s\leq0$。

3. 绕线式异步电动机的转子绕组（   ）。

（A）经直流电源闭合；（B）为鼠笼式闭合绕组；（C）可经电刷与滑环外接起动电阻或调速电阻；（D）是开路的。

4. 发电机定子三相绕组在空间布置上，其各相绕组轴线相差（   ）。

（A）120° 机械角度；（B）120°；（C）120° 任意角度；（D）120° 电角度。

5. 油浸纸绝缘电力电缆，按其线芯金属护套的结构可分为（   ）。

（A）统包和分相铅包；（B）铅包和带钢甲；（C）钢甲和钢甲带麻皮；（D）统包和钢甲带麻皮。

6. 并励直流发电机励磁电流所建立的磁场（   ）。

（A）与剩磁方向应一致；（B）与剩磁方向应相反；（C）是交变的；（D）与剩磁方向无关。

7. 深槽型异步电动机起动时由于（　　），所以转子电流主要从转子导体上部经过。

（A）涡流作用；（B）电磁感应；（C）存在电磁力作用；（D）集肤效应。

8. 当异步电动机的负载越重时，其起动转矩将（　　）。

（A）愈大；（B）愈小；（C）变化；（D）与负载轻重无关。

9. 为保证电力系统的安全运行，常将系统的（　　）接地，叫做工作接地。

（A）中性点；（B）零点；（C）设备外壳；（D）防雷设备。

10. 下列绝缘预防性试验中属于破坏性试验项目的是（　　）。

（A）介质损失试验；（B）直流耐压试验；（C）泄漏电流试验；（D）绝缘电阻。

11. 直流电动机起动时起动电流很大，是因为刚起动时（　　）。

（A）负荷太轻；（B）转子与定子磁场相对速度最大；（C）转子与定子磁场相对速度最小；（D）反电势尚未建立。

12. 鼠笼式异步电动机的起动方法中可以频繁起动的是（　　）。

（A）用自耦补偿器起动；（B）星—三角形换接起动；（C）延边三角形起动；（D）转子绕组串联起动电阻起动。

13. 在接刀闸时，应缓慢而谨慎，特别是当刀片刚离开静触头时若发生电弧，应立即（　　）。

（A）拉下刀闸；（B）合上刀闸；（C）保持不动；（D）立即跳开断路器。

14. 直流电机为了消除环火而加装了补偿绕组，正确的安装方法是补偿绕组应与（　　）。

（A）励磁绕组串联；（B）励磁绕组并联；（C）电枢绕组串联；（D）电枢绕组并联。

15. 由于直流电机电刷压力没有在工艺要求范围内，因而引发在运行中电刷下火花过大，一般要求电刷压力为（　　）。

（A）0.05～0.15kPa；（B）0.15～0.25kPa；（C）0.2～0.25kPa；（D）1.5～2.5kPa。

16. 高压交流电动机定子的三相绕组，直流电阻误差不应大于（　　）。

（A）2%；（B）5%；（C）10%；（D）15%。

17. 三相异步电动机合上电源后发现转向相反，这是因为（　　）。

（A）电源一相断开；（B）电源电压过低；（C）定子绕组接地引起的；（D）定子绕组与电源相连接时相序错误。

18. 双鼠笼电动机外笼条断裂，一般更换转子铜条时都用（　　）。

（A）黄铜条；（B）紫铜条；（C）铝合金条；（D）钢条。

19. 三相交流电动机初次起动时响声很大，起动电流很大，且三相电流相差很大，产生原因是（　　）。

（A）有一相的始端和末端接反；（B）鼠笼转子断条；（C）定子绕组匝间短路；（D）电源极性错误。

20. 在交流电动机定子绕组拆卸时，为了便于取出绕组，可在待拆绕组中通以电流，注意电流量最大不超过该电动机额定电流的（　　），使绕组发热软化。

（A）1倍；（B）2倍；（C）3倍；（D）5倍。

二、判断题（每题1分，共20分）

判断下列描述是否正确，正确在括号内打"√"，错误的在括号内打"×"。

1. 汽轮发电机通常都采用凸极式转子，水轮发电机通常采用隐极式转子。　　　　　　　　　　　　　　　（　　）

2. 电动机定子槽数与转子槽数一定相等的。　（　　）

3. 交流电机通常采用短距绕组，以消除相电势中的高次谐波。　　　　　　　　　　　　　　　　　　　　（　　）

4. 若绕组的节距小于极距即 $y_1 < \tau$，则称短距绕组。

5. 异步电动机应在三相电源电压平衡的条件下工作，但一般规定三相电源电压中的任何一相电压与三相电压的平均值之差，不应超过三相电压平均值的百分数为5%。（　　）

6. 双鼠笼型异步电动机的转子上有两个鼠笼，分层放置，其中外笼为运行笼。（　　）

7. 有一台异步电动机，如果把转子卡住不动，定子通入额定电压，其电流将与该电机额定电流相同。（　　）

8. 不论是电压互感器还是电流互感器，其二次绕组均必须有一点接地。（　　）

9. 母线竖放时散热条件不如平放好，但抗弯强度比平放好。（　　）

10. 交流接触器和磁力接触器不能切断短路电流。（　　）

11. 绕线式三相异步电动机只有适当增加转子回路电阻才能增大起动转矩，转子回路电阻过大，起动转矩反而下降。（　　）

12. 交流电机常用的绕组形式，可分为单层绕组和双层绕组两大类。（　　）

13. 交流电机定子三相对称绕组，每相绕组匝数相等，每相轴线间隔180°。（　　）

14. 电动机操作控制盘上的红灯亮，说明电机停止运行，绿灯亮说明电机正在运行。（　　）

15. 一般来说，水轮发电机转子磁极数比汽轮发电机转子磁极数多。（　　）

16. 电气用的相位色红色代表A相、绿色代表B相、黄色代表C相。（　　）

17. 滚动轴承的电动机，运行中轴承护盖温度不应超过105℃。（　　）

18. 电源频率过低，交流电动机本身温度反而会降低。（　　）

19. 当三相电动机绕组不知道首尾时，可将其中一相接电池和刀闸，另两相连接起来用万用表的毫安档测量，当合上刀闸时，万用表指针摆动，如果是首尾相连时，则表针摆动的幅度大。 （   ）

20. 异步电动机用短路电流法干燥时，是在定子内通入三相交流电，所用电压约为额定电压的 8%～10%；使定子电流为额定电流的 60%～70%。 （   ）

三、简答题（每题 4 分，共 12 分）

1. 异步电动机起动时，为什么起动电流大而起动转矩不大?

2. 试问现代汽轮发电机的转子绕组，为了防止绕组由于热胀冷缩的作用而产生永久变形或损坏，在制作时采取了什么措施?

3. 电磁起动器安装起动器之前应做好哪些工作?

四、计算题（每题 5 分，共 10 分）

1. 某交流正弦电压的初相为 $30°$，且在 $t = \dfrac{T}{2}$ 时的瞬时值为 –268V，试求这个电压的有效值。

2. 一台异步电动机，测得定子与转子间四点空气间隙分别为 6、5.3、4、5.7mm，问空气间隙误差为多少?是否合格?

五、绘图题（每题 5 分，共 10 分）

1. 画出开关直接起动三相异步电动机控制回路原理接线图。

2. 请在图 1 上画出三相 2 极 24 槽单层同心式绕组展开图。

图 1　展开图

六、论述题（8 分）

为什么励磁机整流子表面形成的氧化膜不能用砂纸研磨?

中级电机检修工技能要求试卷

一、三相异步电动机定子绕组的直流电阻测试（20分）

二、更换直流电机的电刷的操作（30分）

三、用交流接触器控制三相异步电动机的接线的操作（50分）

中级电机检修工知识要求试卷答案

一、选择题

1.（D）；2.（A）；3.（C）；4.（D）；5.（A）；6.（A）；7.（D）；8.（C）；9.（A）；10.（B）；11.（D）；12.（A）；13.（B）；14.（A）；15.（D）；16.（A）；17.（D）；18.（A）；19.（A）；20.（C）。

二、判断题

1.（×）；2.（×）；3.（×）；4.（√）；5.（√）；6.（×）；7.（×）；8.（√）；9.（×）；10.（√）；11.（√）；12.（√）；13.（×）；14.（×）；15.（√）；16.（×）；17.（×）；18.（×）；19.（√）；20.（√）。

三、简答题

1. 答：当异步电动机起动时由于转子绕组与电枢磁场的相对运动速度最大，所以转子绕组感应电动势与电流均最大，但此时转子回路的功率因数却很小，所以起动转矩不大。

2. 答：因为铜线的热胀冷缩作用下会产生永久性变形，使绕组损坏，所以大型汽轮发电机的转子绕组采用热屈服极限较高的、含有少量银的铜线来绕制。

3. 答：在安装起动器之前应做好下列工作：

（1）打开外壳（如果有外壳），检查内部接线是否正确，螺钉是否全部拧紧。

（2）将接触器铁心极面上的防锈油脂擦拭干净。

（3）把热继电器（如果有的话）调整到所控制电动机的额定电流。

（4）以 500V 兆欧计检查绝缘电阻，若各部位的绝缘电阻小于 1MΩ，还应作干燥处理。

（5）清除外壳内外的灰尘及杂物。

四、计算题

1. 解：设该电压为 $u=U_m\sin(\omega t+30°)$

代入已知条件 $-268=U_m\sin\left(\omega\dfrac{T}{2}+30°\right)$

$$=U_m\sin(\pi+30°)=-\frac{1}{2}U_m$$

则电压幅值为 $U_m=2\times268=536(V)$

电压有效值为 $U=\dfrac{U_m}{\sqrt{2}}\approx380(V)$

答：这个电压的有效值为 380V。

2. 解：平均间隙

$$\overline{S}=\frac{6+5.3+4+5.7}{4}=5.25\,(mm)$$

间隙误差百分数

$$\Delta S\%=\frac{5.25-4}{5.25}\times100\%=23.8\%$$

答：该电机空气间隙误差为 23.8%；间隙标准不超过 10% 为合格，所以该电机空气间隙为不合格，需重新调整后才能投运。

五、绘图题

1. 答：开关直接起动三相异步电动机控制回路原理接线图，如图 2 所

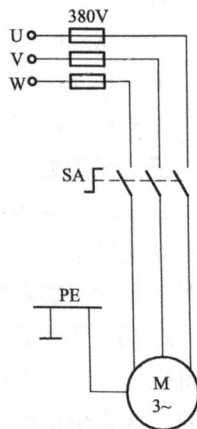

图 2 三相异步电动机控制回路原理接线图

示。

2. 答：三相 2 极 24 槽单层同心式绕组展开图如图 3 所示。

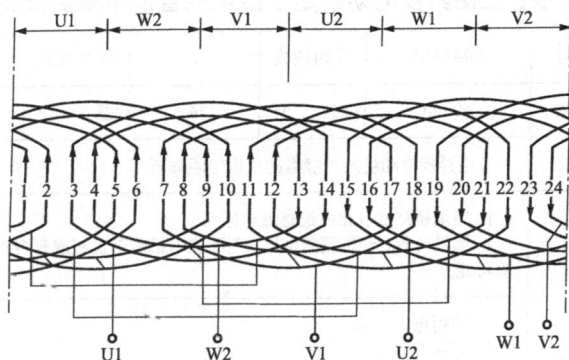

图 3　三相 2 极 24 槽单层同心式绕组展开图

六、论述题（10 分）

答：励磁机正常运行时，在整流子表面和炭刷之间形成了一层薄膜。由于这层薄膜电阻较大，使得换向接近于直线换向，这层薄膜由四层构成。第一层是整流子铜表面的氧化亚铜，铜表面在热状态下被很快氧化、生成磨光的棕色氧化亚铜。它不断被磨损，又不断产生。它的存在使整流子和炭刷表面具有一定的电阻，因而使换向接近于直线换向，它还可以减小炭刷和铜片表面的损蚀。第二层是附着在氧化亚铜上面的石墨薄膜，这是从炭刷上磨下来的炭粉，起着减少摩擦的作用。第三层是石墨薄膜上吸附着的氧气和潮气，起润滑作用。第四层是炭和整流子表面间的所有剩余空间充满着尘埃和空气。这些微粒使表面间的相对滑动摩擦减小。而且当空气电离时，还可以成为导电途径。根据上述情况，如果氧化铜薄膜被破坏，就会使换向发生困难，导致冒火，因此不允许用砂纸研磨。

中级电机检修工技能要求试卷答案

一、答：三相异步电动机定子绕组的直流电阻测试见下表。

编　　号	C04A007	行为领域	e	鉴定范围	2
考核时限	60min	题　　型	A	题　　分	20
试题正文	三相异步电动机定子绕组的直流电阻测试				
需　　要 说明的问 题和要求	1. 用电桥测试各相绕组直流电阻 2. 通过计算、分析测量结果，判断该电机是否良好或有否存在问题的可能				
工具、材料、 设备场地	1. 常用电工工具 2. 万用表 3. 直流单臂电桥或直流双臂电桥 4. 三相异步电动机 5. 导线等				
评分标准	项目	项　目　名　称			
	操作 步骤	1. 测量电路接线 2. 使用电桥进行测量 3. r_{75} 计算 4. 故障分析判断			
	质量 要求	1. 接线正确，接线端紧固良好 2. 电桥测量范围选用正确；被测电阻接入方法正确；使用方法、步骤正确；正确读数或记录；操作熟练 3. 正确应用 r_{75} 计算公式且计算结果正确 4. 依据计算与测量结果，正确分析原因；正确判断绕组状况 5. 安全文明生产			
	得分或 扣分	1. 测量接线不正确，扣2～5分 2. 没有检查电桥和检流计调零，扣1分；量程范围选用不正确，扣1分；被测电阻接入方法不正确，扣2分；使用方法、步骤不正确，扣1分；不会读数或读数不正确，扣1分；操作不熟练，扣1～2分 3. 不会应用 r_{75} 计算公式，扣5分；计算结果错误，扣2分 4. 分析原因有错误，扣2分；判断结果有错误，扣3分 5. 造成人身伤亡事故，扣该操作总分，即本操作总分为零分；其他情况，视情节轻重酌情扣分；每超过5min，扣3分			

二、答：更换直流电机的电刷的操作见下表。

编　号	C04B004	行为领域	e	鉴定范围	2/2
考核时限	60min	题　型	A	题　分	30
试题正文	更换直流电机的电刷的操作				
需　要说　明的问题和要求	1. 确定应更换的电刷，并选用相同型号的新电刷 2. 通过加工调整，使换上的新电刷与刷握配合符合要求，且新电刷与换向器的接触面达到电刷截面的70%以上 3. 用弹簧秤测试调整电刷压力，应使更换的电刷与整台电机的其他电刷压力一致				
工具、材料、设备场地	1. 常用电工工具 2. 直流电动机 3. 弹簧秤 4. 电刷 5. 胶布、00号玻璃砂纸等				
评分标准	项目	项 目 名 称			
	操作步骤	1. 确定应更换的电刷 2. 选用与换上电刷型号相同的新电刷 3. 调整与研磨电刷 3.1　更换电刷 3.2　调整新电刷与刷握配合 3.3　研磨电刷 3.4　调整电刷压力			
	质量要求	1. 正确确定需更换的电刷 2. 正确选用型号相同的新电刷；若无同型号时，能正确选用代用型号的电刷 3. 正确进行更换电刷操作；电刷在刷握中的尺寸符合技术要求，刷握与换向器间距离符合要求；研磨电刷的方法、步骤正确，不得损坏电刷，且研磨后电刷与换向器表面的接触面应达到电刷截面的70%以上；电刷压力调整方法与步骤正确，针对测试电刷压力，且电刷压力符合要求 4. 安全文明生产			
	得分或扣分	1. 需更换电刷的确定不正确，每处扣3分 2. 选择新电刷型号不对，每处扣2分；若采用代用型号由刷不适当，每处扣2分 3. 电刷更换方法、步骤不正确，扣3分；安装电刷在刷握中移动不自由或过松，扣2分；刷握边缘距离换向器表面过大或过小，扣2分；研磨方法不正确，扣2~5分；损坏电刷或其他部件，扣5分；研磨后电刷与换向器表面接触面小，扣2分；调整压力方法不正确，扣2~5分；电刷压力过大或过小，扣2分，整台电机电刷压力不一致，扣2分 4. 造成人身伤亡事故，扣该项目总分，即本项目总分为零分；其他情况，视情节轻重扣5~30分；每超过10min，扣5分			

三、答：用交流接触器控制三相异步电动机的接线的操作见下表。

编　号	C04C005/C03C005	行为领域	e	鉴定范围	2/1
考核时限	150min	题　型	A	题　分	50
试题正文	用交流接触器控制三相异步电动机的接线的操作				
需　要说明的问题和要求	1. 绘交流接触器控制三相异步电动机原理接线图，并照图安装（如图4所示） 2. 应能够通过通电试验				
工具、材料、设备场地	1. 三相异步电动机 2. 交流接触器 3. 控制按钮 4. 电工常用工具 5. 导线、固定螺丝若干				

评分标准	项目	项　目　名　称
	操作步骤	1. 绘交流接触器控制三相异步电动机电气原理接线图 2. 按图进行安装接线 3. 通电试验
	质量要求	1. 交流接触器控制三相异步电动机电气原理接线草图，电气关系正确 2. 设备选择及安装正确：主回路、控制回路、自保持回路接线正确且符合工艺要求、各部分设备安装质量高，线路布置美观 3. 通电试验一次成功 4. 安全文明生产
	得分或扣分	1. 原理接线图每处错误，扣2分；不会画电气原理接线图，扣10分 2. 安装时，每错一处扣5分（不会画电气接线图者可提供电气原理接线图，如图4所示，本栏操作不扣分） 3. 通电一次不成功，每重复一次，扣5分 4. 造成人身伤亡事故，扣该项目总分，即本项目总分为零分；其他情况，视情节轻重扣5～50分；每超过10min，扣5分

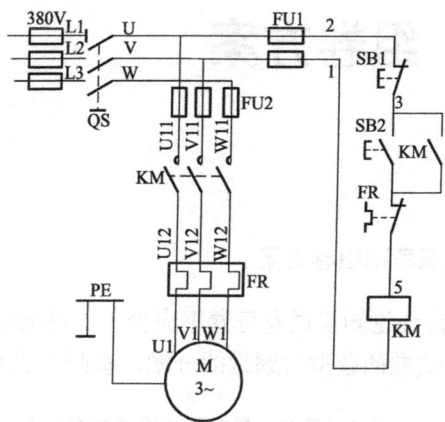

图 4 交流接触器控制三相异步
电动机原理接线图

6 ▽ 组卷方案

6.1 理论知识考试组卷方案

技能鉴定理论知识试卷每卷不应少于 5 种题型，其题量为 45～60 题（试卷的题型与题量的分配，参照下表）。

试卷的题型与题量分配（组卷方案）表

题　型	鉴定工种等级		配　　分	
	初级、中级	高级工、技师	初级、中级	高级工、技师
选　择	20 题（1～2 分/题）	20 题（1～2 分/题）	20～40	20～40
判　断	20 题（1～2 分/题）	20 题（1～2 分/题）	20～40	20～40
简答/计算	5 题（6 分/题）	5 题（5 分/题）	30	25
绘图/论述	1 题（10 分/题）	1 题（5 分/题） 2 题（10 分/题）	10	15
总　计	45～55	47～60	100	100

高级技师的试卷，可根据实际情况参照技师试卷命题，其综合性、论述性的内容比重加大。

6.2 技能操作考核方案

对于技能操作试卷，库内每一个工种的各技术等级下，应最少保证有 5 套试卷（考核方案），每套试卷应由 2～3 项典型操作或标准化作业组成，其选项内容互为补充，不得重复。

技能操作考核由实际操作与口试或技术答辩两项内容组成，初、中级工实际操作加口试进行，技术答辩一般只在高级工、技师、高级技师中进行，并根据实际情况确定其组织方式和答辩内容。